JN035039

日本語教師の
専門性を考える

舘岡洋子 編

ココ出版

はじめに

舘岡洋子

　近頃、にわかに日本語教師という仕事が注目されている。2018年11月11日、読売新聞の朝刊第一面に「日本語教師　資格を創設」「政府方針　外国人就労へ対応」という記事が掲載された。新聞の第1面に「日本語教師」が登場することはめったにない。その後、2020年3月には文化庁にて「日本語教師のキャリアパスの一環として、日本語教師の資格制度を整えることにより、優れた日本語教師を養成・確保して、我が国の日本語教育の質を向上させることを提言する」（はじめに）として、「日本語教師の資格の在り方について（報告）」が出されている。また、それに先立ち、日本語教師を含む日本語教育人材について、文化審議会国語分科会による「日本語教育人材の養成・研修の在り方について（報告）」(2018) がすでに公開され、翌年にはその改訂版が出されている。

　そもそも背景にあるのは、日本国内での外国人材の増加である。少子高齢化による労働力人口の減少により、2018年12月に外国人労働者の受け入れを拡大する改正出入国管理法が成立し、翌2019年4月には施行された。それを受けて、2019年6月には「日本語教育の推進に関する法律」（以下、日本語教育推進法）が公布、施行された。つまり、法律によって日本語教育の推進が謳われるようになったのである。このことは日本語教育が新たな時代に入ったことを意味する。今後、外国人材の増加に伴い日本語教育

の需要がさらに高まる。今回の日本語教師の資格創設も日本語教師の質と数の確保が重要になってくる中での動きである。そもそも日本語教師は現在、どんな仕事をしているのか、その専門性は何か、どのような日本語教師が求められているのかといった問い直しが起きているといえよう。

　このように重要な役割が担わされてきている日本語教師であるが、その専門性について今までのところ社会的に十分認知されているとはいえない。日本語教師といわれる人々がどのような場所でどのような実践を行っているのかはあまり知られていないのではないか。日本語を母語とする日本人が日本国内で日本語を使って日本語を教える（現実にはそうでないケースも多数あり、また学習者についていえば海外での学習者のほうが圧倒的に多いのだが）、ということは一般の人々にとってイメージしにくく、同じ語学教師でも英語教師についてイメージしやすいこととは全く異なる。世界中の多くの国々で中学生や高校生が学校で外国語として日本語を学んでおり、彼ら彼女らに日本語を教えているネイティブ、ノンネイティブの日本語教師がいるということもあまり認識されていない。また、日本人ならだれでも日本語を教えることはできるだろうと考える人も少なくないかもしれない。つまり、日本語教師はどこでどんな仕事をしているのか、その専門性とは何か、きわめて社会的に認知度が低いのである。

　一方、近年、日本語教師が担っている仕事の内容が変化かつ拡大してきている。大学を例にとってみても、従来、大学に留学生としてやってきて日本語を学ぼうとする人々に教室でいわゆる「日本語の授業」を展開していた日本語教師も、現在は学内の他学部等の教員と協働して当該学部用のプログラムを開発したり、キャリアセンターの職員と協働して就職支援に従事したり、大学の置かれている地域の活動に参加したりなど、かつてにくらべて業務の幅は広

がってきている。また、変化がないように見えてきた教室での「日本語の授業」も、昨今の新型コロナウィルス感染拡大に伴い、世界中で対面授業からオンライン授業に切り替わっている。これは不測の緊急事態とはいえ、無理やりにでも急速にオンライン化が進む中で、教室のあり方、教師の役割が問い直されているのである。

　また、いわゆる「学校」の枠を越えて、国内外で介護・看護の現場や行政、企業等、日本語教育の分野から他分野へと越境しつつ日本語教育に携わっている者が増えてきていることにも注目しなければならない。この日本語教師たちの越境的活動はかつての専門性とは異なった特徴を示している。越境により日本語教師ではない人々との協働場面が増え、それによって、日本語教育という分野の外側から日本語教師というものが規定されたり期待されたりする面も出てきている。

　一体、日本語教師は何をする人なのだろうか。日本語教師の専門性はいかなるものか。それが本書のテーマである。今だからこそ改めてその可能性と重要性を確認し、日本語教師自らが自身の専門性を自覚し、それを発信していくときであると考える。

　従来は、日本語教師の専門性は文法説明ができる、異文化に詳しいなど、「〇〇ができる」といったCan-do的な捉え方がなされてきた。また、どちらかというと実践のフィールドごとに固有の実践があるかのような捉え方がなされてきたのではないか。つまり、海外の中等教育だからとか、ビジネスパーソン向けだから、初級だから、非漢字圏だから、といったフィールドの違いごとに教育方法が語られてきたのではないだろうか。しかし、今や日本語教師は同時にいくつものフィールドを、それも日本語の教室に限定されない多様なフィールドをかけもちしたり、また異なったフィールドに移動したりしながら経験を重ねていて、

固定的な捉え方では日本語教師の専門性を十分に語ることができなくなっている。そこで本書では、多様な現状に対応するための動態的な枠組みとして「専門性の三位一体モデル」を提案する。どんな日本語教育を実現しようとするのかといった理念（日本語教育観）とどんな特徴をもったフィールドなのかといったフィールドの固有性との間で最適な方法（授業や活動の方法）を編成し実現できることを「日本語教師の専門性」と捉え、理念・方法・フィールドの三者が一貫性をもって連動したものとして「専門性の三位一体モデル」を提示する。このモデルにおいては、あるフィールドにある方法が固定的に決まっているのではなく、方法は教師の理念とフィールドとの間で編成される。つまり、日本語教師自身の理念が重要な意味をもつと同時に、三者が一貫性をもって連動していることが重要である。

　本書の第1部では「日本語教師の専門性」をどのように捉えたらよいのかという問題提起をし、日本語教育において日本語教師の専門性はどのように論じられてきたのかを検討する。第2部では、日本語教師の役割や日本語教育に関する施策の歴史的変遷を振り返る。そのうえで第3部では「専門性の三位一体モデル」を提案する。第4部では、多様なフィールドの実践者たちが自身の理念とフィールドと方法の三者の関係において、自身の実践を振り返り専門性のありようを検討する。

　ここで、本書での重要な用語である「日本語教師」について述べておきたい。本書では、基本的には日本語学習者に直接、日本語を教える職業および教える人を「日本語教師」と呼ぶ。

　文化庁文化審議会国語分科会（2018）『日本語教育人材の養成・研修の在り方について（報告）』では、「主として、日本語学習を希望する者に対して、「日本語を教える

／日本語学習を支援する」活動を行う者」を「日本語教育人材」と呼び、その役割として、①日本語教師、②日本語教育コーディネータ、③日本語学習支援者の3つに整理している。この中の①日本語教師は「日本語学習者に直接日本語を指導する者」とされる（p.15）。

　しかし、近年、必ずしも教室で日本語を教えることばかりではなく、その仕事の範囲が広がってきていることから、「日本語教育専門家」や「日本語教育者」ということばも耳にする。義永（2019）は、「日本語教育者」とは「日本語を直接教えるわけではなくても、自分の専門性を生かして、日本語を教えたり学んだりする人を支援する役割を果たす人たち」（p.4）であるとする。

　また、大学教員である日本語教師のことを「日本語教員」「日本語担当教員」と呼ぶこともある。国際交流基金では、海外に派遣される日本語教育のスペシャリストを「日本語専門家」と呼んでいる。

　それぞれ使い分けがあって出てきた用語の違いであるが、本書では日本語ということばを教える教師を日本語教師として念頭に置き、その専門性を問う。ただし、近年、日本語教師は必ずしも教室で日本語を教えるばかりではなく、多様なフィールドに携わっていることから、本書では「教える」わけではない日本語教師の事例も扱っている。

　また、本書のキーワードのひとつである「省察」ということばについても、ここで整理しておく。ほぼ同様の内容を指すことばとして、反省、内省、リフレクション、振り返りなどの用語が存在するが、本書では基本的には「省察」を用い、原著の引用については原著の表記に従う。

　ショーンの1983年の著書 "The Reflective Practitioner" は、日本では佐藤・秋田の訳で2001年に『専門家の知恵—反省的実践家は行為しながら考える』として出版さ

れた。原著の標題でもあり、専門家像を示す概念としてショーンによって造られた用語reflective practitionerを佐藤・秋田（2001）では「反省的実践家」と訳している。reflectionについては、「「省察」と「反省」の二つの意味を併せ持っていることを考慮して、この二つの訳語を文脈に即して使い分けることとした」（p.9）と書かれている。

　佐藤・秋田（2001）は理論章の一部を中心に訳されており全訳ではなかったが、その後、同一の書籍の全訳書として柳沢・三輪（2007）『省察的実践とは何か―プロフェッショナルの行為と思考』が出版された。そこでは先のreflective practitionerは「省察的実践家」と訳され、reflectionの訳語については、以下のように書かれている。

　　自分の過去の行為について批判的な考察を加えることを
　　意味する「反省」では、過去への指向と批判性が強く出
　　てしまいかねないこと、過去をかえりみるという意味の
　　「ふり返り」には、批判的な考察というニュアンスは減
　　退するものの、過去への指向性が残ること、また、深く
　　自己をかえりみることを意味する「内省」では、自分の
　　内面を見つめることのみが重視される可能性があること
　　から、私たちの今回の全訳では、原則として「省察」と
　　いう訳語を採用している。ただし、文意に応じて、ふり
　　返りという訳語をあてた箇所もある。　　　（はじめに p.v）

　日本語教育の分野について見ると、詳しくは第7章に譲るが、多くは「内省」という用語が用いられている。振り返りに特化した日本語教師教育について書かれている池田・朱（2017）『実践のふり返りによる日本語教師教育―成人学習論の視点から』では、反省、省察、内省、ふり返りの用語が研究者によって異なって使われており、同一分野内でさえ統一されておらず、どの用語が適切なのかを判

断することは容易ではないと述べている（p.49）。そのう
えで、これらの用語に共通して言えることは「実践を通し
て得る考え、思考」という意味をもつことである、とする
（p.50）。池田・朱（2017）によると、「ふり返り」と省察は
ほぼ同一の意味だが、和語にすることによってふり返りは
親しみやすく柔らかい印象を与えることから、成人学習で
はふり返りが多用されているという（p.50）。

　本書では反省は過去への指向性が強いこと、内省は内向
きを強調するために社会性をもちにくい印象を与えること
などから、「省察」という用語を用いることとする。ま
た、ワークショップなど活動場面では振り返りという用語
も使用する。

　本書は多くの章が共同執筆である。本書で主張する「動
態的な専門性」がプロセスを重視するのと同様に、本書も
仲間たちによって議論を重ね、共同執筆、共同編集のプロ
セスを更新し続けることで形にしてきた。これから日本語
教育はどこへ向かっていくのか。日本語教師は何を発信し
ていくのか。日本語教師自身がその専門性を自覚し、学習
者に対してはもちろんのこと、社会に対してもその専門性
を発揮していくことで、これからの日本語教育が自律的に
発展していくことを願うものである。

参考文献　　池田広子・朱桂栄（2017）『実践のふり返りによる日本語教師教育—成人
　　　　　　　学習論の視点から』鳳書房
　　　　　　ショーン，ドナルド A.（2001）『専門家の知恵—反省的実践家は行為しな
　　　　　　　がら考える』（佐藤学・秋田喜代美訳）ゆみる出版（Schön, D. A.
　　　　　　　(1983) *The Reflective Practitioner: How Professionals Think in
　　　　　　　Action.* New York: Basic Books. ）
　　　　　　ショーン，ドナルド A.（2007）『省察的実践とは何か—プロフェッショナ
　　　　　　　ルの行為と思考』（柳沢昌一・三輪健二監訳）鳳書房（Schön, D. A.

(1983) *The Reflective Practitioner: How Professionals Think in Action*. New York: Basic Books.）

文化庁文化審議会国語分科会（2018）「日本語教育人材の養成・研修の在り方について（報告）」http://www.bunka.go.jp/seisaku/bunkashingikai/kokugo/hokoku/pdf/r1393555_01.pdf（2020年8月10日参照）

文化庁文化審議会国語分科会（2019）「日本語教育人材の養成・研修の在り方について（報告）改訂版」https://www.bunka.go.jp/seisaku/bunkashingikai/kokugo/kokugo/kokugo_70/pdf/r1414272_04.pdf（2020年8月10日参照）

文化庁文化審議会国語文化会（2020）「日本語教師の資格の在り方について（報告）」https://www.bunka.go.jp/seisaku/bunkashingikai/kokugo/hokoku/pdf/92083701_01.pdf（2020年8月10日参照）

義永美央子（2019）「日本語教育者のこれまでとこれから」義永美央子・嶋津百代・櫻井千穂（編）『ことばで社会をつなぐ仕事―日本語教育者のキャリア・ガイド』pp.2-5. 凡人社

部末コラム　座談会について

各部の末尾に収録した座談会形式のコラムについてご紹介
します。

座談会のきっかけ

私は余夢圓です。大学院博士課程で日本語教育と日本語教
師について研究しています。最近日本語教育の環境が大き
く変わろうとしている中で、日本語教育の現場の先生方が
どんなことを考え、どんな悩みを抱えているのか聞いてみ
ようと座談会を思い立ちました。そして、知り合いの5人
の現職日本語教師に声をかけ、集まって話し合ってもらい
ました。

余夢圓

座談会参加者

日本語教師歴8年。日本語学校で3年働き、その後介護・
福祉系専門学校で留学生への日本語教育を5年続けてい
る。介護施設での介護職の経験もあり。最近授業がマンネ
リ化しているのが悩み。

清水智子

日本語教師歴2年。元会社員。民間の日本語教師養成講座
420時間を修了後、日本語学校で非常勤講師をしている。
授業の準備に追われて、気持ちに余裕がないのが悩み。

坂本進

日本語教師歴5年。大学の副専攻で日本語教育を学び、卒
業後海外の日本語学校で教えた。帰国後は日本語学校の非
常勤講師をしている。学校のカリキュラムに縛られてい
て、自分がやってみたいと思っている新しい実践ができな
いのが悩み。

森田あゆみ

大塚萌

日本語教師歴20年。企業で2年勤務した後日本語学校の非常勤講師を経て、現在専任講師をしている。自分のやりたい教育を組織の中でどうやったら実現できるか試行錯誤中。

松尾美咲

日本語教師歴15年。複数の大学や日本語学校に勤めた経験がある。現在フリーランスとして企業や個人のレッスンを担当している。日本語教師が社会的に十分に認知されていないと不満を感じている。

目次

第 1 部
問題提起編

日本語教師の専門性を考えることが本書のテーマである。第1部は、「日本語教師の専門性」について問題提起をする2つの章からなる。

　第1章では、専門家としての日本語教師に必要とされる資質・能力のリストについて、「準拠枠」と「参照枠」という二種類の捉え方があることを示す。準拠枠とはその能力基準に従うためのリストであり、参照枠とは参考にするためのリストである。ある現場に立つ日本語教師にはこのような能力が必要である、といった一般的で静態的な専門性観に立てば、このリストは準拠枠として捉えることになる。一方、一般化できない動態的なものとしてみる専門性観に立てば、参照枠として捉えることになる。本書は後者の個別的・動態的専門性観に立っている。

　第2章では、日本語教師および教師の専門性に関する議論をとりあげる。日本語教師という仕事はその都度の社会の要請に応える形で発展してきた。そのために日本語教師の専門性というものを日本語教師たち自身が論じてこなかった。そのような背景の中で、日本語教師自身が「自分が日本語教師であること」を問うような「存在論的接近」（佐藤1997）の議論が必要であることが述べられる。

　本書がこの2つの問題提起から出発しているという意味で、まずは第1部からお読みいただければ幸いである。

第1章

「日本語教師の専門性」の捉え方という問題
私たちはどのような専門性観に立脚するか

古屋憲章・伊藤茉莉奈・木村かおり・
小畑美奈恵・古賀万紀子

1 | 専門家としての日本語教師の育成に関する議論

　従来、日本語教師の専門性は、専門家としての日本語教師の要件となる“特定の資質・能力”として議論されてきた[1]。本章は、このような専門性＝“特定の資質・能力”という専門性観を捉え直すことを主な目的とする。まず本節では、政府によって策定された日本語教師養成に関する指針を概観することを通し、専門家としての日本語教師の要件がどのように捉えられてきたかを探る。

　専門家としての日本語教師の育成に関する議論が活発化したのは、日本語学習者の多様化が顕著になってきた1980年代以降である。1983年に「留学生受入れ10万人計画」が策定されたことにより、特に私費留学生が増加し始めた。「留学生受け入れ10万人計画」以降に来日した留学生は、それ以前に来日した留学生に比べ、学習目的、学習条件（経済的条件、日本語学習に割ける時間）等が多様であった。また、同一教室における学習者の母語や文化も多様化した[2]。こうした留学生の多様化を受け、専門家としての日本語教師の育成に関する議論が活発化した。その際、行われた議論をもとに、文部省日本語教育施策の推進に関する調査研究会（1985）は、「日本語教員の養成等について」という指針を策定した。この指針において、「日本語

3

教員養成のための標準的な教育内容」の中の「日本語教育に係る知識・能力」には、表1のような内容が挙げられている。

表1 「日本語教員養成のための標準的な教育内容」

（二） 日本語教育に係る知識・能力	
・日本語の構造に関する体系的、具体的な知識	・日本語の教授に関する知識・能力
	・表現・理解力等の日本語能力
・日本人の言語生活等に関する知識・能力	・日本事情に関する知識
・言語学的知識・能力	・外国語及び外国事情に関する知識・能力

（文部省日本語教育施策の推進に関する調査研究会 1985）

　表から、本指針においては、専門家としての日本語教師の要件が主に日本語や日本事情に関する知識や能力を身に付けていることであると捉えられていたことがわかる。

　1990年に出入国管理及び難民認定法（以下、入管難民法）が改正され、在留資格「定住者」が創設された。これにより、日系人およびその子弟をはじめとするニューカマーの定住化が進んだ。また、1993年に外国人研修・技能実習制度が創設されたことにより、外国人研修生・技能実習生が来日するようになった。その結果、従来から行われていた大学における留学生や日本語教育機関における就学生に対する予備教育としての日本語教育に加え、外国人技能実習生、地域に居住する成人外国人、外国人児童生徒等、多様な学習者に対する日本語教育が行われるようになった。このような日本語学習者層の広がりを受け、専門家としての日本語教師の育成に関する議論が活発化した。その際に行われた議論は、文化庁日本語教員の養成に関する調査研究協力者会議（2000）による「日本語教育のための教員養成について」として結実している。この指針において、「今後の日本語教員養成における新たな教育内容を提示するに当たって、日本語教員に求められる資質・能力」が次の表2のように提示されている。

表2 「2 日本語教員養成における教育内容について （2）日本語教員養成の新たな教育内容 ① 日本語教員として望まれる資質・能力」

ア　日本語教員としての基本的な資質・能力について
　日本語教員として望まれる資質・能力として、まず基本となるのは、日本語教員自身が日本語を正確に理解し的確に運用できる能力を持っていることである。
　その上で、これからの日本語教員の資質・能力として、次のような点が大切であると考える。
（ア）言語教育者として必要とされる学習者に対する実践的なコミュニケーション能力を有していること。
（イ）日本語ばかりでなく広く言語に対して深い関心と鋭い言語感覚を有していること。
（ウ）国際的な活動を行う教育者として、豊かな国際的感覚と人間性を備えていること。
（エ）日本語教育の専門家として、自らの職業の専門性とその意義についての自覚と情熱を有すること。
イ　日本語教員の専門的能力について
　次に、日本語教育の専門家として、個々の学習者の学習過程を理解し、学習者に応じた適切な教育内容・方法を判断し、それに対応した効果的な教育を行うための、次のような能力を有していることが大切である。
（ア）言語に関する知識・能力
　外国語や学習者の母語（第一言語）に関する知識、対照言語学的視点からの日本語の構造に関する知識、そして言語使用や言語発達及び言語の習得過程等に関する知識があり、それらの知識を活用する能力を有すること。
（イ）日本語の教授に関する知識・能力
　過去の研究成果や経験等を踏まえた上で、教育課程の編成、授業や教材等を分析する能力があり、それらの総合的知識と経験を教育現場で実際に活用・伝達できる能力を有すること。
（ウ）その他日本語教育の背景をなす事項についての知識・能力
　日本と諸外国の教育制度や歴史・文化事情に関する知識や、学習者のニーズに関する的確な把握・分析能力を有すること。

（文化庁日本語教員の養成に関する調査研究協力者会議2000）

　　表2では、日本語教員にとっての「基本的な資質・能力」と「専門的能力」が区別されている。「基本的な資質・能力」としては、「日本語を正確に理解し的確に運用できる能力を持っていること」を前提とした上で、日本語教員の資質・能力として「コミュニケーション能力」、「言語に対する深い関心と鋭い言語感覚」、「豊かな国際的感覚と人間性」、「自らの職業の専門性とその意義についての自覚と情熱」が挙げられている。また、「専門的能力」には、表1で「日本語教育に係る知識・能力」として羅列されていた事項が、「言語に関する知識・能力」、「日本語の教授に関する知

識・能力」、「その他日本語教育の背景をなす事項についての知識・能力」という三つの側面から整理されている。

　以上のように、1980年代から2000年代にかけて、日本語学習者の多様化にともない、専門家としての日本語教師の育成に関する指針が政府により示されている。それらの指針は、主に専門家としての日本語教師はどのような知識や能力を有するべきかという議論にもとづき、策定されている。

　その後、専門家としての日本語教師の養成は、文化庁日本語教員の養成に関する調査研究協力者会議（2000）を指針として行われてきた。しかし、2000年以降、在留外国人のさらなる増加や在留目的の多様化、それらにともなう日本語教育に携わる人材が担う役割の多様化が進んだ。そのような日本語教育を取り巻く環境の変化を受け、2016年度から2018年度にかけ、文化庁文化審議会国語分科会日本語教育小委員会において、日本語教育人材に求められる資質・能力およびそれに応じた教育内容に関する議論が行われた。日本語教育小委員会において行われた議論は、2018年3月に「日本語教育人材の養成・研修の在り方について（報告）」としてまとめられた上で、パブリックコメントの募集、およびコメントの反映を経て、2019年3月に文化庁文化審議会国語分科会（2019）「日本語教育人材の養成・研修の在り方について（報告）改定版」として公開された。その間、2018年12月には入管難民法が改正され、在留資格「特定技能」が創設されたことにより、在留外国人のさらなる増加や在留目的の多様化（具体的には、非熟練労働に携わる外国人の増加）がさらに進行することが決定的となった。

　前掲の文化庁文化審議会国語分科会（2000）には、「多様な教育目的や学習者のニーズ等に対応する幅広い教育内容が示されているが、様々な活動分野や役割に応じた資

質・能力や教育内容は示されていない」（p.9）という課題があった。これに対し、文化庁文化審議会国語分科会（2019）では、日本語教育に携わる者に必要とされる資質・能力が次の表3のように、役割・段階・活動分野により、細分化され、リスト化されている（pp.23–30）。

表3 「役割・段階・活動分野ごとの日本語教育人材に求められる資質・能力」分類

役割	段階	活動分野
日本語教師	養成	
	初任	「生活者としての外国人」
		留学生
		児童生徒等
		就労者
		難民等
		海外
	中堅	
日本語教育コーディネーター	地域日本語教育コーディネーター	
	主任教員	
日本語学習支援者	日本語学習支援者	

（文化庁文化審議会国語分科会（2019: 23）をもとに筆者作成）

　表3をみると、「日本語教師」における「初任」の段階の「各活動分野で活動するために必要となる資質・能力」が活動分野ごとに示されている。これらは「日本語教師が養成修了段階で身に付けておくべき資質・能力に加えて必要となる資質・能力である」（p.23）とされている。つまり、段階ごとに身に付けておくべき資質・能力が存在するという前提のもと、その段階を一つずつ上っていくという日本語教師のキャリアがイメージされていることがわかる。

　また、この指針の中の「専門家としての日本語教師に求められる資質・能力」の項目には、次の表4のような内容が挙げられている。

表4 「専門家としての日本語教師に求められる資質・能力」

> (1) 言語教育者として必要とされる学習者に対する実践的なコミュニケーション能力を有していること。
> (2) 日本語だけでなく多様な言語や文化に対して、深い関心と鋭い感覚を有していること。
> (3) 国際的な活動を行う教育者として、グローバルな視野を持ち、豊かな教養と人間性を備えていること。
> (4) 日本語教育に対する専門性とその社会的意義についての自覚と情熱を有し、常に学び続ける態度を有していること。
> (5) 日本語教育を通した人間の成長と発達に対する深い理解と関心を有していること。

（文化庁文化審議会国語分科会2019）

　以前の議論においては、専門家としての日本語教師に求められる要件として、日本語の教授に関わる特定の知識や能力が重視される傾向にあった。一方、表4をみると、「日本語だけでなく多様な言語や文化」、「グローバルな視野」、「社会的意義」、「日本語教育を通した人間の成長と発達」といった文言に表れているように、日本語の教授に留まらない教育全般に関わる要件も追加されている。また、「日本語教育に対する専門性とその社会的意義についての自覚と情熱を有し、常に学び続ける態度」という文言からは、"特定の資質・能力を身に付けた人" から "自身の専門性を絶えず更新し続ける人" へという専門家像の転換が見て取れる。

　以上のように、政府によって策定された日本語教師養成に関する指針において、専門家としての日本語教師の要件は、1980年代から近年に至るまで一貫して日本語の教授に関わる "特定の資質・能力" を有することであった。しかし、2019年に至り、"自身の専門性を絶えず更新し続ける" という専門家としての日本語教師に必要な態度に関しても、言及されるようになった。

　それでは、日本語学習者のさらなる多様化（具体的には、日本国内における非熟練労働に携わる外国人の増加）を受け、近年の日本語教育界において、日本語教師の専門性はどのよ

うに言及されているであろうか。牲川ほか（2019）では、「内容重視」の日本語教育において、教師側がことばの習得に関する設計図を持つことが軽視される傾向があることを批判した上で、「日本語教師だからできる」ことを見せるためにも、ことばの習得の専門家としての日本語教師の専門性が重視されるべきであるという主張が展開されている（pp.79-86）。本議論における日本語教師の専門性は、日本語教師と他の職業（この場合は、大学内の他の教員）を比較した際、「日本語教師は○○ができる」といった日本語教師という職業の独自性である。つまり、牲川ほか（2019）では、専門性とは"特定の資質・能力"であり、専門家とは"特定の資質・能力を身に付けた人"であるという従来の専門家像にもとづき、日本語教師の専門性に対する言及が行われている。また、義永ほか（2019）にも、多様な日本語教師の役割やあり方を示すにあたり、専門性への言及が見られる。義永ほか（2019）の巻頭言である義永（2019）では、教室で日本語を教える人＝日本語教師、という概念を超える「日本語教育者」という概念が提案されている。「日本語教育者」とは「日本語を直接教えるわけではなくても、自分の専門性を生かして、日本語を教えたり学んだりする人を支援する役割を果たす人たち」（p.4）である。一方で、専門性に関しては、"特定の資質・能力"という従来の捉え方が踏襲されている。

　一般に専門家としての日本語教師の要件となる"特定の資質・能力"は、表1～4のようなリストとして示されることが多い。そこで、次節では、本節で紹介した政府によって示された資質・能力のリストを日本語教師がどのように使用するかという観点から、日本語教師の専門性を議論する。

2 日本語教師による資質・能力のリストの捉え方
「準拠枠」と「参照枠」

　前節で述べたように、文化庁文化審議会国語分科会
(2019) は「専門家としての日本語教師に求められる資質・
能力」のリストを示している。それでは、我々日本語教師
はこのリストをどのように捉え、どのように活用すべきで
あろうか。

　リストの例として、「日本語教師」の最終段階である
「中堅」に求められる資質・能力の一部を次の表5に示す。

表5　日本語教師【中堅】に求められる資質・能力

知識	技能	態度
【1 言語や文化に関する知識】 (1) 日本語教育プログラムを策定する上で必要となる知識を持っている。 (2) 国内外の外国人の状況や日本語教育施策に関する最新の知識を持っている。 【2 日本語の教授に関する知識】 (3) 学習者の日本語能力を把握・分析し、適切な学習指導を行うための知識を持っている。 (4) 教材開発・編集・改善に必要となる知識を持っている。	【1 教育実践のための技能】 (1) 学習者及び関係者のニーズを踏まえ、日本語教育プログラムを策定し、運営することができるとともに、学習者の属性やニーズ等の変化に応じて臨機応変にプログラムを調整する能力を持っている。 (2) 日本語教育プログラムの中長期的な指導計画を策定する能力を持っている。 (3) 日本語教育プログラムの目標に応じた学習者の学習時間、到達目標に合致した教材を選択・作成できる。 (4) 日本語教育プログラムを実施し、点検・評価を行い、改善を図る力を持っている。	【1 言語教育者としての態度】 (1) 日本語教育専門家（中堅）として、日本語教育の社会的意義についての自覚と情熱を有し、自身の実践を分析的に振り返るとともに、新しい知識を習得しようとするなど、常に学び続けようとする。 (2) 日本語教師（初任）や日本語学習支援者に対して、振り返りや学びの機会を積極的に提供しようとする。 (3) 学習者や他の日本語教師と共に学び合い、成長していこうとする。

（文化庁文化審議会国語分科会（2019: 24）をもとに筆者作成）

　上掲の表5のように求められる資質・能力がリスト化さ
れている場合、一部の教師は、リストに準拠して、その内
容をすべて身に付けなければならないと考えるかもしれな
い。また、様々な講演を聞きに行ったり、研修に参加した

り、資格を取ったりして、「資質・能力」のリストを一つひとつクリアすれば「中堅」の「日本語教師」になれると捉えているかもしれない。このような教師は、リストを「準拠枠」として捉えているといえよう。

　一方、一部の教師は、リストの内容を網羅するのではなく、リストを教師自身の教育観や所属する機関の状況等と照らし合わせつつ、参照するかもしれない。また、リストに記載された「資質・能力」を十分に吟味した上で、自分にとって必要と思われる「資質・能力」を身に付けようとするかもしれない。このような教師は、リストを「参照枠」として捉えているといえよう。

　リストとしてわかりやすく可視化されることにより、利用者がリストを「準拠枠」として捉えがちになるという現象は、資質・能力のリストに限ったことではない。同様の事例として、ヨーロッパ言語共通参照枠（以下、CEFR）に示されているグリッド（例示的能力記述文の表）の捉えられ方が挙げられる。CEFRは、「全ての言語能力がその中で何らかの役割を果たすことができるような言語空間を作り出す」ことを目的とする「複言語主義」の立場にもとづき、様々な学習形態・熟達度測定形態に適合するように構成されている（トリムほか2004: 4-6）。このCEFRのグリッドは、「語彙・文型の確定を目的としたものではなく、社会での個人の行動を前提として考えられて」おり、「言語学習を通した、個人の社会への参加の仕方の、一つのモデルとしてこのリストを解釈することができる」（細川2010: 150）。つまり、CEFRのグリッドは、「個人の社会への参加」という個別的で動態的な営みの一断片を切り取った上で、一つの例として示されている。ところが、リスト化されたことにより、作成背景やその理念に反し、教師にも、また学習者にも、グリッドに例示された能力さえクリアすれば、A2レベルである、試験に合格できる、といった静

態的な「準拠枠」として捉える傾向が見られる。このような傾向に関し、真嶋（2018）では、日本ではCEFRが到達レベル、目標レベルについて語る道具として捉えられていることが指摘されている（p.252, p.270）。また、酒井（2011）では、CEFRが重視している複言語主義や行動志向の言語観についてはあまり語られず、Can-doリスト（例示的能力記述文のリスト）という評価の枠組みだけが取り上げられているのではないかと危惧されている（p.46）。このような指摘からもわかるように、CEFRのグリッドには、作成背景やその理念が共有されることなく、静態的な「準拠枠」として捉えられているという現状がある。

　前掲したような専門家としての日本語教師に求められる資質・能力のリストは、多様で個別的な日本語教育という営みの「参照枠」としてではなく、専門性を規定する「準拠枠」として捉えられることが一般的であろう。しかし、資質・能力のリストは、個別的で動態的な、複雑に入り組んだ現実の一部を切り取り、抽象化して作られる。そのようなリストの特性から考えて、「準拠枠」としての捉え方は、次の二つの限界を内包する。一つは、日本語教師の個別性が捨象されるという限界である。個々の日本語教師は、日本語教師としてそれぞれ異なる経験を有し、様々な機関に所属し、日本語教育に対する考え方もそれぞれ異なる。そのため、個々人により異なる経験や考え方を資質・能力のリストにぴったり合わせようとすれば、当然無理が生じる。もう一つは、日本語教師の変容が捨象されるという限界である。日本語教師は、自身の実践と実践の省察を通し、常に変容し続ける。また、その変容は自身が教育実践を行うという活動の中で起こる。つまり、資質・能力のリストが先にあり、そのリストに即して変容するというわけではない。ところが、資質・能力のリストでは、教師の変容という動態的な現象のある時点・一断片が切り取られ

ている（リスト化するためには、切り取らざるを得ない）。その
ため、自身の教育実践と資質・能力のリストを照らし合わ
せることなく、リストに即して変容しようとすれば、当然
無理が生じる。

　この「準拠枠」としての資質・能力のリストの捉え方が
内包している二つの限界は、「参照枠」としての捉え方を
することにより乗り越えられる。まず、一つ目の限界に関
しては、自身の固有の経験や日本語教育に対する考え方に
もとづき、資質・能力のリストを自分なりに解釈すること
により、個別性を失うことなくリストを活用することが可
能になる。次に、二つ目の限界に関しては、自身が何のた
めに、どのように変容したいかを考えるための素材として
リストを捉えることにより、自身の教育実践や実践の省察
の中で資質・能力のリストを活用することが可能になる。
それゆえ、我々日本語教師には、漠然とリストに準拠して
その内容を網羅しようとするのではなく、自身の日本語教
育の文脈を考慮しつつ、リストを「参照枠」として捉え、
活用しようとする態度が必要になる。

3 ｜ 日本語教師の専門性観
一般的・静態的専門性観と個別的・動態的専門性観

　前節では資質・能力のリストの捉え方の違いを述べた。
本節では、それぞれの捉え方の背景にあると思われる二つ
の日本語教師の専門性観の違いを説明する。

　資質・能力のリストの捉え方の違いから、異なる二つの
日本語教師の専門性観を見出すことができる。まず、「準
拠枠」としての捉え方からは、一般的・静態的専門性観を
見出すことができる。一般的・静態的専門性観とは、日本
語教師の専門性はすべての日本語教師（あるいは、特定の分
野で活動する特定の段階の日本語教師）に必要とされ、第三者
によって規定される固定的な資質・能力であるという専門

性の捉え方である。一般的・静態的専門性観に立脚する日本語教師は、専門性を一般的、かつ静態的な資質・能力であると捉えるがゆえに、資質・能力のリストを「準拠枠」として受容する。次に、「参照枠」としての捉え方からは、個別的・動態的専門性観を見出すことができる。個別的・動態的専門性観とは、日本語教師の専門性は個々の教師によって異なり、各々が自らの実践を通して作り上げていくプロセスであるという専門性の捉え方である[3]。個別的・動態的専門性観に立脚する日本語教師は、専門性を個別的、かつ日本語教師としての自身が変容する動態的なプロセスであると捉えるがゆえに、資質・能力のリストを「参照枠」として受容する。

　以下、教師研修を例にそれぞれの専門性観に立脚する教師の違いを説明する。

　様々な団体や個人により、日本語教育に関する多種多様な研修会が開催されている。こうした研修会は、日本語教育に関する社会的な動向に応じ、企画されることが多い。近年であれば、2019年の改正出入国管理法の施行に応じ、外国人労働者に対する日本語の教え方といった研修会が開催された。また、2020年に起こった新型コロナウイルスの感染拡大により、オンライン授業が求められるようになったことに応じ、オンライン授業の方法に関する研修会が企画された。これらの例に限らず、〇〇（学習者のカテゴリー）に対する××（文法、発音等の知識・技能）の教え方といった明日の授業に役立つtipsを学ぶ研修会は、現在も頻繁に行われている。

　熱心な日本語教師であればあるほど、絶えずこうした研修に参加することにより、講師から新たな知識や方法を授かろうとする。一般的・静態的専門性観に立脚する日本語教師は、どのような対象者・内容にも対応できるような資質・能力＝専門性を自分に取り込まなければならないとい

う思考にもとづいて、研修会に参加していると推測される。そして、こうした思考や行動は、どのような対象者・内容にも対応できるような資質・能力が備わっていない自分は、日本語教師として不完全であるという不全感に支えられている。しかし、どのような対象者・内容にも対応できるようになることは原理的に不可能である。1節で述べたように、日本語学習者はこれまで一貫して多様化してきたし、今後も多様化し続ける。それゆえ、日本語教師は常に新たな対象者や内容に遭遇する。また、対象者や内容のカテゴリーが共通していたとしても、実践の中でまったく同じ状況に遭遇することはありえない。つまり、新たな方法や知識を求めて、研修会に参加し続けたとしても、無限に遭遇するであろう新たな状況に永遠に対応し続けることは不可能である。

　一方、個別的・動態的専門性観に立脚する日本語教師は、資質・能力に関し、どのように考えるであろうか。

　個別的・動態的専門性観において、日本語教師の専門性は個々の教師が自ら作り上げていくプロセスであると捉えられる。また、そのプロセスは、教師によりまったく異なる。個別的・動態的専門性観に立脚することにより、教師は自身の教育観や自身が参加している実践における経験を軸に、自身にとって何が必要な資質・能力かを自ら規定することが可能になる。例えば、同じように研修会に参加しても、個別的・動態的専門性観に立脚している場合、講師から知識やアイディアを授かろうとしたり、講師が話すことを鵜呑みにしたりするのではなく、自分なりの問題意識を持ちつつ、提示された内容を自分の教育観や実践に照らし合わせて批判的に理解しようとするはずである。また、当該の知識やアイディアに関し、自身の意見を述べたり、講師や他の参加者と議論したりすることもあろう。そうすることにより、研修会を固定的な知識・技術を受動的に取

り込む場ではなく、対話を通して知識・技術を能動的に創り出す場とすることが可能になる。

　以上、本節では、資質・能力のリストの捉え方の違いの背景にあると思われる二つの日本語教師の専門性観、すなわち、一般的・静態的専門性観と個別的・動態的専門性観の違いに関し、説明した[4]。次節では、二つの専門性観の違いを踏まえ、本書において、著者らがどのような専門性観に立脚するかを表明する。

4 | 本書が立脚する日本語教師の専門性観

　本章では、まず、専門家としての日本語教師の育成に関する議論の流れを概観した。次に、議論の結果として提示された資質・能力のリストには、「準拠枠」と「参照枠」という二種類の捉え方があることを指摘した。その上で、「準拠枠」と「参照枠」という二つのリストの捉え方の背景には、一般的・静態的専門性観と個別的・動態的専門性観という異なる二つの専門性観があることを指摘した。さらに、一般的・静態的専門性観にもとづいて、求められる資質・能力を網羅的に獲得することが不可能であることを指摘した。

　以上を踏まえ、本書では、個別的・動態的専門性観に立脚し、日本語教師の専門性に関する議論を進めていく。

　本書のねらいは、日本語教師の専門性とは○○という資質・能力を有することであるという指針を示すことではなく、日本語教師の専門性を個別的・動態的なプロセスとして捉え直すことを提案した上で、日本語教師の専門性という個別的・動態的なプロセスに関し、理論と実践の両面から論じることである。具体的には、1節で述べた2018年の入管難民法改正に代表される現在の日本語教育／日本語教師をめぐる社会的状況の変化を参照しつつ、日本語教師

の専門性を、一般的・固定的な資質・能力としてではなく、個々人が「私は日本語教師として何をすべきか、どうあるべきか」を対話的に構成し続けていくプロセスとして捉えることを論じる。

　本書の作成自体が「私は日本語教師として何をすべきか、どうあるべきか」を対話的に構成し続けていくプロセスであった。読者には、私たちが自分たちにとっての日本語教師の専門性を構成するプロセスを追体験していただくとともに、そのプロセスを自身が専門性を考えるための「参照枠」として活用していただきたい。

　次章では、これまで行われてきた教師の専門性に関する議論を整理するため、日本語教育学および教育学において、日本語教師の専門性および教師の専門性が、どのように捉えられてきたかを概観する。

注

[1] 例えば、文化庁今後の日本語教育施策の推進に関する調査研究協力者会議（1999）では、「効果的な教育を行うためには、日本語教員が、「専門性」として、次の3つの能力を有している必要がある」としたうえで、3つの能力として、「言語に関する知識能力」、「日本語の教授に関する知識能力」、「その他日本語教育の背景をなす事項についての知識理解」が挙げられている。

[2] 岡崎・岡崎（1990）は、日本語教師が従来の日本語教育の見直しを迫られる背景として、「日本語学習者の多様化」を挙げている（pp.4-5）。

[3] 個別的・動態的専門性観にもとづく日本語教師の養成・研修に関する提言として、岡崎・岡崎（1997）が挙げられる。岡崎・岡崎（1997）では、日本語教師の養成・研修において、個々の日本語教師が省察を通し、変容していくプロセスが重視されている。岡崎・岡崎（1997）に関しては、次章で詳述する。

[4] 一般的・静態的専門性観と個別的・動態的専門性観の違いは、フレイレ（2011）が提唱した「銀行型教育」と「問題解決型教育」によっても説明できる。一般的・静態的専門性観は、いわば、"銀行型日本語教師の専門性"である。一般的・静態的専門性観において、教師の

専門性は固定的な知識・技能として外部にあり、教師はそれを取り込む。そのため、一般的・静態的専門性観に立脚する教師は、基本的に受動的にならざるを得ない。一方、個別的・動態的専門性観は、いわば、"問題解決型日本語教師の専門性"である。個別的・動態的専門性観において、教師の専門性は個々の教師が自ら作り上げていくプロセスである。それゆえ、個別的・動態的専門性観に立脚する教師は、知識・技能を能動的に創り出していく。また、どのような対象者・内容であっても、自身の教育観や経験という"核"にもとづき、実践の中で起こる諸問題の解決にあたる。

参考文献

岡崎敏雄・岡崎眸（1990）『日本語教育におけるコミュニカティブ・アプローチ』凡人社

岡崎敏雄・岡崎眸（1997）『日本語教育の実習―理論と実践』アルク

酒井志延（2011）「CEFRについての意識調査」『平成22年度科学研究費補助金　基盤研究（B）研究成果報告書　英語教師の成長に関わる枠組みの総合的研究』pp.46–61.　JACET教育問題研究会

牲川波都季・有田佳代子・庵功雄・寺沢拓敬（2019）「ディスカッション2　日本語教師の専門性は守れるのか」牲川波都季・有田佳代子・庵功雄・寺沢拓敬『日本語教育はどこへ向かうのか―移民時代の政策を動かすために』pp.79–107.　くろしお出版

トリム，ジョン・ノース，ブライアン・コスト，ダニエル（2004）『外国語教育II―外国語の学習、教授、評価のためのヨーロッパ共通参照枠』（吉島茂・大橋理枝訳編）朝日出版（Trim, J., North, B., & Coste., D. (2002) *Common European Framework for Reference of Languages: Learning, teaching, assessment* (3rd printing). Cambridge: Cambridge University Press.）

フレイレ，パウロ（2011）『新訳　被抑圧者の教育学』（三砂ちづる訳）亜紀書房（Freire, P. (2005) *Pedagogia do Oprimido* (46ª edição). Rio de Janeiro: Paz e Terra.）

文化庁今後の日本語教育施策の推進に関する調査研究協力者会議（1999）「今後の日本語教育施策の推進について―日本語教育の新たな展開を目指して」https://www.bunka.go.jp/tokei_hakusho_shuppan/tokeichosa/nihongokyoiku_suishin/nihongokyoiku_tenkai/hokokusho/index.html（2020年8月31日参照）

文化庁日本語教員の養成に関する調査研究協力者会議（2000）「日本語教育のための教員養成について」https://www.bunka.go.jp/tokei_hakusho_shuppan/tokeichosa/nihongokyoiku_suishin/nihongokyoiku_yosei/pdf/nihongokyoiku_yosei.pdf（2020年8月31日参照）

文化庁文化審議会国語分科会（2019）「日本語教育人材の養成・研修の在り方について（報告）改定版」https://www.bunka.go.jp/seisaku/bunka

shingikai/kokugo/hokoku/pdf/r1393555_03.pdf（2020年8月31日参照）

細川英雄（2010）「議論形成の場としての複言語・複文化主義―言語教育における海外理論の需要とその文脈化をめぐって」細川英雄・西山教行（編）『複言語・複文化主義とは何か―ヨーロッパの理念・状況から日本における受容・文脈化へ』pp.148-159.　くろしお出版

真嶋潤子（2018）「CEFRの国内外の日本語教育へのインパクト」泉水浩隆（編）『南山大学地域研究センター共同研究シリーズ10　ことばを教える・ことばを学ぶ―複言語・複文化・ヨーロッパ言語共通参照枠（CEFR）と言語教育』pp.249-274.　行路社

文部省日本語教育施策の推進に関する調査研究会（1985）「日本語教員の養成等について」https://warp.ndl.go.jp/info:ndljp/pid/11152990/www.mext.go.jp/b_menu/hakusho/nc/t19850530001/t19850530001.html（2020年8月31日参照）

義永美央子（2019）「日本語教育者のこれまでとこれから」義永美央子・嶋津百代・櫻井千穂編（編著）『ことばで社会をつなぐ仕事―日本語教育者のキャリア・ガイド』pp.2-5.　凡人社

義永美央子・嶋津百代・櫻井千穂（編著）（2019）『ことばで社会をつなぐ仕事―日本語教育者のキャリア・ガイド』凡人社

第2章

教師の専門性に関する議論

木村かおり・小畑美奈恵

1 日本語教育学における「日本語教師の専門性」

　本章では、日本語教育学および教育学において、日本語教師の専門性および教師の専門性が、どのように捉えられてきたかを概観する。その上で、日本語教師の専門性を捉える際に必要な議論について述べる。

　第1章で述べたように、1980年代から2000年代にかけて示された政府の指針において、専門家としての日本語教師に求められる要素は、日本語の教授に関わる特定の知識や能力が重視される傾向にあった。その後、文化庁文化審議会国語分科会が2018年に提示した「専門家としての日本語教師に求められる資質・能力」には、日本語の教授に留まらない教育全般に関わる要素も追加された。これらの変遷は、政府の指針における日本語教師の専門家像が"特定の資質・能力を身につけた人"から"自身の資質・能力を絶えず更新し続ける人"へと転換していることを示している。

　では、日本語教育学の領域では、日本語教師の専門家像、あるいは専門性といったものをどのように捉え、議論してきたのか。当然、政府による指針と並行して、日本語教育学においても、日本語教師の専門家像や専門性に対する捉え方、および議論が変化する。さらに、時代による日本語教師の専門性に対する捉え方の異なりに加え、教育

者・研究者による日本語教師の専門性に対する捉え方の異なりも見られる。

　そこで、本節では、日本語教育における主要な教育者・研究者による論考を概観し、日本語教育学において、日本語教師の専門家像、あるいは専門性がどのように捉えられてきたかをまとめる。

1.1　静態的・固定的な専門性の捉え方

　まず、日本語教師の専門性を、①力量、②役割、③資質・能力といったカテゴリーで捉える。これには、第1章で述べたような専門性を静態的・固定的なものとする捉え方が見受けられる。

　たとえば、縫部（2010）の「日本語教師が基本的に備えるべき力量・専門性とは何か」という論考題目からわかるように「力量」が「専門性」というタームに置き換えられて、もしくは、「力量」と「専門性」が同じレベルのカテゴリーとして並列されて、論じられてきた。この時の「力量」と「専門性」というタームの置き換え、もしくは、「力量」と「専門性」というタームを同じレベルのカテゴリーとして並列する過程には、第1章で興したような日本語教師の専門性についての議論や、動態的な専門性を問うような議論は見られない。

　次に、小池（2004）、五味（2005）、縫部ほか（2006）といった研究では、学習者に対してアンケート調査し、学習者から見た日本語教師の「役割」を導き出している。つまり、日本語教師による「日本語教師の専門性とは何か」を問う議論ではなく、日本語学習者から見た日本語教師の「役割」という一種の日本語教師の規範についての議論がなされている。これらに対して、古川（1991）、要（2005）などでは、日本語教師自身にビリーフスを調査する形で、日本語教師が考える「日本語教師の役割」を導き出そうと

している。これらの教師の「役割」を探る調査は、日本語教師の「専門性」を問う議論というよりも「日本語教師とは何をする人か」といった議論である。

さらに、日本語教師自身を調査対象とする研究においては、日本語教師の「力量」や「資質・能力」といった質的なものを量的な項目に置き換え議論する研究が散見される。たとえば、高木・佐藤（2006）、平畑（2008, 2009）などは、日本語教師の資質等のカテゴリー化や項目分析を行っている研究である。資質・能力が数え上げることが可能な項目となっているのは、一般的・静態的なものと捉えているためである。つまり、ここでも専門性は静態的なものとして捉えられている。

1.2　力量・資質・能力の捉え方の変化

縫部（2010）は、縫部ほか（2006）と同様に「力量」というタームを教師の「資質・能力」として置き換えている。だが、縫部（2010）では、日本語教師の「力量」の一つを「自己成長力」や「内省力」と捉えていることから、一般的・静態的な専門性観で教師の「力量」を捉えることを脱した論考であると考えられる。縫部（2010）は、教師が教育実践を行い、その結果を観察し、内省しながら自ら改善することを教師の「力量」であると考えているのである。そして、教師の「力量」とされている従来の領域を、1) 日本語に対する知識・技能・理論領域「日本語教師としての力」、2) 授業力・教室運営力などの領域「教育者としての力」とし、3)「人間性」や「教師の成長力」をこれら1)、2) の二つの領域の力を支える力としているのである。これらは、岡崎・岡崎（1997）が主張した、自身の教育実践の目標を「考え、実行に移し、結果を観察し、改善していく」、「自己研修型教師」（p.16）になることに置くという考えを踏まえるようになったものだと考えられる。

岡崎・岡崎（1997）が示した「自己研修型教師」とは、先輩教師のやり方をモデルとして細大もらさず学ぶのではなく、自分や他の教師のクラスで繰り広げられる教授・学習過程を十分理解するために、自分や他の教師の教授過程を観察し、振り返る中で、教授・学習過程の重要な諸点を発見していく教師のことである。これにより岡崎・岡崎（1997）は、「自らが教師であること」を問う姿勢の重要性を示した。この岡崎・岡崎（1997）の「自己研修型教師」のあり方への言及に日本語教師の専門家像とあるべき姿勢が浮かび上がる。その姿勢は「唯一絶対の教授法への決別」（p.6）ということばにも現れている。また、岡崎・岡崎（1990）次のように述べた。

　　教師一人一人が、日々接する学習者のありようをみつめ、そこで直面する困難を一つ一つ克服していく中で、独自の言語教育観を築き上げ、それに沿ってアプローチ、及び個々のテクニックを検討していく姿勢が必要である。　　　　　　　　　　　　　　　　　　　　　（p.7）

　このように岡崎・岡崎（1990）は、学習者を見ず、一つの教授法や与えられたやり方にこだわる日本語教師の姿勢、静態的な専門家像を否定した。つまり、岡崎・岡崎（1997）が提唱した「自己研修型教師」モデルは、本書が目指す動態的な日本語教師の専門家像を示したと言える。そして、この「自己研修型教師」に岡崎・岡崎（1990）が必要であると考えたことが、「内省」である。つまり、岡崎・岡崎は、「自らが教師であること」を問う一つの姿として、「内省」を勧めたのである。なお、岡崎・岡崎の「内省」については、7章で詳細に述べる。

1.3 力量・資質・能力の捉え直しから専門性を作り出すプロセスへ

1.3.1 アクションリサーチ

　先に述べた縫部 (2010) は、教師の「力量」を捉え直し、「資質・能力」を数え上げられないものと捉えた論考であった。だが、この時起こった議論は、教師の中に存在するであろう「力量」を研究者が探るという視点で論じていることには変わりはなかった。このような捉え方から起こる議論は、教師の養成・研修をどのように改編すべきかという制度の議論に結びつくだけで、教師自身が自身の「専門性」を問うという議論には発展しなかった。

　これに対して、岡崎・岡崎 (1997) は、「自己研修型教師」には、内省が必要だという考えを示し、「アクションリサーチ」(p.18) と「内省実践家」という二つの「考え方」(p.24) を提唱していた。このアクションリサーチの考え方を引き継いだのが横溝である。

　横溝 (2006) は、日本語教育の分野にアクションリサーチを取り入れるときに、「実践の現場を取り巻く周りの状況の改善」という目標を省き、アクションリサーチを実践するときの目標として「実践の向上」や「構成要素の理解の深まり」の2点を強調した (p.52)。横溝 (2006) が「実践の向上」や「構成要素の理解の深まり」の2点を目標として強調したのは、実践の現場を取り巻く周りの状況を改善することが大きなエネルギーと長い時間を要し、多くの外国語教師にとって困難であると考えたからである (p.52)。その結果、横溝 (2006) の意図通り、アクションリサーチは、日本語教師にとって取り組みやすいものとなり、アクションリサーチを通して、教師の多くが自身の実践の「内省」を行うようになった。それと同時に、教師たちがその「内省」のプロセスを研究という形で共有することが盛んになっていくのである。

1.3.2　実践研究

　だが、「実践の向上」や「構成要素の理解の深まり」を目指すことを「アクション・リサーチ」（横溝2006）と捉え、実践を報告することを「実践研究」であると捉えた研究が増えていった。そのため、何を「実践研究」と呼べるのかという議論が起こることになる。その議論の一つが細川（2005）の「実践研究とは何か──「私はどのような教室をめざすのか」という問い」という論考である。この細川（2005）の論考以降、実践研究に対する議論はさらに活発化する。たとえば、市嶋（2014）は、石黒（2004）の「フィールドの学としての日本語教育実践研究」や、細川（2005）、そして、舘岡（2008）の「協働による学びのデザイン──協働的学習における「実践から立ち上がる理論」」で論じられた「実践研究とは何か」という議論を踏まえ、「「実践研究」のプロセスと教師の教育観は切り離せないものである」（p.42）と述べた。また、市嶋（2014）は、日本語教師の「実践と関わりのある論文」の多くが「実践の目標を形式的に掲げつつも、その根拠となる自身の教育観を展開するまでには至っていない」（p.51）と指摘する。そして、発表されている論文に、自分がなぜこの実践を行うかといった目標や目標を立てる上での根拠となる教育観について述べられていないことを批判した。

　さらに、三代ほか（2014）は、日本語教育におけるアクションリサーチが「批判的」であることの重要性を周縁化してきた点を批判した。その上で、実践研究を「実践への参加者たちが協働で批判的省察を行い、その実践を社会的によりよいものにしていくための実践＝研究」（p.80）と定義した。横溝（2000）が教育実践目標から「周りの状況の改善」を除外することによって、確かに、アクションリサーチは、日本語教師にとって取り組みやすいものとなった。しかし、三代ほか（2014）は、「教育実践を社会的状

況から切り離し、教師が自らの教室実践を改善するプロセスの中で自己成長を目指すことにより専門性を高めていく「A・R」[1] のみならず、教育実践を社会的状況の中で捉えることにより専門性を高めていく「AR」(pp.80–81) こそが必要であると主張したのである。

　このように、「自己研修型教師」に必要なものとしての「アクションリサーチ」とは何か、「実践研究」とは何か、あるいは、「アクションリサーチ」のあり方や「実践研究」のあり方が議論され、日本語教師にとって自身の教育観を持ち、批判的に省察することが重要であると盛んに論じられるようになった。しかし、未だこれらの議論は「日本語教師の専門性とは何か」という議論へとは展開していない。逆に、現在の議論のメインストリームは、文化庁文化審議会国語分科会（2019）が提示した「役割・段階・活動分野ごとの日本語教育人材に求められる資質・能力」といった新たな「資質・能力」をどのように身につけるか、または、身につけさせるかという議論になっているようである。

1.4　規範や制度に搦めとられる日本語教師の「専門性」の議論

　なぜ、日本語教育の領域においては、教師が自身の「専門性」を問う議論に進まず、教師の養成や研修の改編という制度の議論に陥ってしまうのか。それには、外国人の在留資格の改定に伴い、学習者が多様化するという、一言では片付けられない日本語教師を取り巻く社会や政策・施策の変化やそれに伴う制度化などが関係すると考えられる。詳しくは第4章を見ていただきたいが、歴史的に見ると、1970年代の帰国子女、難民の増加と共に日本語教師は、自分が「日本語教師であること」を考える前に、「日本語教師としてあるべき姿」を考えた。そして、1980年「留学生10万人計画」の発表を機に留学生が増大し、教師は、再び「日本語教師としてあるべき姿」を考え直した。

さらに、2000年代に入り、外国人看護師、外国人介護士、そして特定技能就労者のための在留資格やその資格の変化に対応するために「日本語教師としてあるべき姿」を考えようとした。しかし、これらの日本語教師を取り巻く社会や政策・施策の変化やそれに伴う制度化は、教師たちに「教師はいかにあるべきか」という規範についてさえ、議論するいとまを与えず、「教師の役割や地位や養成と研修の方法の改編」に連なる制度についての議論を強いてしまっている可能性があるのである。

2 ｜教育学における教師の専門性

　第1節で概観したとおり、日本語教育学においては、日本語教師の専門性に関し、教師が自らの「専門性」を問うような議論が行われてこなかった。これに対し、教育学において佐藤（1997）は、教師の「専門性」の議論は第三者によって規定される規範や制度に関する議論に終始してきたことを指摘した。その上で、教師の「専門性」の議論を規範や制度の問題で終わらせずに「自分が教師であること」を問う「存在論」として議論すべきだとした。

　本節では、日本語教育における日本語教師の「専門性」を考える上での参考にするため、佐藤（1997）にもとづき、教育学における教師の「専門性」に関する議論をまとめる。

2.1　規範や制度にもとづく「専門性」の議論から教師自身が教師としての存在の意味を考える「専門性」の議論へ

　佐藤（1997）によれば、教育学において、教師の専門性は次の二つのアプローチにより、議論されてきた。①「規範的接近」＝教師の規範へのアプローチ、②「生成的〈教育的〉接近」＝教師養成へのアプローチ、である。①は

「教師はいかにあるべきか（ought to）」を考えるアプローチであり、②は「いかにして教師になるか〈養成するか〉(becoming a teacher〈educating a teacher〉)」を考えるアプローチである（p.4）。

　「規範的接近」と「生成的〈教育的〉接近」は、いずれも教師自身が教育実践をもとに考えるアプローチではなく、第三者から規定されていくアプローチである。「規範的接近」と「生成的〈教育的〉接近」に関する議論は、「制度論的接近」へ向かう（p.6）。「制度論的接近」とは、「教師とはどういう職業なのか」「教職の責任と役割は何であるのか」、と教師の職業としての制度を考えるアプローチである（p.6）。「制度論的接近」を行うことにより、教師の役割や地位が制度化されると共に、教師養成と教師研修の方法が改編される。

　一方で、個々の教師は上述したような「制度論的接近」にもとづく教師の専門性に関する議論に対し、「虚ろさ」を感じると同時に、「教職に対する無理解に憤り絶望し、さらには自らの存在を証明する言葉を喪失して教職の誇りや使命までも見失ってきた」（p.4）。教師は教育実践の中で「子どもや文化や社会との対峙を迫られ、自らの存在の意味を問われ続け」（p.5）る。言い換えれば、教師は、教育実践の中で常に「教師である（being a teacher）とはどういうことなのか」「教師であることは何を意味しているのか」「なぜ私（あなた）は教師なのか」（p.5）といった教師である自身の存在の意味を問われる。このように、教師は、学校教育の制度化の要請に従うことが求められる一方で、日々の教育実践の中では、議論から排除されたはずの教師としての存在論に関わる問い、すなわち教師としてのあり方を問われ続ける。教師はこのような板挟みの間にあり、「虚ろさ」や「絶望」を感じている。

　佐藤（1997）は、教師の「虚ろさ」や「絶望」を解消す

るためには、「教師はいかにあるべきか」を問う「規範的接近」と「いかにして教師になるか」を問う「生成的〈教育的〉接近」の中間に、「教師であることはどういうことなのか」を問う「存在論的接近」が必要であることを主張している。「教育という実践は、教える者と学ぶ者とが存在の証を相互に探索し合いながら、そこに文化の伝承と再創造の営みを成立させる過程」（p.5）である。つまり、教育実践という営みにおいては、教師も、学習者も、常に「存在論的接近」を行っている。ゆえに、教師の専門性に関する議論から「存在論的接近」にもとづく教師としての「あり方」や「居方」（存在の仕方）に関する問いを排除することはできない。

2.2 教育学における「存在論的接近」が目指すもの

佐藤（1997）は、教育学において、教師の専門性に関する議論が、「制度論的接近」にもとづいて行われてきた背景に関し、次のように説明している。

教師という職業は、教育という「公共的使命（public mission）」（p.16）を中核とすることによって「存在を主張し実践を遂行できる存在」（p.17）である。しかし、「教育サービスが市場原理を基盤として流通し、教育に関する人々の意識が私事化」（p.17）したことにより、教職という仕事を支える「公共的使命」が見えにくくなった。教師が「公共的使命」を失うと、教師の職業意識を「内的で主観的な意識に封じ込めて私事化」したり、「学校の官僚主義と管理主義と形式主義を助長するように機能して、教職という仕事を誰にでも従事できる仕事に置き換え」たり、「教師の職業生活をおびただしい雑務の集積（シャドウ・ワーク）へと変換」してしまう（p.17）。「公共的使命」を失った教師は、決められた規範や制度に従うことに専念していればよく、主体性や自律性を発揮する必要はなくなる。

その結果、教師の専門性に関する議論は「制度論的接近」にもとづいて行われるようになった。

　このような教師の主体性や自律性が失われた状況を解消するために、佐藤（1997）は、教師の専門性に関する議論を「存在論的接近」にもとづいて行うべきであると主張する。なぜなら、佐藤は「知性的自由と個性的多様性を保障する民主主義社会」（p.60）を標榜しているからである。民主主義社会の担い手としての教師には、「教師の自律性」（autonomy）と「見識」（wisdom）を持ち、教師としてのアイデンティティを主体的に自律的に構成していくことが求められる（p.60）。しかしながら、前述したように「制度論的接近」にもとづく議論に傾倒している現状では、教師が主体性や自律性を発揮する必要はなくなっている。このような状況を改善し、教師が民主主義社会の担い手として主体性や自律性を発揮するためには、教師である自身の存在の意味を問うようなアプローチである「存在論的接近」にもとづいて教師の専門性に関する議論を行う必要がある。

3 ｜ 日本語教師としての「存在論的接近」

　第1節では、日本語教育においては日本語教師が自身の「専門性」を問う議論に進まず、教師の養成や研修の改編という制度の議論に陥っていることが明らかになった。その背景には、日本語教師を取り巻く社会や政策・施策の変化やそれに伴う制度化があった。日本語教育は常に、外国人の受け入れに伴う環境整備のための対応策として位置付けられてきた。外国人をいつどのように受け入れるかは、日本の社会や政策・施策によって変わる。従って、日本語教師が関わるフィールドは、大学などの高等教育機関、初等中等教育機関、日本語教育機関、企業、行政、地域はも

ちろん、近年増えている介護・看護の現場など国内外において様々であり、かつ拡大したり縮小したりもする。2020年現在、日本語教師の資格制度創設の議論が行われているが、この議論に関しても外国人材受け入れに関する施策を受けた形で進められている（第5章参照）。このように、日本語教師は常に日本の社会や政策・施策の変化やそれに伴う制度化によって、どこで、どのような外国人に、どのような日本語教育を行うかを第三者によって規定される。その結果、日本語教師は自身の専門性を求められる規定に応じていくことであるかのように感じてしまう。このような環境においては、日本語教師としての自分に何が求められているのか、自分は日本語教師として何をすべきなのか、ということに意識が集中してしまう。その結果、日本語教師であるとはどういうことなのか、日本語教師であることは何を意味しているのか、なぜ私は日本語教師なのか、といった日本語教師としての自身のあり方を考える機会がなくなり、結果的に見失ってしまう。

　見失ってしまった日本語教師としての自身のあり方を取り戻すためには、「存在論的接近」にもとづく日本語教師の専門性に関する議論が必要である。「存在論的接近」にもとづく日本語教師の専門性に関する議論とは、第1章で述べたように、日本語教師の専門性を個別的・動態的なプロセスとして捉え、日本語教師を取り巻く社会や政策・施策の変化とそれに伴う制度化について、準拠するのではなく参照しつつ、日本語教師が日々の教育実践の営みを通し、「私は日本語教師として何をすべきか、どうあるべきか」を対話的に構成し続けていくということである。

　このように日本語教師の専門性を、個別的・動態的なプロセスとして捉え、「存在論的接近」にもとづく日本語教師の専門性に関する議論をすることで、日本語教師は日本語教師としてのアイデンティティを主体的・自律的に構成

することができる。日本語教師が日本語教師としてのアイデンティティを主体的・自律的に構成することで、第三者によって規定される日本語教師としてのあり方や制度に振り回されることもなくなる。さらに、日本語教育という分野が、日本語教育を取り巻く社会や政策・施策の変化やそれに伴う制度化に規定されるばかりでなく、主体的で自律的に自らの専門性を構成していく学として発展することにつながる。

　以上、本章では、日本語教育学および教育学において、日本語教師の専門性および教師の専門性がどのように捉えられてきたかを概観した。

　その上で、日本語教師の専門性を捉える際に必要な議論について述べた。

　「第2部　歴史編」では、さらに日本語教師の専門性について考えるため、日本語教師の役割や養成・研修をめぐる言説および施策の歴史的動向を探る。さらに、今後創設される見通しである日本語教師の公的資格制度についても言及する。

注

[1] 三代・古屋ほか（2014）では、「A・R」（アクション・リサーチ）と「AR」（アクションリサーチ）を区別し、その違いについて言及している。以下全文引用する（pp.51–52）。

「AR」：よりよい社会を構想し、構築しようとする志向をもつAR。そこには、従来、別々の行為として捉えられてきた「実践」と「研究」を「実践」＝「研究」という一つの社会実践として捉えることが含意される。

「A・R」：既存の価値観の中で最適な手法を探すための調査法としてのAR。そこには、「実践」を改善するための「研究」や、「実践」を「研究」するための方法というように、ARを「実践」と「研究」の二つのことばとして捉えていることが含意される。

参考文献

石黒広昭（2004）「フィールドの学としての日本語教育実践研究」『日本語教育』120, pp.1–12.

市嶋典子（2014）『日本語教育における評価と「実践研究」—対話的アセスメント：価値観の衝突と共有のプロセス』ココ出版

岡崎敏雄・岡崎眸（1990）日本語教育学会（編）『日本語教育におけるコミュニカティブアプローチ』凡人社

岡崎敏雄・岡崎眸（1997）『日本語教育の実習—理論と実践』アルク

要弥由美（2005）「社会的位置付けを持った日本語教師のビリーフ・システム—構造方程式モデリング（SEM）によるモデル化とその考察」『日本語教育』127, pp.11–20.

小池真理（2004）「学習者が期待する教師の役割—半構造化インタビューの結果から」『北海道留学生センター紀要』8, pp.99–108.

五味政信（2005）「良い「日本語教師」像を探る—留学生が日本語教師に求めていること」松岡弘他（編）『開かれた日本語教育の扉』pp.18–29. スリーエーネットワーク

佐藤学（1997）『教師というアポリア—反省的実践へ』世織書房

ショーン，ドナルド A.（2001）『専門家の知恵—反省的実践家は行為しながら考える』（佐藤学・秋田喜代美訳）ゆみる出版（Schön, D. (1983) *The Reflective Practitioner: How Professionals Think in Action*. New York: Basic Books.）

ショーン，ドナルド A.（2007）『省察的実践とは何か—プロフェッショナルの行為と思考』（柳沢昌一・三輪健二監訳）鳳書房（Schön, D. (1983) *The Reflective Practitioner: How Professionals Think in Action*. New York: Basic Books.）

高木裕子・佐藤綾（2006）「「国別」から見た日本語教師に求められる実践能力を規定する要因」『日本語教員養成における実践能力の育成と教育実習の理念に関する調査研究』pp.118–138. 平成16年度–平成17年度科学研究費補助金基盤研究報告書

舘岡洋子（2008）「協働による学びのデザイン—協働的学習における「実践から立ち上がる理論」」細川英雄・ことばと文化の教育を考える会（編）『ことばの教育を実践する・探求する—活動型日本語教育の広がり』pp.41–56. 凡人社

縫部義憲・渡部倫子・佐藤礼子・小林明子・家根橋伸子・顔幸月（2006）「学習者が求める日本語教師の行動特性の構成概念」『日本語教員養成における実践能力の育成と教育実習の理念に関する調査研究』pp.94–103. 平成16年度–平成17年度科学研究費補助金基盤研究報告書

縫部義憲（2010）「日本語教師が基本的に備えるべき力量・専門性とは何か」『日本語教育』144, pp.4–14.

平畑奈美（2008）「アジアにおける日本語母語話者教師の新たな役割—母語話者性と日本人性の視点から」『日本語教育論集　世界の日本語教育』18, pp.1–19.

平畑奈美（2009）「海外で活動する日本人日本語教師に望まれる資質の構造化―海外教育経験を持つ日本人日本語教師への質問紙調査から」『早稲田日本語教育学』5, pp.15-29.

古川ちかし（1991）「教室を知ることと変えること―教室の参加者それぞれが自分を知ることと変えること」『日本語教育』75, pp.24-35.

文化庁（2019）「日本語教育人材の養成・研修の在り方について（報告）改訂版」文化審議会国語分科会　https://www.bunka.go.jp/koho_hodo_oshirase/hodohappyo/1401908.html（2020年8月3日参照）

細川英雄（2005）「実践研究とは何か―「私はどのような教室をめざすのか」という問い―実践研究の評価基準に関する一考察」『日本語教育』126, pp.4-23.

三代純平・古賀和恵・武一美・寅丸真澄・長嶺倫子・古屋憲章（2014）「社会に埋め込まれた「私たち」の実践研究―その記述の意味と方法」細川英雄・三代純平（編）『実践研究は何をめざすか―日本語教育における実践研究の意味と可能性』pp.91-120.　ココ出版

三代純平・古屋憲章・古賀和恵・武一美・寅丸真澄・長嶺倫子（2014）「新しいパラダイムとしての実践研究―Action Researchの再解釈」細川英雄・三代純平（編）『実践研究は何をめざすか―日本語教育における実践研究の意味と可能性』pp.49-90.　ココ出版

横溝紳一郎（2000）『日本語教師のためのアクション・リサーチ』凡人社

横溝紳一郎（2006）「教師の成長を支援するということ　自己教育力とアクション・リサーチ」春原憲一郎・横溝紳一郎（編著）『日本語教師の成長と自己研修―新たな教師研修ストラテジーの可能性を目指して』pp.44-67.　凡人社

コラム　座談会 **1**
日本語教師に必要なこと

余

まず、簡単な自己紹介をお願いします。それから、日本語教師はどんなことをする人だと考えていらっしゃるか教えてください。

松尾

フリーランスで日本語教師をしています。私自身は日本語の文法とか表現を教えるっていうことが自分のスキルだと思っているので、日本語のプロとして日本語を教えています。日本語教師は言葉を教える人だって私は考えるんですけど、ほかの先生どうですか？

清水

私は今介護福祉の専門学校で、日本語と介護の専門知識を教えています。今、日本語だけじゃなくて、いろいろな分野の専門知識も教えられる先生が求められているんじゃないかなって感じます。

坂本

私は日本語学校で教えています。まだ2年目です。私も松尾さんと同じで、日本語教師は言葉や文法を上手に教えられる人だと思います。最近コロナの影響でオンライン授業をすることになって、必要に迫られてICTの勉強もしています。デジタル教材もどんどん出てきています。これからは日本語教師もICTが使いこなせないとね。

大塚

私は日本語学校で教務をしています。日本語を教えるほかに、留学生の進路相談とか生活のケアとかしています。進路や生活の支援も日本語教師の仕事の一つかなと思います。

森田 私も日本語学校で教えています。5年目なので中堅かな。日本語教師って日本語を教える以外にも、日本語以外の専門知識も必要だし、学生たちの生活のケアや進路の相談にものらなければいけないし、ICTも熟知していないといけないし。日本語教師って本当に大変！

大塚 あのー、日本語教師として日本語を教えることはもちろん大切なんですが、私はもっと大切なことがあるんじゃないかって思っています。例えば、私は普段学生に対して、日本語で人とつながりを持って、そのつながりを更新し続ける中で日本語が上達していってほしいなって思って授業をしているんですね。それが教えるときの基本にあるんです。

余 日本語教師としての理念ですか？

大塚 理念っていうと難しいですよね。例えば、最近オンラインで授業することが多いんですけど、オンライン授業のためにICTをどう使うかではなくて、それを使って結局、自分がどういう日本語教育をしたいかが大切じゃないかなって。

松尾 わかります。でも、そういう話を職場でしようとすると、「あー、この人、意識高い先生よねー」みたいに煙たがられたりしちゃうことありません？

大塚 そう、そう。でも、自分が何をしたいのかとか、どうやって実現させていくかという話がもっとできれば、お互いの成長につながるのに。

私は毎日の授業のことで忙しくて、そんなことを考える余裕なんてないですね。

坂本

日本語を勉強している人はみんな目的があるわけだから、その目的を達成するために日本語を覚えて、それをどのように活かすかってことを本人が一生懸命考えている。教師がそれを理解してサポートしていくことが今必要なんじゃないかな。学習者によって教師のサポートの仕方も変えたりして。教師も一生懸命考えないとだめだよね。

森田

確かに。教師ってある程度年数がたつと経験で授業ができるようになってしまうけど、二人の話を聞いて、「これでいいの？ 私は何がしたいの？ 今何ができるの？」って考えることが、今、日本語教師には必要なのかなって思いました。

清水

座談会2　現場での悩み（p.92）につづく

第2部
歴史編

第1部の問題提起をふまえ、第2部では、日本語教師の専門性というテーマが今までどのように扱われてきたのかを考えるために、その歴史的な変遷を日本語教師の役割という点および養成という点から検討する。第2部は第3章から第5章までの3つの章からなる。

　第3章では、1970年代から2010年代にかけての日本語教育関連の文献の中で日本語教師の役割がどのように論じられてきたか、その言説がどのように変遷してきたのかを検討する。

　第4章では、学会誌『日本語教育』において日本語教師養成・研修の言説がどのような変遷を経てきたのか、それは日本語教育に関連のある政策・施策とどう関連しているのかを照らし合わせつつ検討する。

　第5章では、現在、日本語教師の公的資格創設が検討されていることを受けて、日本語教師の公的資格制度創設をめぐる近年の動向をまとめる。

　これらの調査・分析から、その時々の政策や施策を反映し日本語教師は役割を変化させてきたことが読み取れる。外側から規定されることで役割を形成してきたことは、日本語教師自身による内側から立ち上がる「日本語教師の専門性」の議論が不在であることと深く結びついていることがわかる。

第3章
日本語教師の役割をめぐる言説の変遷

古賀万紀子・古屋憲章・孫雪嬌・
小畑美奈恵・木村かおり・伊藤茉莉奈

1 問題意識

　本章の目的は、日本語教師の専門性を考えるための基礎資料とすべく、日本語教師の役割をめぐる言説の変遷を調査・分析することである。

　鈴木（2012）は、日本語教員養成に関する政府の指針や日本語教育能力検定試験には「"知識・能力＝専門性" という見方」があり、それは「日本語教師が日本語運用技術の教授のエキスパートとしてみなされていることの表れ」だと指摘している（p.18）。つまり、日本語運用に関する知識や能力を身につけていることが日本語教師の専門性だとする見方の背景には、日本語教師の役割は「日本語を教える」ことだという考えがある。このように、日本語教師の専門性はその役割と関連して論じられてきた。

　しかし、近年、日本語教師の役割は「日本語を教える」ことでは括り切れなくなってきている。例えば、学習者の多様化に伴い、日本語教師は言語教育以外の他（多）分野の知識を身につける、あるいは他（多）分野の専門家と連携することが求められるようになっている。また、大学などの教育機関の社会的役割の変化により、日本語教師は学習者と日本人学生や地域住民をつなぐ役割を担うべきとの声もある。このように、日本語教師に求められる役割が「日本語を教える」ことから拡大している中で、改めて日

41

本語教師の役割とは何かを問うべき時期に来ている。

　そこで、本章では文献調査に基づき、1970年代から2010年代にかけての日本語教育関連の文献の中で日本語教師の役割がどのように論じられてきたか、その言説がどのように変遷してきたかを明らかにする。

2 調査・分析方法

　文献調査および分析の手順は、次のとおりである。

　まず、下表1にある論文・記事・書籍を収集し、タイトルやキーワードを参考に、日本語教師の役割について論じられている文献を選定した。

表1　分析対象とした文献

収集した文献	選定した 文献数
1. 日本語教育分野の主な学術誌の該当号（下記a〜c）に掲載された論文 a.『日本語教育』（日本語教育学会）の「教師／教員」に関する特集号 　（25・31・63・144号） b.『日本語教育論集 世界の日本語教育』（国際交流基金）1〜19号 c.『日本語教育論集』（国立国語研究所）1〜25号	93本
2. 1.の論文の参考文献表に記載されている雑誌および報告書の中の論 文・記事	26本
3. 2019年までに刊行された日本語教育関連書籍のうち、日本語教師の役 割に関して言及されているもの	44冊

　次に、表1で選定した文献の中から日本語教師の役割に関する記述をピックアップし、記述を時系列で並べた年表を作成した。次節ではこの年表をもとに1970年代から2010年代にかけての各年代の言説を取り上げ、日本語教師の役割に関する言説の変遷を分析する。

　なお、日本語教師の役割に関する言説は当時の社会的情勢にも影響を受けていると考えられる。各年代の日本語教育に関する社会的な出来事と関連施策・政策については、

部末資料1を参照されたい。

3 │ 日本語教師の役割をめぐる言説の変遷

3.1　1970年代

　　収集した文献の中で日本語教師の役割について論じている最初のものは、1974年の『日本語教育』25号（特集：日本語教師論）に掲載された特集論文である。水谷（1974）は、「日本語を教える」という技術的な側面に焦点をあて、教室で日本語を教える過程に沿って日本語教師に必要な知識・技能・行動について次の4点から論じている。すなわち、「1.　学習させることばをきめる、2.　学習のさせ方をきめる、3.　実際に学習させる、4.　学習させたことについて評価をする」である（p.10）。その背景には、「学習のさせ方の最終的なねらいは与えられたことばが習慣形成に至るよう導くことである。与えられたことばを表現できるようにさせる、理解できるようにさせる。しかも、その場限りではなく、学習者の行動様式の一部にとりこまれるまで徹底してはじめて意味を持つ」（p.13）という日本語学習／教育観がある。小出（1974）は、「日本語教師の役割は、日本語の語学能力をつける（話し、聞き、読み、書き）にとどめ」（p.42）るべきだという考えのもと、学習者に「現代日本語の基礎を教える」（p.41）ための最低要件を知識・技術の面から論じている（pp.40–42）。このように、日本語教師の役割を「日本語を教える」ことだとする論考は1970年代からみられる。そして、1節で述べたように、こうした論調は今日まで根強く残っている。

3.2　1980年代

　　1980年代に入っても、「日本語を教える」という日本語教師の役割に関する論考がみられる。小出（1987）は、

1953年の開学当初から始まった国際基督教大学での日本語教師養成について振り返っている。その中で、日本語教師は「学生が早く日本語を習得するよう、協力すべき」であり、「よい教師」の条件は「学生により早く、より正確に日本語を習得させること」だと述べている（p.43）。また、金田（1989）は、教師は学習者の「適性に応じた学習方法を研究することはもちろん、さまざまな学習者が混在する教室の中で、それぞれの学習方法を意識して、どう教室活動をしていくか」（p.52）を考えることが重要であると述べている。そして、学習者が教師の期待通りに行動しない場合、「学習者の状況に応じて、教師の行動パターンを教えたり、学習者の役割を教え、それをうまく果たしている別の学習者の様子を見せる」（p.52）ことも重要であると述べている。こうした論考には、学習者の学習を管理する主体はあくまでも教師であるという見方が表れている。

　これに対し、学習を管理する主体は学習者であるという考えに基づき、教師の役割は学習者の自律的学習を援助し促進することだという論考も現れた。例えば、足高・池上（1985）は、「学習者に適切な目的調査を施し、学習者の目的にあった学習目標をたてることが必要である」（p.26）として、学習者の目的に応じた教材の開発の重要性と具体的な方法を説明している。石井（1989）は、学習者の役割を「受動的に学習を行う者」ではなく「主体的・自律的に学習活動にかかわ」る者として捉え直し、「学習の管理者は学習者以外ではありえず、教師は管理者ではなく学習を援助し促進する者として認識されるべきである」と主張している（p.15）。そして、「クラスはそれ自体が一つの小さな社会」（p.7）であり、その特性を活かすためには「教室活動が現実のコミュニケーションでなければならない」（p.8）と述べ、学習者の主体性を重視した内容優先の教室活動を提唱している。そうした教室活動における教師の役割に

は、社会的リソースの整備や教材の用意など「裏方として学習環境を整える」こと、また、学習者の学習状況をモニターすること、学習者の学習状態や方法などについて相談を受けたりアドバイスを与えたりすること、情報のソースとなること、学習者と同じ活動に参加すること、などが挙げられる（p.15）。

3.3　1990年代

　1990年代には、日系人「定住者」、中国帰国者、留学生をはじめとする日本語学習者の増加が進み、学習目的や学習環境の多様化が取りざたされるようになった。こうした日本語学習者の多様化に伴い、日本語教師の役割に関する論考も多様化の様相をみせている。

　多様な学習者に「日本語を教える」ために、学習者のニーズやビリーフを把握することも教師の役割として論じられるようになった。例えば、学習者が興味・関心を持てるテーマを学習内容として設定する（岡崎1994）、学習者のビリーフを知ったうえで適切なメソッドを決める（野山1995）といった役割である。こうした論考の背景にも、学習内容や学習方法を決めることによって学習者の学習を管理する主導権は教師にあるという考えがあることがうかがえる。

　一方で、学習者の多様化に伴い、日本語教育の論考における視点が「教師が何をどう教えるか」から「学習者が何をどう学ぶか」に移っていく動きがみられる。田中・斎藤（1993）は、教授から支援へという日本語教育観の転換を提唱し、学習者が自律的学習を進めていくための学習支援システムを日本語教師が構築し、運用することを主張している。学習支援システムにおいて、支援者としての教師は、学習者による「学習の意識化活動」、「学習の計画化活動」、「学習活動」、「学習のネットワークづくり」を支援す

る役割を担う（pp.184-185）。また、従来の教師に求められていたのは「学習者を学習集団として捉え、その学習を促進していくためのさまざまな手だて」であったのに対し、「学習者の自律性を重視したカリキュラムのなかでは、学習者を個としてとらえ、コンサルティングなどをとおしてそれぞれの学習を支援していくことが重要な役割になってくる」と述べている（p.184）。つまり、支援システムにおいて、学習の決定権は学習者にある。よって、教師の役割は、学習者の学習を管理し決定することではなく、学習者が自律的に学習を進めていくことを支援することだと捉えられる。

　このように、学習者の学びに重点を置くことにより、教室内における学習者同士の学びを促進することを教師の役割とする論考も出てきた。例えば、川岸（1990）は、「学習者が他の学習者と相互交渉をもつことの重要性を認め、（中略）学習者と他の人とのコミュニケーションを促進する役割に努める」（p.74）ことが教師の役割であると主張している。

　さらに、日本語教師の役割をより社会的に広い視野から捉えようとする動きもみられる。山田（1996）は、外国人側と日本人側「双方が互いの社会の関係や世界に広がっている今日的社会問題を考えていくこと」（p.5）に貢献する「社会派日本語教育」を提唱している。そして、社会派日本語教育における日本語教師の役割として、次の2点を挙げている。1点目は、「学習者と日本人と、互いに異文化に属する者同士が、望ましい形で接触する機会を持ち、その中で互いに相手から得たものをもとに自分が属する社会やその文化を相対化し、それぞれに、このような社会の変容の必要を意識化する機会を作って」いけるような具体的方法論を開発することである（p.28）。2点目は、「学習者同士が啓発し合い相互学習が進むような環境を作ることに

協力する」とともに、学習者個人が「自らが評価し、個人的なさらなる学びの方向を志向することを支援する」ことである（p.30）。そのために、日本語教師は、日本語教育の社会的な役割を考えたうえで、日々の実践、そして自分自身を変えていくこと、日本人と学習者双方が自己変容し互いに学ぶことができるという日本語教育観を持つことが必要だとしている（pp.27-29）。

3.4　2000年代

　1990年代から引き続き、2000年代においても、多様な日本語教師の役割に関する論考がみられる。

　学習者の特性に合わせて日本語を教えるという「学習者中心」の議論は続いている。横溝（2006）は、「学習者中心」における日本語教師の役割は、学習者の特性や言語学習に関するビリーフ、学習目的や日本語の使用場面といった多様性に配慮し、学習者にとって最適な学習環境を決定することだと述べている（pp.7-9）。

　他方、学習者が主体的かつ自律的に学習を進めるという「学習者主体」に関する議論も進んだ。青木（2001）は、英語教育における学習者オートノミーの概念を日本語教育に導入した。青木（2001）によれば、学習者オートノミーは、「学習者が、自分のニーズや希望に役立つように、こうした（引用者注：何を学びたいか、どのようにして学ぶか、学習の成果をどのように評価するか、などの）意思決定をし、自分の立てたプランを実行する能力」（p.189）である。学習者オートノミーの概念に基づけば、「具体的に何を学びたいかは学習者の決めること」であり、教師の役割は「それを学べるようにお手伝いをすること」である（p.186）。よって、教師の役割は、学習者オートノミーの実践を可能にする環境整備と学習者オートノミーを育てることであると論じている（pp.189-190）。

そして、学習における学習者の主体性を重視する流れから、相互学習を促進する環境を設計することが日本語教師の役割であるとする論考もみられる。細川（2007）は、「行為者1人1人がそれぞれの思考と日本語による表現を、自らの固有のテーマにもとづき、さまざまな他者との協働によって活性化していけるような環境」を設計し実施することが「日本語教育という教育行為そのもの」だと述べている（p.186）。さらに、舘岡（2002）は、学習者の自律的学習を活性化するには、「学習者と共に学びその過程を共有する」という教師の態度と、「教師と学習者がそれぞれの立場から共に学びあう場」が必要だと述べている（p.14）。そして、舘岡（2007）は、「仲間との相互作用による学び」（p.52）を重視するピア・ラーニング（協働学習）の教室における教師の役割を、「学びが起きうる学習環境としての教室をデザインするとともに、学びに参加する」（p.48）ことだと述べている。

　さらに、教室実践を越えた日本語教師の役割に関する議論も発展している。春原（2006）は、日本語教師が「社会の中の一役割としての日本語教育」（p.185）という自覚を持ちつつ、「様々なレベルや規模の共同体や社会の設計の一翼を担う」（p.192）ことの重要性を指摘している。そして、言語や教育、コミュニケーションの専門家として社会の設計に関わるにあたり、言語教育界にはびこる諸問題の解決に向けて、教師自らが〈声〉を持ち、「自分自身の環境を変えていくという意識」を持つことの重要性を強調している（p.195）。つまり、日本語教師が働きかける対象は教師自身と周りの環境であり、教師の役割は言語教育に関する諸問題の解決に取り組むことであると捉えられている。

3.5　2010年代以降

　2010年代以降も依然として日本語教師の役割に関して

は多方面から議論されている。

　熊谷・佐藤（2011）は日本語教師の役割として次の6点を挙げている。すなわち、①学習者に学ぶべき必要な知識を与えること、②学習を評価し成績をつけること、③学習の内容や方向性、目的、手順などについて学習者と交渉すること、④学習者の興味や目的を尊重し、各自の目的達成のための手助けをすること、⑤教室活動に参加し、学習過程での喜びや悩みを共に経験し、考え、学ぶこと、⑥相互自己評価のため、コメントや意見を提供すること、である（pp.xvii–xviii）。ここでは、以前からみられた、日本語を教える役割、自律的な学習を支援する役割、教室活動に参加する役割について言及されている。

　そして、日本語教師の役割をより社会的な観点から捉えようとする議論はますます活発化している。奥田（2010）は、「社会の中の一役割としての日本語教育」（春原2006: 185）の議論をふまえ、日本語教育を「社会事業」として捉え、社会構造の中に日本語教育を位置づけることを主張している。奥田（2010）は、日本語教育機関や教師が「社会事業としての言語教育を担う者」として、社会的な日本語教育の役割や目的について考え、発信していける存在にならない限り、「大学や企業の単なる下請けとして専門性の低いスキル・ワーカーに留まる」として警鐘を鳴らしている（p.51）。そして、自分たちの行為を社会に位置づけるためには、他分野、他領域の人々と協働することが重要であると述べている（p.51）。青木（2011）は、言語教育機関の外で言語を学ぼうとしている第二言語ユーザーの学習者オートノミーが社会的文脈にどのような制限を受けうるかを説明したうえで、教師が「教育者としての社会的責任を果たすためには、彼らのオートノミーへの外的制約を取り除くために行動しなくてはいけない」（p.258）と述べている。よって、「第二言語ユーザーの学習の選択肢を制限

している社会的制度に対して、彼らのためのアドボカシーを行う」(p.260) ことも日本語教師の役割として捉えている。山田（2018）は、「社会派日本語教育」（山田1996）の論考を発展させ、「対等的多文化共生：先住文化的多数者と新来文化的少数者が対等・平等に社会参加する形」(p.16) を促す活動として日本語教育を捉えている。ただし、現在の日本社会は「同化的多文化共生：先住文化的強者が新来文化的弱者に迎合を求める形」(p.16) という状況にある。そのため、日本語教師は「戦略的同化」として主体的に「社会への参加を目指した言語習得」を求める移住外国人を支援する役割を過渡的に担うとしている（p.43）。

4 | まとめと考察

　前節では、日本語教師の役割に関する言説の変遷を時系列に沿って分析した。各言説における「日本語教師の役割」をグルーピングした結果、図1のように、A ～ Dの四つのカテゴリに分類された。

　年代別にみると、1970年代からAの言説が、1980年代からBの言説が、1990年代からCとDの言説が現れている。しかし、後から現れた言説がすでにある言説に取って代わっているというわけではなく、2000年代以降もA・B・C・Dの言説が並立している状況である。こうした状況はとりもなおさず、日本語学習者の多様化に伴い、日本語教師の役割も多様化したことを示している。

　また、図1に示した四つのカテゴリからは、日本語教師の役割が学習者個人との関わりから学習者を取り巻くコミュニティ・社会への関わりへと拡大していく様相が見てとれる。つまり、日本語教師が働きかける対象が学習者のみならず、学習者を取り巻く環境にまで拡がりつつあるということである。具体的には、次のとおりである。Aの言説

A. 学習を管理する

・学習者に日本語を教える

・学習者の行動を管理する

・学習者のニーズやビリーフを把握し、それに合った教育の方法や内容を決定する

B. 自律的な学習を支援する

・学習者の目的に合ったりソースや教材を準備する

・学習者の相談に対応し、アドバイスをする

・学習者の自律的学習が可能となる学習環境をつくる

C. 相互学習の場を設計する

・学習者同士、または学習者と教師との相互学習が起きる教室環境を設計する

・学習に参加し、多様な他者と協働し学び合う

D. 学習環境・システムを整備する

・日本語教育の社会的な役割について考え、発信する

・学習者と日本人とが相互学習を通じて自己の社会や文化を相互化する機会をつくり、社会変革を促す

・教育機関を取り巻く社会環境の変革や構築に関与する

図1　日本語教師の役割をめぐる言説の四つのカテゴリとその変遷

は、教師主導の学習／教育観に基づき、教師が「教える」対象として学習者を捉えている。つまり、教師が働きかける対象は学習者である。それに対し、Bの言説は、学習者中心の学習／教育観に基づき、学習者を「学ぶ」主体として捉えている。よって、教師が働きかける対象は、学習者が学ぶ学習環境である。さらに、Cの言説は、学習者と教師という二項対立的な捉え方から脱却し、教師も「学ぶ」主体として捉えている。よって、教師が働きかけるのは、多様な学習主体が参加する教室環境である。そして、Dの言説は、外国人と日本人という区別や教室という枠を越え、「学ぶ」主体をより広い視野で捉えている。よって、教師が働きかけるのは、教室環境を取り巻く社会環境である。このように、働きかける対象という観点からみた日本語教師の役割は、学習者に直接日本語を教えることから、

51

学習者の学習環境を把握しそれを支援する、多様な学習者
や教師が参加する教室環境を設計する、さらに日本語教育
を社会的な観点から捉え、社会環境を変革・構築していく
ことにまで拡がっていることがわかった。

　以上、本章では、文献調査に基づき、日本語教師の役割
をめぐる言説の変遷を明らかにした。このような日本語教
師の役割をめぐる言説は、日本語教師の養成・研修に直接
的に影響する。そこで、次章では、日本語教師の養成・研
修に関する言説の変遷について述べる。

付記

本稿は、『アカデミック・ジャパニーズ・ジャーナル』10号に掲載さ
れた古屋ほか（2018）、同ジャーナル11号に掲載された古屋ほか
（2019）、および韓国日本語学会第40回国際学術大会において発表し
た古賀ほか（2019）の論文をもとに編集し、加筆修正したものである。

参考文献

青木直子（2001）「教師の役割」青木直子・尾崎明人・土岐哲（編）『日
　本語教育学を学ぶ人のために』pp.182-197.　世界思想社
青木直子（2011）「学習者オートノミーが第二言語ユーザーを裏切る時—
　3つのレベルの社会的文脈の分析」青木直子・中田賀之（編）『学習
　者オートノミー——日本語教育と外国語教育の未来のために』pp.241-
　263.　ひつじ書房
足高智恵子・池上摩希子（1985）「理科系の学生のための読解教材に関す
　る一考察」『日本語教育論集』2, pp.14-28.
石井恵理子（1989）「学習のとらえ方と教室活動」『日本語教育論集』6,
　pp.1-18.
岡崎眸（1994）「内容重視の日本語教育—大学の場合」『東京外国語大学
　論集』49, pp.227-244.
奥田純子（2010）「民間日本語教育機関での現職者研修」『日本語教育』
　144, pp.49-60.
金田智子（1989）「日本語教育における学習者と教師の相互交渉について」
　『日本語教育論集』6, pp.39-75.
川岸睦美（1990）「学習者間の相互交渉—学習者間の相互交渉を活発なディ
　スカッションとする為の教師のストラテジー」『日本語教育論集』
　7, pp.59-76.

熊谷由理・佐藤慎司（2011）「はじめに―日本語教育で社会参加をめざすとは」佐藤慎司・熊谷由理（編）『社会参加をめざす日本語教育―社会に関わる、つながる、働きかける』pp.iii–xxv.　ひつじ書房

小出詞子（1974）「日本語教育の専門家」『日本語教育』25, pp.39–42.

小出詞子（1987）「「日本語教師養成」遍歴」『日本語教育』63, pp.41–52.

古賀万紀子・古屋憲章・伊藤茉莉奈（2019）「日本語教師は何をする人か―日本語教師が働きかける対象という観点から」『韓国日本語学会第40回国際学術大会発表予稿集』pp.123–128.

鈴木寿子（2012）「共生社会における日本語教師養成のための一考察―言語生態学的内省モデルの提案」『人文科学研究』8, pp.15–26.

舘岡洋子（2002）「日本語でのアカデミック・スキルの養成と自律的学習」『東海大学紀要―留学生教育センター』22, pp.1–20.

舘岡洋子（2007）「ピア・ラーニングとは」池田玲子・舘岡洋子（著）『ピア・ラーニング入門―創造的な学びのデザインのために』pp.35–69.　ひつじ書房

田中望・斎藤里美（1993）『日本語教育の理論と実際―学習支援システムの開発』大修館書店

野山広（1995）「JFL場面における「ビリーフス」調査の重要性と活用に関する一考察―豪州・メルボルン地区の高校生の場合を事例として」『日本語教育論集』12, pp.61–90.

春原憲一郎（2006）「教師研修と教師の社会的役割」春原憲一郎・横溝紳一郎（編）『日本語教師の成長と自己研修―新たな教師研修ストラテジーの可能性をめざして』pp.180–197.　凡人社

古屋憲章・古賀万紀子・孫雪嬌・小畑美奈恵（2018）「日本語教師の役割とあり方をめぐる言説の変遷―日本語教師の専門性を考えるための基礎資料として」『アカデミック・ジャパニーズ・ジャーナル』10, pp.63–71.

古屋憲章・古賀万紀子・孫雪嬌・小畑美奈恵・木村かおり・伊藤茉莉奈（2019）「日本語教師の専門性を捉え直す―日本語教師観と日本語教育観の関係から」『アカデミック・ジャパニーズ・ジャーナル』11, pp.55–63.

文化庁文化審議会国語分科会 (2019)「日本語教育人材の養成・研修の在り方について（報告）改定版」http://www.bunka.go.jp/seisaku/bunkashingikai/kokugo/kokugo/kokugo_70/pdf/r1414272_04.pdf（2020年9月10日参照）

細川英雄（2007）「総合活動型日本語教育は何をめざすか」細川英雄（編著）・牛窪隆太・武一美・津村奈央・橋本弘美・星野百合子『考えるための日本語【実践編】―総合活動型コミュニケーション能力育成のために』pp.185–193.　明石書店

水谷修（1974）「理想的日本語教師像を求めて―日本語を教えるための知識と技能を中心として」『日本語教育』25, pp.9–18.

山田泉（1996）『異文化適応教育と日本語教育2　社会派日本語教育のすすめ』凡人社

第3章　日本語教師の役割をめぐる言説の変遷

山田泉（2018）「「多文化共生社会」再考」松尾慎（編著）『多文化共生　人が変わる、社会を変える』pp.3–50.　凡人社

横溝紳一郎（2006）「学習者の多様性と日本語教師の役割─「学習者中心の日本語教育」の観点から」縫部義憲（監）・倉知暁美（編）『講座日本語教育学　第5巻　多文化間の教育と近接領域』pp.2–12.　スリーエーネットワーク

第4章

学会誌『日本語教育』に見る日本語教師養成・研修に関する言説の変遷
政策・施策に照らして

藤原恵美・王晶・加藤真実子・倉数綾子・
小林北洋・髙木萌・松本弘美

1 問題意識

　　本章の目的は、日本語教師の専門性を考えるための基礎資料とすべく、日本語教師の養成・研修に関する言説の変遷を調査・分析することである。

　　日本語教師の養成・研修の在り方は、日本語教師の専門性を考える上で非常に重要である。それは、日本語教師の養成・研修が常にどういう教師を育成するかという問題と深くかかわっているからである。2019年3月、文化庁文化審議国語分科会は、日本語教育人材に求められる資質・能力、及び日本語教育人材の養成・研修の在り方を「日本語教育人材の養成・研修の在り方について（報告）改訂版」に取りまとめた。この報告では、日本語教育人材を役割、段階、活動分野により整理し、それぞれに求められる資質・能力を「知識・技能・態度」に分けて表として示した（詳細は第1章参照のこと）。そして、養成・研修を実施する機関及び団体が教育課程を編成する際の参考として、養成・研修の教育課程編成の目安を示している。このような日本語教師の養成・研修の在り方を具体的に示した報告書は、今後の日本語教師の養成・研修に大きい影響を及ぼす画期的な出来事と考える。

　　では、これまでの日本語教育人材の育成はどのように行

われてきたのであろうか。日本語教師養成・研修の言説が今に至るまでにどのような変遷を経てきたのかを日本語教育に関連のある政策・施策と照らし合わせながら調査・分析することとした。

本章では、日本語教育機関や団体に所属する教員を含め、日本語学習者に直接日本語を指導する職業ならびに同職業についている人材を指して日本語教師と定義した。また、政府や政党による施政上の方針や方策を政策、その政策を実行する具体策を施策と定義した。

2 | 調査方法

2.1 調査方法

調査手順は、次のとおりである。

i 学会誌『日本語教育』（日本語教育学会）1号から157号の全論文の中で、タイトル・キーワードの中に、養成・研修に関連のある「教師」「教員」「研修」「養成」「教育実習」「受講生」「政策」「施策」「教育」が入っているものを選出した。1号から57号まではキーワードの記載がないため、タイトルのみから選出した。

ii 選出した論文の内容から、日本語教師養成・研修の目標とあるべき姿が明確に書かれた論文を調査し、養成に言及したもの、研修に言及したもの、養成・研修両方に言及したものに分類した。

iii 日本語教育に関係する政策・施策について、田尻（2009）を基に年表を作成し、iiで分類された論文から日本語教師養成・研修についての論者の理念が明確に書かれた記述を抽出して時系列に並べ、照らし合わせた。

iv 上記iiiで作成した年表から、言説がどのように変化
したか考察を行った。

　今回『日本語教育』を調査対象としたのは、この学会誌
が1962年に刊行され、その後継続的に日本語教育の問題
点を明らかにしてきた定期刊行物であり、それぞれの時代
に発表された政策・施策に関連する論文も数多く載ってい
るからである。それらを俯瞰することで、日本語教師の養
成・研修に関する流れを見ることができるのではないかと
考えた。なお、各年代の日本語教育に関する社会的な出来
事と関連施策・政策については部末資料1を参照されたい。

2.2　調査結果

　『日本語教育』1号から157号までに掲載された論文は、
全部で1648本あった。そのうち、タイトル・キーワード
の中に「教師」「教員」「研修」「養成」「教育実習」「受講
生」「政策」「施策」「教育」が入っているものが779本あ
った。この中から、日本語教師養成・研修に関する言説が
明確に書かれた論文は38本あった（表1）。

表1　日本語教師養成・研修に関する言説が書かれた論文

年代	該当論文（養成）	該当論文（研修）	該当論文（両方）
1970年代			椎名（1974）　小出（1974） 宮地（1974）　水谷（1974） 吉田（1976）　佐々木（1976）
1980年代	倉持（1983）　田原（1987） 井上（1987）　宮地（1987） 水谷（1987）　長谷川（1987） 奥田（1987）　草薙（1987）	水谷（1983）	
1990年代	斎藤ほか（1992）　岡崎（1996） 堀口ほか（1997）　小柳（1998）	林（1991）　五味（1996） 伊藤（1999）	
2000年代	有田（2004）　石田（2007） 野山（2008）　古別府（2009）	横溝（2001）　来嶋ほか（2005） 要（2005）	亀川（2006）　今井（2007）
2010年以降	縫部（2010）　藤森（2010）	文野（2010）　阿部ほか（2010） 奥田（2010）　鎌田ほか（2013） 山田（2014）	
合計　38本	18本	12本	8本

これら論文の中から、日本語教師養成・研修についての論者の理念が明確に書かれた記述を抽出し、政策・施策に照らし合わせた結果、言説が政策・施策によってだけでなく年代ごとにも変化していったことがわかった（表2）。

表2　政策・施策と日本語教師養成・研修に関する言説についての変遷

年代	日本語教育に関する政策・施策	言説から見る考察
1970年代	・国際交流基金が「海外日本語教師研修会」を開催 ・日本語教育推進対策調査会が「日本語教師に必要な資質・能力とその向上策について」の報告書を発表	・日本語の高度な言語知識及び日本文化に深い造詣を持った教師の養成・研修
1980年代	・中曽根内閣が「留学生10万人計画」を発表 ・文化庁が日本語教育施設における授業時間数、教師数、教師の資格要件を定める ・第1回日本語教育能力検定試験実施	・多様化した学習者の個性や能力を生かした教授ができる教師の養成・研修 ・理論を実践に結びつけられる教師の養成・研修
1990年代	・文化庁が地域日本語教育事業を開始 ・「外国人児童生徒等に対する日本語教育指導者養成研修」の実施 ・技能実習制度の創設	・「自己研修型教師」の養成・研修 ・実践を伴った言語習得のための知識と理論を持ち、多様な学習者を指導できる教師の養成・研修 ・他分野の教師との連携ができる教師の養成・研修
2000年代	・文化庁の日本語教員等の養成・研修に関する調査研究協力者会議において「日本語教育のための教員養成について」と題する調査研究を報告 ・文化庁が「「生活者としての外国人」のための日本語教育」事業を開始 ・経済連携協定（EPA：Economic Partnership Agreement）に基づく看護師・介護福祉士候補者の受け入れ開始 ・福田内閣が「留学生30万人計画」を発表	・自分の教育現場に応じて内省できる「自己研修型教師」の養成・研修 ・学習目的がそれぞれ異なる学習者のニーズに柔軟に対応できる教師の養成・研修 ・学習の場にいる参加者全員の成長、他教師・職員との協調ができる教師の養成・研修
2010年以降	・出入国管理及び難民認定法の改正 ・「外国人児童生徒の総合的な学習支援事業」「帰国・外国人児童生徒受け入れ促進事業」「公立学校における帰国・外国人児童生徒に対するきめ細かい支援事業」の発表 ・文化審議会国語分科会が「日本語教育人材の養成・研究の在り方について（報告）」を発表	・自分の教育現場に応じて内省できる対話型「自己研修型教師」の養成・研修 ・学習者との信頼関係を作り上げながら、日本語習得を支援する教師の養成・研修 ・日本語教育の社会的役割を認識し、より良い教育環境を構築できる教師の養成・研修

3 | 日本語教師養成・研修に関する言説についての変遷

3.1 高度な言語知識、日本文化への知識を持った教師を養成・研修する時代（1970年代）

　『日本語教育』に日本語教師養成・研修に関する論文が発表されるようになったのは1970年代からである。1972年に外務省所轄の特殊法人として国際交流基金が設立され、1973年には「海外日本語教師研修会」がスタートした。その後、1976年に文化庁に設置された日本語教育推進対策調査会が「日本語教師に必要な資質・能力とその向上策について」の報告書を提出し、日本語教師に必要な資質・能力を示した。

　日本語教師養成・研修についての論文が最初に出てくるのもこの時代からである。この時期は、言語や文化に関する知識と教えるための技能を育成する養成、研修が多く行われていた。水谷（1974）は「日本語教師は日本語の言語的要素──音声・文字・文法・語彙等についてかなり高い程度の知識を持ち、学習者の言語的理解表現能力がどのような状況、段階にあるかが判断できなければならない」（p.12）と、日本語の言語的要素に関する知識の必要性を主張している。吉田（1976）は、「短時日のうちにある目的のもとに、できるだけ有効にマスターさせなければならないという条件がある場合には、教師はカリキュラムをできるだけ組織的効果的に学習者に与えることができる専門家でなければならないはずである」（pp.23–24）と、日本語教師は教えるための技能を持った専門家であると述べた。また「日本語教師の基礎的教養としては、日本文学の知識が必須のものとして要求される」（p.26）とし、日本文学の知識の必要性についても述べている。国際交流基金が海外に日本語教師派遣を行う際、どのような人材を育成するべきかを述べた椎名（1974）は、日本語教師に必要な

資質として「日本語、日本語教育について知識を持つことである。（中略）日本語教育の面ではあらゆる期待に応えなければならないし、文学・文化の面、日本の社会についても基礎的な知識を持つ」（pp.24–25）と文学以外にも文化、社会についての知識の重要性を述べている。この当時は海外に行く日本人がまだ少なかったという社会事情もあり、日本語を教えるというだけでなく、日本文化を伝えることも日本語教師の役割だったと考えられる。

　つまり、1970年代には、日本語に関する高度な言語知識と教えるための技能を持ち、日本文化に造詣の深い日本語教師を育成する養成・研修を目指していたと考えられる。

3.2　多様化する学習者の個性や能力を生かした教授ができる教師を養成・研修する時代（1980年代）

　この頃内閣はインドシナ難民の定着促進のための諸施策を推進し、1979年に姫路定着促進センター、1980年に大和定着促進センターが開所した。1984年には中国残留邦人やその家族のための中国帰国孤児定着促進センターが所沢に設置された。インドネシナ難民の受け入れ、中国残留邦人の帰国がきっかけとなり、地域における日本語教育が開始される。一方、1983年には当時の中曽根内閣のもと「留学生10万人計画」が発表され、21世紀初頭には留学生を10万人受け入れるという国の目標が掲げられた。このような社会情勢の下、文部省の日本語教育施策の推進に関する調査研究会が、21世紀初頭の国内における日本語学習者を14万2500人と予想、必要な日本語教師を2万4900人と試算し、計画的な日本語教師養成の機関の整備・充実方策を展開することを提言した。この提言を受け、1985年に筑波大学日本語・日本文化学類と東京外国語大学外国語学部日本語学科が設置され、大学における日本語教師養成が本格化した。また、1988年には文化庁が日本語教育

施設における授業時間数、教師数、教師の資格要件を定め、日本語学校の標準的基準が作られる。また同年、第1回日本語教育能力検定試験が行われ、以降この検定試験が日本語教師の資格試験とみなされていくようになる。

インドシナ難民、中国残留邦人、留学生の受け入れにより学習者の多様化が進んだことによる日本語教育をめぐる変化を受けて、教師養成・研修の言説も変化する。日本語教師は多様化した学習者の日本語能力に応じて適切な教育内容・教授法を選択する能力を持つべきであるという言説と同時に、教師養成の長期的展望に基づく計画の必要性を述べた言説が出始める。1980年代の教師養成に関する論文では、倉持（1983）が「多様化した学習者に対して、教育機関や教師が十分その要求を満たす教育を行い得る態勢を整えていると認められて、はじめて進歩・発展の名に値する」（p.48）と述べ、日本語教師の役割として多様化した学習者に対応した授業展開ができる能力を挙げている。また、大学における日本語教師養成について言及した論文では、田原（1987）が「日本語教員の専門性が確立され、待遇の改善が図られ、その社会的地位が向上」（p.5）することにつながると述べ、井上（1987）が「大学のカリキュラムの中に日本語教員養成課程の組み入れが可能になったということは、日本語教育が専門分野として正式に認められたという画期的な意味がある」（p.14）と日本語教師が社会的に認められるようになった点を評価している。この頃から社会的に認められる日本語教師の専門養成が始まったと言えよう。

しかし、まだ課題も多いという指摘もあった。水谷（1987）は「日本の各大学に設けられるであろう大学院段階での日本語教育専攻課程で、学位などがどのような条件で与えられていくか、また、どのような実力が与えられるかが将来の各国での日本語教育エリートづくりに大きな影

響を与えていく」（p.40）と大学院段階での教育内容が課題であることを指摘している。また、「大学間協定を利用した形での海外の大学で日本人の専門家が参加して共同研究及び当該国の教員養成に当たるなど将来に実現を求められる教員養成の可能性はいっぱいある」（p.41）とし、日本語教師養成における長期的展望に基づく基本的計画が課題であると述べている。

　教師研修に関する論文では、水谷（1983）が「教授法のあり方を固定的に考えることをいったん放棄する」（p.83）ことを提案し、日本語教師に必要な能力として学習者の日本語能力に応じて適切な教育内容・教授法を選択することができる能力を挙げている。

　つまり、1980年代には、大学における日本語教師養成、日本語教育能力検定試験の開始といった専門性を持った日本語教師を養成する体制が整い始めたことで、理論を実践に結びつけ、多様化した学習者に合った教授ができる日本語教師の養成・研修が始まったと考えられる。

3.3 「自己研修型教師」を養成・研修する時代（1990年代）

　1990年の入管法改正により、三世までの日系人には「定住者」の在留資格が与えられ家族を伴った在住外国人が急増した。1994年には文化庁において地域日本語教育事業が開始され、最初のモデル地域として群馬県太田市等8つの自治体が指定される。定住外国人の増加に伴い外国人児童生徒・帰国児童生徒の日本語教育支援も求められるようになった。一方、国際援助活動の一環として技能実習制度が創設され、法務省・外務省・厚労省・経産省・国交省の5省共管で設定された国際研修協力機構が制度の円滑な運営、適正な拡大を進めることとなる。この制度により、「研修」の在留資格で滞在する外国人が増加する。定住者、外国人児童生徒等、外国人研修生といった新たな日

本語学習者の増加、多様な学習需要を受け、中・長期的視点に立った日本語教育振興を検討する必要性が生まれ、文部科学省は「日本語教育推進施策について—日本語の国際化に向けて—」を提示する。ここでは日本語教師の養成の推進についても述べられた。日本語教師養成の課題を整理する目的で、1999年には文化庁に「日本語教員の養成に関する調査研究協力者会議」が設立され、翌2000年の調査研究報告「日本語教育のための教員養成について」において、日本語教師養成における教育内容の改善や日本語教育能力検定試験の今後の在り方についても言及された。

　1990年代の教師養成に関する論文の中では、齋藤ほか（1992）が大学院での日本語教育の実習経験をもとに、「教育実習では、自己研鑽型教師を養成すべく、自己開発能力の基盤養成に注意を払いたい」（p.55）とそれまで見られなかった「自己研鑽型教師」の養成の重要性について述べている。また、自己開発能力について「自己開発は、指導方法に対する視点を固定化せず、常により良い方法を求めることにより推進される。柔軟で多角的な自己に対する多角的評価視点を育む機会を実習のプロセスに盛り込むことは、その一方策となる」（p.55）と、自己評価能力の育成における実践の必要性も主張されるようになる。小柳（1998）は「その場その場の教師の問題解決力や判断力の知識のベースとして、言語習得論は日本語教師養成の課程でもっと教えられるべきである」（p.43）と述べ、理論や実践に基づいた言語習得の知識を持ち、多様な学習者を指導できる教師の養成を主張している。

　教師研修に関する論文では、他の専門領域の教師との連携を主張する論文が増える。科学技術分野における日本語教育と他の専門科目教師のチームティーチングについて、教育実践に基づいた検討を行った結果をまとめた五味（1996）は、「日本語教育のみならず、全学の動向（カリキ

ュラム再編成といった教育に属する事柄から大学の政策行政的な事柄まで）に関心を払い、他の専門領域の教員と共通認識を持つことである」（p.9）と、他の専門科目教師との連携の重要性について言及している。外国人児童生徒の日本語指導の新たな課題、日本語教育の今後の在り方を考察した伊東（1999）は「子どもたちが学習上の困難に直面したときに、その原因が日本語力の弱さにあるのか教科内容に関する知識・体験不足にあるのかを見極めることが大切になる」（p.39–40）とし、教科を担当する教師と日本語教師が共に行う研修が必要であると主張している。また、この頃から養成の言説と同様に「自己研修型教師」の育成を重要視する言説が増えていく。林（1991）も現役教師が授業の準備に追われる現状を指摘し、「真の実力を養成するには職場での勉強会を頻繁に持ち、同僚と切磋琢磨する」（p.200）ことであると主張し、自分の授業を振り返る機会を持つことが重要であることを指摘している。また、「現場にすぐ役立つものだけを追いかけず、研究発表に参加し、研究書に目をとおす」（p.201）等、教師自身が自ら実践を振り返り学び続ける必要性を述べている。

　つまり、1990年代には、実践を伴った言語習得のための知識と理論を持ちながら、他分野の専門家と連携し、留学生、定住者、外国人児童生徒・帰国児童生徒、外国人研修生などの多様な学習者に対応できる「自己研修型教師」を育成するための養成・研修が多く提唱されたと考えられる。

3.4 学習目的がそれぞれ異なる学習者のニーズに 柔軟に対応できる教師を養成・研修する時代（2000年代）

　1990年代までに日本国内においてインドネシア難民、中国帰国者、日系三世を中心とした定住者、外国人児童生徒等、留学生、外国人研修生といった学習者の増加、学習需要の多様化が進んだ。加えて海外における日本語学習者

数も増加の一途をたどった。これらに伴い、日本語教師が求められる場も多様化していく。このような状況を背景に、1985年当時に文部省が「日本語教員の養成等について」内で示した「日本語教員養成のための標準的な内容」の改善の必要性が指摘されるようになる。そこで、2000年文化庁の日本語教員等の養成・研修に関する調査研究協力者会議において「日本語教育のための教員養成について」と題する調査研究報告が取りまとめられ、日本語教師養成の新たな教育内容が示された。また、これまでの政策は地域における外国人住民の増加につながり、国内学習者の多様化の下で多様な外国人問題に直面することとなった。こうした地域における多文化共生の推進は地方自治体が必要に迫られて取り組みを行ってきたが、国レベルでの検討の必要性が叫ばれるようになる。このような状況の中、2006年には総務省による多文化共生の促進に関する研究会が、地域における多文化共生を促進する上での課題と今後必要な取り組みを公表した。これは国レベルで地方の多文化共生について総合的、体系的に検討された初めてのものである。また、一方、グローバル化を背景とした政策も推進されるようになり、国内外の学習者の多様化がさらに進む。例えば、2008年から経済連携協定（EPA：Economic Partnership Agreement）に基づくインドネシア人看護師・介護福祉士候補者の受け入れが始まり、2009年にはフィリピンからも受け入れが始まった。

　2000年代の教師養成に関する論文では、学習目的がそれぞれ異なる学習者のニーズに柔軟に対応し、自ら成長しつつ多方面から日本語学習について考えることができる教師の養成が必要であると論じるものが増えていくという特徴がある。亀川（2006）は「2000年に日本語教師の養成制度が見直された背景には、日本語学習ニーズの多様化をはじめとする社会変化に伴う日本語教育活動の拡大があ

る。このような時代に求められるのは、まさに自ら成長を遂げていくことのできる日本語教師なのである」（p.24）、「養成教育において自らの成長を実現していける教師を専門性・人間性の両面から育成していかなければならない」（p.30）と、日本語学習ニーズの多様化に対応するためには、自らの成長を実現していける教師の養成が必要であると述べている。また、もう一つの大きな特徴は、教育機関や地域社会での人間関係を作りながら日本語習得を支援し、学習者の社会参加を促すことができる日本語教師の養成が語られるようになったことである。有田（2004）も「同僚として友人として同級生として隣人として、あるいは妻として夫として母として父として、日本語を母語としない異文化の背景を持つ人々と、暖かな人間関係を作り上げながら日本語習得を援助できる市民の育成が、日本語教員養成入門科目の役割の一つである」（p.97）とし、日本語教師養成に社会の中で人間関係を構築していくことができる市民性の育成も必要であるとしている。そして、石田（2007）は学生による大学日本語教育授業、教師評価を概観し、「総合評価と正の相関が認められた教員側関連の項目は「教員の熱意」、「授業への学生の興味」、「新しい知識が獲得できる」、「よく準備している」、「説明の仕方が上手」であった。（中略）これらの項目が学生の望む授業を支える要因であり、教員養成で何を教えるべきかを示唆している」（p.4）と、教師養成の内容が知識、パフォーマンスのみならず人間性に及ぶべきであることを提言している。つまり、学生に対して真摯に向き合っていい人間関係を結べる日本語教師、周囲と協働ができる社会性のある日本語教師の養成が重視されてきたと言えよう。

　こういった養成の流れに対して、古別府（2009）は2000年3月の文化庁が発表した「日本語教育のための教員養成内容」について言及し、「実質的に日本語教員養成

における実践能力の育成を意味し、日本語教育実習の重視へと繋がった」(p.60) として、大学の教師養成が実習重視へと変化したことを述べている。野山（2008）は文化庁の示した地域日本語教育・学習支援のための政策・施策を概観し、「共同実践を持続可能な状況にするためには、このコーディネーターという専門職の人材発掘・確保がますます期待される。そこでこの専門職の確立や、育成・研修の充実を図ることが、今後の政策・施策展開の中でも、特に大切な課題の一つになろう」(pp.10-11) と述べ、地域日本語教育のつなぎ役としての専門家であるコーディネーターの育成の重要性を主張した。

　研修に関しては、横溝（2001）は「教師トレーニング」から「教師の成長」へのパラダイムシフトを提言し、「自分の「どう教えるか」についての考えを、自分の教育現場に応じて捉え直し、それを実践し、その結果を観察し内省して、より良き授業を目指す能力が、これからの日本語教師は要求されるようになってくるだろう」(p.58) と述べ、教師のモデルとして「自己研修型教師」を挙げている。そして、横溝（2001）は「熟練教師がよきメンターであるためには、自身の実践を日常的に内省し続けること、すなわち「内省的実践家（岡崎・岡崎1997: p.23-36）」であることが必要不可欠なのである」(p.64) と教師自らが自身の実践を振り返る必要性を説いている。亀川（2006）は教師の成長について「広い意味での成長が果たされるためには、自己成長欲求といった個人的要因のみならず、現職者向けの教師教育や研修など社会的要因も充実させていかなければならない。（中略）教師一人一人の自助努力に委ねることなく、向上心の高い日本語教師のニーズを満たすような体制を日本語教育界においてより一層充実させていく必要がある」(p.28) とし、「日本語教師の成長意識における主要な部分は教師自身の向上心など個人の姿勢や態度によるも

のが大きいが、公的な教師研修の機会もさらに提供される必要があること、（中略）若い教師や経験の浅い教師、就学生・留学生を教える者に対しては専門的力量形成を重視した研修が有効である」（p.30）と述べ、自ら考える教師を育てる研修制度の充実を提言している。

このように2000年代には、日本語学習ニーズに柔軟に対応し、より良い人間関係を構築できる社会性のある教師の養成や、自分の教育現場に応じて内省できる「自己研修型教師」を育成するための研修が多く提唱されたと考えられる。

3.5 学習者との信頼関係を作り上げながら、日本語習得を支援する教師を養成・研修する時代（2010年以降）

1990年代に始まった技能実習制度で来日する外国人は次第に働き手のいない地域産業の担い手として増えていった。しかし、地域産業を担う企業や監理団体が制度の本来の目的を理解せず、実質的に低賃金労働者として扱う等の問題が生じるようになる。こうした状況に対応して、2010年出入国管理及び難民認定法が改正され、新たな在留資格「技能実習」が創設された。これは雇用契約に基づく実務研修を義務化し、外国人研修生の法的保護及びその法的地位の安定化を図ったものである。しかし次第に外国人技能実習生が人手不足を補うための単純作業労働者として働く実態が明らかになり、制度の適正な実施及び技能実習生の保護を目的に、2017年外国人技能実習機構が設立された。一方、人口減少社会の本格的到来を前に、政府による成長戦略の一つとして高度外国人材の受け入れ促進が進められる。2012年には高度人材ポイント制が導入され、ポイントが一定点数に達した外国人は出入国管理上の優遇措置を受けられるようになる。また、高度外国人材の大きな供給源である留学生について、在留資格「就学」と

「留学」の一本化、就職活動のための在留資格「特定活動」の付与、ジョブフェアやマッチング等の就職支援強化が図られる。そして、全国に外国人住民が居住する時代となったことで、日本語教育機関の教育水準の向上、専門性を有する日本語教育人材が求められるようになる。このような背景を受け、2018年3月に文化審議会国語分科会が「日本語教育人材の養成・研究の在り方について（報告）」を発表し、日本語教師の養成・研修への新たな指針が示された。

　2010年以降の教師養成に関する論文を見ていくと、縫部（2010）が日本語教育に多様化が求められていることに言及している。「人間カリキュラムを土台として、その上に集団カリキュラム、一番上には目標言語・目標文化学習カリキュラムを位置づける必要がある。目的はそれぞれ、カウンセリング・マインドの発達、対人関係形成能力の育成、伝統的に重視されてきた第二言語としての日本語と異文化としての日本文化学習である」（p.12）とし、学習者に寄り添い信頼関係を構築できるカウンセリング・マインドを備えた教師の育成が今後の課題であると述べている。また、学習者が直面する問題や悩みを共有し、助言や指導などの支援を行うことも教師の役割の一つであると述べている。さらに、専門家として社会参画ができる日本語教師の養成を行うべきだという言説も出始める。特に大学院で教師養成を行う意義について、藤森（2010）は高度専門職業人養成を目指した大学院博士前期課程日本語教育専修コースにおいて「一方的な授業で様々な教科書を読み解ける力がつくのだろうか。また、知識の受容だけで成長しつづける教師を養成できるのだろうか」（pp.73-74）と問題提起した。「教師というものは常に周りの社会文化情報に敏感でかつそれらを察知していなければならず、日本国内だけでなく世界共通の問題をも教材化する能力も専門能力と

して必要だ」（p.76）と述べ、日本語教育の専門家としての社会的役割を認識し、より良い教育環境を構築できる教師の養成を主張した。

　研修に関しては、他者との対話を通して行う「自己研修型教師」育成研修が提唱される。文野（2010）は「教師の成長に向けた授業分析では、得られたデータを検討する過程が重要であること。（中略）データを検討するプロセスは、授業についてより深い理解をもたらすだけでなく、教師を思い込みから解放し、教師に自由と自信を与える可能性が高いこと、また、その結果、自己研修型の教師としての学びが期待できること。授業分析や考察の作業は、仲間との対話を通じて行うことでより効果的になること」（p.22）と、自らの客観的な授業分析を対話を通して仲間と行うことが教師の成長に寄与することを述べた。

　さらに近年の流れとして、教師養成の論文と同様に、日本語教育の社会的役割を認識しより良い教育環境を構築できる教師を育成するための研修の在り方についての主張が出てきている。奥田（2010）は日本語教育機関の現職者研修で取り組むべき課題として「学習の専門家として学習者と学習について話すためのコミュニケーション力と多様な他者との協働」（p.49）と「教師自身が変革主体となるための教育現状のメタ認知、教育の未来ビジョンの立案、組織内外での協働」（p.49）を挙げている。阿部・八田（2010）は国際交流基金日本語国際センターが実施してきたノンネイティブ教師（NNT）研修の考え方と変遷を概観し、「上級研修は、世界の日本語教育は多様である（多様性）という現実認識と、その中には共有できる課題や問題も少なくない（普遍性）ということを発見する機会を提供している」（p.46）とし、日本国内だけでなく世界的な視野を持った研修を提言した。

　つまり、これらの言説は、対話を重ねながら「自己研修

型教師」として絶えず自分自身の成長を目指す教師、日本
語教師の社会的役割を認識し、日本語教師の枠を超えて多
様な関係者と連携・協力する能力を有する専門家としての
教師の養成・研修が求められていることを示していると言
えよう。

4 | まとめ

　本研究は、1974年から2014年までの論文を調査・分析
し、日本語教育に関連のある政策・施策と照らし合わせな
がら、日本語教師養成・研修の言説がどのような変遷を経
てきたのかを明らかにした。
　これらの変遷を政策・施策に照らし合わせると、政策・
施策が変化するにつれ養成・研修の言説も変化しており、
関連性があることもわかった。養成・研修に関する言説
は、1970年代は知識獲得型教師の育成、1980年代は学習
者の多様化に対応できる教師の育成、1990年代は「自己
研修型教師」の育成が唱えられた。この「自己研修型教
師」の言説は、2000年代は協働できる教師の育成、2010
年代以降は社会性のある教師の育成が論じられている中
で、変わらず唱え続けられている。つまり、1990年代以
降の言説は「自己研修型教師」を中心に新しい言説が加え
られることによって拡張していることがわかった。
　以上、本章では、学会誌『日本語教育』から日本語教師
養成・研修に関する言説の歴史的変遷を俯瞰することで、
年代ごとの日本語教師養成・研修の在り方が見えてきた。
次章では、今後の日本語教師養成・研修にも影響を及ぼす
であろう日本語教師の公的資格制度の創設を中心に日本語
教師に関する施策をめぐる近年の動向について述べる。

付記

本稿は、言語文化教育研究会第5回研究集会（2018年6月）でのポスター発表をもとに藤原ほか（2020）として執筆したものに加筆修正したものである。

参考文献　　　阿部洋子・八田直美（2010）「ノンネイティブ教師を対象とした現職者教師研修の現状と課題—国際交流基金海外日本語教師上級研修の実践から（【特集】今、日本語教師に求められるもの—教師教育の課題と展望）」『日本語教育』144, pp.38–48.

有田佳代子（2004）「日本語教員養成入門科目におけるジグソー学習法の試み」『日本語教育』123, pp.96–105.

石田敏子（2007）「〔特別寄稿〕日本語教員養成と若手教員養成のために—大学評価から見えてくるもの」『日本語教育』135, pp.3–8.

伊東祐郎（1999）「外国人児童生徒に対する日本語教育の現状と課題」『日本語教育』100, pp.33–44.

井上和子（1987）「日本語教員養成プログラムの意義と展望（【特集】日本語教員養成をめぐって）」『日本語教育』63, pp.7–16.

岡崎敏雄・岡崎眸（1997）『日本語教育の実習—理論と実践』アルク

奥田純子（2010）「民間日本語教育機関での現職者研修（【特集】今、日本語教師に求められるもの—教師教育の課題と展望）」『日本語教育』144, pp.49–60.

亀川順代（2006）「日本語教師の成長に関する意識調査—自己成長に関わる諸要因の基礎的研究」『日本語教育』131, pp.23–31.

倉持保男（1983）「日本語教育の現状と今後の展望」『日本語教育』50, pp.47–54.

古別府ひづる（2009）「大学日本語教員養成における海外日本語アシスタントの成長—PAC分析と半構造化面接による良き日本語教師観の変化を中心に」『日本語教育』143, pp.60–71.

小柳かおる（1998）「米国における第二言語習得研究動向—日本語教育へ示唆するもの」『日本語教育』97, pp.37–47.

五味政信（1996）「専門日本語教育におけるチームティーチング—科学技術日本語教育での日本語教員と専門科目教員による協同の試み」『日本語教育』89, pp.1–12.

齋藤令子・田中京子・今尾ゆき子・出口香・稲葉みどり（1992）「日本語教育実習への提言—実習経験を踏まえて」『日本語教育』76, pp.55–66.

椎名和男（1974）「国際交流基金主催研究会について」『日本語教育』31, pp.71–76.

田尻英三（2009）『日本語教育政策ウォッチ2008—定住化する外国人施策をめぐって』ひつじ書房

田原昭之（1987）「日本語教員の養成について」『日本語教育』63, pp.1–6.

縫部義憲（2010）「日本語教師が基本的に備えるべき力量・専門性とは何か（【特集】今、日本語教師に求められるもの―教師教育の課題と展望）」『日本語教育』144, pp.4–14.

野山広（2008）「多文化共生と地域日本語教育支援―持続可能な協議実践の展開を目指して」『日本語教育』138, pp.4–13.

林伸一（1991）「日本語教員検定制度を考える―日本語教育能力検定試験システムを再考し、その問題点を探る」『日本語教育』73, pp.194–204.

藤原恵美・王晶・加藤真実子・倉数綾子・小林北洋・髙木萌・松本弘美（2020）「『日本語教育』から見る日本語教師養成・研修に関する言説の変遷―政策・施策に照らして」『早稲田日本語教育実践研究』8, pp.13–28.

藤森弘子（2010）「高度専門職業人養成課程における日本人学生と留学生の協働作業及びピア評価の試み（【特集】今、日本語教師に求められるもの―教師教育の課題と展望）」『日本語教育』144, pp.73–84.

文野峯子（2010）「教師の成長と授業分析（【特集】今、日本語教師に求められるもの―教師教育の課題と展望）」『日本語教育』144, pp.15–25.

文化庁日本語教育政策の推進に関する調査研究会（1985）『日本語教員の養成等について』文部省

文化庁文化審議会国語分科会（2019）「日本語教育人材の養成・研修の在り方について（報告）改定版」http://www.bunka.go.jp/seisaku/bunka shingikai/kokugo/kokugo/kokugo_70/pdf/r1414272_04.pdf（2020年8月13日参照）

文化庁日本語教員の養成に関する調査研究協力者会議（2000）「日本語教育のための教員養成について」https://www.bunka.go.jp/tokei_hakusho_ shuppan/tokeichosa/nihongokyoiku_suishin/nihongokyoiku_yosei/pdf/ nihongokyoiku_yosei.pdf（2020年8月31日参照）

堀口純子・石田敏子（1997）「日本語教員養成課程修了生を対象とした追跡調査」『日本語教育』92, pp.1–12.

水谷修（1974）「日本語を教えるための知識と技能を中心として（【特集】日本語教師論　理想的日本語教師像を求めて）」『日本語教育』25, pp.9–18.

水谷修（1983）「言語行動としての教育実践―何を教えているかへの反省」『日本語教育』49, pp.74–84.

水谷修（1987）「日本語教育専門家養成の基本計画」『日本語教育』63, pp.33–41.

横溝紳一郎（2001）「授業の実践報告のあるべき姿とは？―現場の教師が参加したくなる報告会を目指して」『日本語教育』111, pp.56–65.

吉田弥寿夫（1976）「「日本語教育以前」所感（【特集】留学生の日本語教育以前の問題）」『日本語教育』29, pp.23–33.

第5章

日本語教師の公的資格制度創設を
めぐる近年の動向

岸根彩子・寺浦久仁香・仁野玲菜

1 | はじめに

　　本章の目的は、日本語教師の専門性を考えるための基礎
資料とすべく、今後創設される見通しである日本語教師の
公的資格制度について、概要及び、創設の背景となった施
策の動向を概観することである。

　　日本における在留外国人数は年々増加しており、法務省
出入国管理庁の在留外国人統計表によると、2019年12月
時点の在留外国人数は293万人を超え、過去最高となって
いる。2018年12月には、外国人労働者を受け入れるため
の出入国管理及び難民認定法が改正、翌年4月に施行さ
れ、今後ますます多様な背景を持つ外国人が日本に在留す
ることが見込まれている。それに伴い、専門性を持つ日本
語教師の確保が課題となっている。

　　2020年文化庁は「日本語教師の在り方について（報告）」
の中で、今後創設される日本語教師の資格制度の枠組みを
示した。日本語教師の公的資格制度が整備されれば、「専
門性を持つ日本語教師」に求められる資質・能力が制度に
よって規定されることになる。よって、日本語教師の公的
資格制度創設に向けた動きを概観することは、日本語教師
の専門性を考える上で重要であるといえる。

　　本章では、今後創設される見通しである日本語教師の公
的資格制度の概要と、資格制度創設の背景となった施策に
ついて概観する。

2 | 日本語教師の公的資格制度創設について

2.1 「日本語教師の資格の在り方について（報告）」以前の日本語教師の要件

　　本章を執筆している2020年8月現在、日本語教師の公的な資格制度は存在していない。しかし、日本語教師を採用する際の条件や能力の証明として、法務省が定める日本語教育機関の告示基準に示されている教員要件が援用されているという状況がある。

　　1983年の「留学生10万人計画」以降、留学生が多様化したことに伴い、1988年に文部省（当時）が「日本語教育施設の運営に関する基準」を策定した。それによると、日本語教育機関の教員の資格[1]については以下のように定められていた（表1）。

表1　「1988年に示された日本語教育機関の教員の資格」

（教員の資格）
11 日本語教育機関の教員は次の各号の一に該当するものとする。
- 一 大学（短期大学を除く。）において日本語教育に関する主専攻（日本語教育科目45単位以上）を修了し、卒業した者
- 二 大学（短期大学を除く。）において日本語教育に関する科目を26単位以上修得し、卒業した者
- 三 日本語教育能力検定試験に合格した者
- 四 次のいずれかに該当する者で日本語教育に関し、専門的な知識、能力等を有するもの
  - （1）学士の学位を有する者
  - （2）短期大学又は高等専門学校を卒業した後、2年以上学校、専修学校、各種学校等（以下「学校等」という。）において日本語に関する教育又は研究に関する業務に従事した者
  - （3）専修学校の専門課程を修了した後、学校等において日本語に関する教育又は研究に関する業務に従事した者であって、当該専門課程の修業年限と当該教育に従事した期間とを通算して4年以上となる者
  - （4）高等学校において教諭の経験のある者
- 五 その他これらの者と同等以上の能力があると認められる者

（2009年の文化庁の日本語教員等の養成・研修に関する調査研究協力者会議（第1回）の資料「日本語教員等の養成等に関する検討の主な経緯」をもとに筆者作成）

このガイドラインの「三　日本語教育能力検定試験」とは、財団法人日本国際教育支援協会が実施している日本語教育能力検定試験のことである。1988年に第1回が実施され、これ以降、この検定試験が日本語教師の資格試験とみなされている。

　また、このガイドラインの中には、「五　その他これらの者と同等以上の能力があると認められる者」と示されていたが、明確な定義は書かれていなかった。この内容に対し、1993年に財団法人日本語教育振興協会によって表2の内容が付け加えられた。

表2　「1993年に補足された日本語教育機関の教員の資格」

9. 教員の資格
　基準11（教員の資格）第四号の「日本語教育に関し、専門的な知識、能力等を有するもの」とは、学士の学位を有する者及び高等学校において教諭の経験のある者については、学校、専修学校、各種学校等における日本語に関する教育若しくは研究に関する業務に1年以上従事した者又は420時間以上日本語教育に関する研修を受講した者とする。

（財団法人日本語教育振興協会（1993）をもとに筆者作成）

　ここで初めて「420時間以上日本語教育に関する研修を受講した者」という要件が追加された。この時点では「420時間」の具体的な教育内容は示されていなかったが、2000年に文化庁が「日本語教育のための教員養成について」の中で日本語教員養成において必要とされる教育内容を示し、これが現在の420時間日本語教師養成講座の学習内容の指針となっている。

　さらに、法務省が2016年に「日本語教育機関の告示基準」（2017年施行）（以下「新基準」）を示したことで教員要件も一部改められることになった。「新基準」として示された要件は以下のとおりである（表3）。

表3 「2016年に示された日本語教育機関の教員の資格」

十三 全ての教員が、次のいずれかに該当する者であること。
イ 大学（短期大学を除く。以下この号において同じ。）又は大学院において日本語教育
　に関する教育課程を履修して所定の単位を修得し、かつ、当該大学を卒業し又は当
　該大学院の課程を修了した者
ロ 大学又は大学院において日本語教育に関する科目の単位を26単位以上修得し、か
　つ、当該大学を卒業し又は当該大学院の課程を修了した者
ハ 公益財団法人日本国際教育支援協会が実施する日本語教育能力検定試験に合格した
　者
ニ 学士の学位を有し、かつ、日本語教育に関する研修であって適当と認められるもの
　を420単位時間以上受講し、これを修了した者
ホ その他イからニまでに掲げる者と同等以上の能力があると認められる者

（法務省「日本語教育機関の告示基準」をもとに筆者作成）

「新基準」では、420時間日本語教員養成研修を修了し
た者は学士の学位を有することが必須条件となった。
2020年時点においてもこの「新基準」が法務省告示日本
語教育機関における日本語教師採用に適用されている。

2.2　2020年「日本語教師の資格の在り方について（報告）」概要

2020年8月現在、日本語教育機関で働くための教員要
件は存在するが、日本語教師の資質・能力を証明する公的
な資格制度は存在していない。文化庁は2013年「日本語
教育の推進に向けた基本的な考え方と論点の整理について
（報告）」を取りまとめ、日本語教育を推進するにあたって
の11の論点を示した。そして、文化庁文化審議会国語分
科会日本語教育小委員会は、11の論点のひとつであった
「論点5．日本語教師の資格について」の審議を2018年よ
り開始した。2020年には「日本語教師の資格の在り方に
ついて（報告）」を取りまとめ、以下の内容が提言された。
資格の名称は「公認日本語教師」とし、名称独占の国家
資格[2] とすることが望ましいとされている。資格制度創
設の目的としては、①質の高い日本語教師の確保、②日本
語教師の量の確保、③日本語教師の多様性の確保、④日本

語教師の資質・能力の証明、の４点が挙げられている。資格の対象は、文化庁文化審議会国語分科会（2019）「日本語教育人材の養成・研修について（報告）改訂版」に示された日本語教師の養成修了段階[3] としている。資格取得要件としては、①日本語教師の養成修了段階で身に付けておくべき知識の有無を測定する試験の合格、②教育実習の履修（45コマ以上、クラス形式・2コマ（90分）以上の教壇実習を含む）、③学士以上の学位を有すること、としている。現行の法務省告示基準の教員要件を満たす者は、経過措置としてこれらの要件が免除される。ただし、資格制度創設の目的である日本語教師の質を確保する観点から、資格には更新期間（10年程度）があり、全ての日本語教師は更新講習を受け、資格を更新する必要がある、としている。

現行の日本語教育機関（法務省告示校）における教員要件は図1のとおりであるが、資格制度が創設されると、試験の合格、教育実習の履修、学士以上の学位の3点のいずれかということではなく、全てが必須の要件となるため、実質日本語教師になるための要件が増えることになる（図2）。

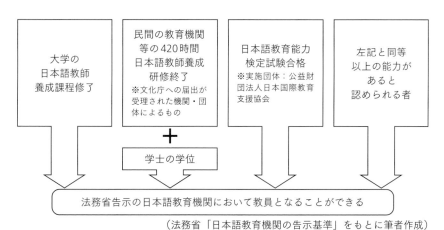

（法務省「日本語教育機関の告示基準」をもとに筆者作成）

図1 「現行の日本語教育機関（法務省告示校）における教員要件」

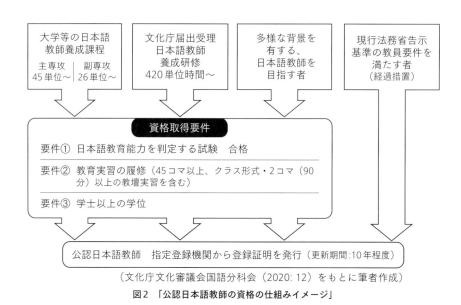

| 大学等の日本語教師養成課程 主専攻 45単位～ 副専攻 26単位～ | 文化庁届出受理 日本語教師 養成研修 420単位時間～ | 多様な背景を有する、日本語教師を目指す者 | 現行法務省告示基準の教員要件を満たす者（経過措置） |

資格取得要件

要件① 日本語教育能力を判定する試験　合格

要件② 教育実習の履修（45コマ以上、クラス形式・2コマ（90分）以上の教壇実習を含む）

要件③ 学士以上の学位

公認日本語教師　指定登録機関から登録証明を発行（更新期間：10年程度）

（文化庁文化審議会国語分科会（2020: 12）をもとに筆者作成）

図2　「公認日本語教師の資格の仕組みイメージ」

　　今後、詳細な検討が必要な事項としては、①試験の内容・方法、②指定試験実施機関・指定登録機関に求める役割、③更新講習の教育内容、④試験免除等の措置、が挙げられている。

2.3　日本語教師の公的資格制度創設の背景となった施策について

2.3.1 「日本語教育の推進に関する法律」成立への背景と概要

　　2019年6月、「日本語教育の推進に関する法律」（以下、日本語教育推進法）が公布・施行された。日本語教育推進法は、超党派の議員で構成された「日本語教育推進議員連盟」（以下、議連）によって提案された議員立法である。日本語教育推進法には、日本語教師の公的資格制度についての条文が盛り込まれ、日本語教師の公的資格制度創設に向けた議論の後押しになったといえる。2.3.1では、日本語教育推進法成立の背景と日本語教育推進法の概要について述べる。

日本語教育の体制整備についての議論は、2009年から2012年にかけて日本語教育学会の内部で、「日本語教育振興法法制化ワーキンググループ」でも行われた経緯があり、日本語教育政策マスタープラン研究会（2010）による「日本語教育振興法の骨子例」（pp.217-221）も示された。しかし、当時は具体的な立法化には進まなかった。

　そして、2016年に議連が発足してから、本格的に立法化への議論が進んだ。議連は、2016年11月から2018年12月まで11回に渡り総会を開催し、第9回までに関係各種団体等からヒアリングを行った（資料2参照）。上記の経緯を経て、2019年6月日本語教育推進法が公布・施行された。

　日本語教育推進法では、日本語教育を推進する目的が初めて以下のように示された。

　　日本語教育の推進が、我が国に居住する外国人が日常生活及び社会生活を国民と共に円滑に営むことができる環境の整備に資するとともに、我が国に対する諸外国の理解と関心を深める上で重要であることに鑑み（中略）多様な文化を尊重した活力ある共生社会の実現に資するとともに、諸外国との交流の促進並びに友好関係の維持及び発展に寄与することを目的とする。

　また、日本語教育の実施に関する責務の主体については、国と地方自治体は施策を策定し実施すること、また外国人を雇用する事業主は雇用する外国人等及びその家族に対する日本語学習の機会を提供し支援に努めることと明示している。

　基本的施策としては、「国内における日本語教育の機会の拡充」「海外における日本語教育の機会の拡充」「日本語教育の水準の維持向上等」「日本語教育に関する調査研究

等」「地方公共団体の施策」の五つが上がっている。

　そして、関係行政機関が日本語教育の総合的一体的かつ効果的な推進を図るために相互の調整を行う「日本語教育推進会議」の設置を定めている。

　日本語教師の公的資格制度創設に関しては、国は国内における日本語教師の資格に関する仕組みの整備を講ずるとしている。日本語教師の公的資格制度について、条文に盛り込まれたことにより、日本語教師の公的資格制度創設への大きな後押しとなっているといえる。

2.3.2　議連発足以降日本語教育推進法成立までの外国人材受け入れをめぐる主な施策

　議連が日本語教育推進法を成立させるために議論を重ねる一方、政府は、様々な外国人材受け入れをめぐる施策を進めていた。2016年11月の議連発足以降、日本語教育推進法成立までに、政府はどのような施策を講じたのか、外国人材受け入れをめぐる政府の動きと施策内容について主なものを示す。

　2018年2月に行われた「第2回経済財政諮問会議」では、外国人労働力が議題とされ、安倍首相により専門的・技術的な外国人材受け入れ制度の早急な検討が指示されている。そして6月には、「経済財政運営と改革の基本方針2018〜少子高齢化の克服による持続的な成長経路の実現〜」（骨太方針）が経済財政諮問会議での答申を経て閣議決定された。閣議決定の主なポイントとして、「新たな外国人材の受け入れ」については、次のように述べられている。

・中小企業・小規模事業者をはじめとした人手不足の深刻化への対応
・一定の専門性・技能を有し即戦力となる外国人材を幅広く

受け入れるため、就労を目的とした新たな在留資格を創設
・出入国管理及び難民認定法を改正し、政府の基本方針を
　定めるとともに、業種別の受け入れ方針を策定
・求める技能水準は、受け入れ業種ごとに定め、日本語能
　力水準も、業務上必要な水準を考慮して、受け入れ業種
　ごとに定める
・政府の在留管理体制を強化するとともに、受け入れ企業
　又は登録支援機関（業界団体等）による生活ガイダンス、
　相談対応、日本語習得支援等を実施
・在留期間の上限は通算5年とし、家族の帯同は基本的に
　認めないが、滞在中に高い専門性を有すると認められた
　者について、在留期間の上限がなく、家族帯同を認める
　在留資格への移行措置を整備する方向

　骨太方針で「新たな外国人材の受け入れ」について以上
のようなポイントが挙げられた背景には、技能実習や留学
生等による資格外活動といった本来就労を目的としない在
留資格の外国人による就労が増加したこと、また、業種に
よって人手不足感が強まる傾向が見られ外国人材への期待
が高まったこと等の状況があったといえる。
　2018年12月には、第3回「外国人材の受入れ・共生に
関する関係閣僚会議」が開催され「外国人材の受入れ・共
生のための総合的対応策」（以下、総合的対応策）が決定され
た。その中で、総合的対応策の基本的な考え方として「総
合的対応策は、外国人材を適正に受入れ、共生社会の実現
を図ることにより、日本人と外国人が安心して安全に暮ら
せる社会の実現に寄与するという目的を達成するため、外
国人材の受入れ・共生に関して、目指すべき方向性を示す
ものである」と述べられ、施策の柱として以下の4点が挙
げられている。

・外国人との共生社会の実現に向けた意見聴取・啓発活動等
・生活者としての外国人に対する支援
・外国人材の適正・円滑な受け入れの促進に向けた取り組み
・新たな在留管理体制の構築

　同じく2018年12月には、「出入国管理及び難民認定法及び法務省設置法の一部を改正する法律」（以下、改正出入国管理法）が成立・公布し、新たな在留資格として「特定技能1号」及び「特定技能2号」が創設され、2019年4月より受け入れ可能となった。「特定技能」の新設は、就労を目的としない在留資格を減らし、就労を目的とした新たな在留資格「特定技能」への移行を促す政府の姿勢が表れている。
　以上述べてきたように、政府は外国人材受け入れのための積極的な施策を打ち出してきた。

2.3.3　日本語教師の公的資格制度創設にかかわる施策について
　2.3.3では、外国人材の受け入れや経済成長に関する施策で、日本語教師の資格について言及されている部分を示す。
　2.3.2で述べた総合的対応策では外国人材の受け入れ・共生への課題として、生活者としての外国人に対する日本語教育の充実を挙げ、具体的施策を次のように述べている。

　国内外で日本語学習者が増加する中、日本語教育を担う人材の育成が急務となっていることから、日本語教育を担う人材の養成・研修プログラムの改善・充実を図るとともに、日本語教師のスキルを証明する新たな資格を整備すること等により、日本語教育全体の質の向上を図る。〔文部科学省〕《施策番号 54》　　　　　（pp.13–14）

また、国の成長戦略のひとつとして閣議決定された「成長戦略フォローアップ」においても、外国人材の活躍促進のための具体的施策として、「就労者等に対する日本語教師の研修プログラムの普及及び日本語教師の能力等を証明する新たな資格等に関する検討を踏まえた取組を行う」（p.75）ことが盛り込まれている。

　以上に挙げた「総合的対応策」「成長戦略フォローアップ」は、外国人材の受け入れや経済成長に関する施策であり、その中で日本語教師の資格の整備について述べられている。

　外国人材の受け入れと活躍推進のためには専門性を持つ日本語教師の質と量の確保が必要であり、このことが日本語教師の公的資格制度化に向けた動きにつながったといえる。

3 ｜ おわりに

　本章では、今後創設される見通しである日本語教師の公的資格制度について、概要及び、創設の背景となった施策の動向を概観した。専門家としての日本語教師の資質・能力の証明となる公的資格制度が新たに創設されることは、日本語教師の質を向上し、日本語教育を推進する上で意義がある。一方で、日本語教師の公的資格制度創設の議論が、外国人材受入れに関する施策を受けた形で、つまり、国の経済的な要求に応えるという目的のもとで進められていることがわかった。

付記
本章は、2020年8月時点の日本語教師の資格制度創設をめぐる動向を記したものである。2021年5月現在では、文化庁の日本語教師の資格に関する調査研究協力者会議において、新たな検討課題が議論されて

いる。しかし、これらの議論は継続中である。詳しくは、以下のURL
を参照のこと。
https://www.bunka.go.jp/seisaku/bunkashingikai/kondankaito/
nihongo_kyoin/92369001.html（文化庁「日本語教師の資格に関する
調査研究協力者会議」）（2021年5月28日参照）

注

[**1**] 日本語教育機関の教員の資格のもととなる資料は、1988年文部省（当
時）が示した「日本語教育機関の運営に関する基準」であるが、2020
年8月現在文部科学省のサイトでは閲覧不可となっている。そのため、
2009年の文化庁の日本語教員等の養成・研修に関する調査研究協力
者会議（第1回）において配布された、財団法人日本語教育振興協会
が作成した資料より筆者が作成した。

[**2**] 名称独占の国家資格とは、栄養士、保育士など、有資格者以外はその
名称を名乗ることを認められていない資格のことである（文化庁文化
審議会国語分科会 2020: 10）。

[**3**] 「日本語教育人材の養成・研修について（報告）改訂版」（2019）に示
された日本語教師の養成修了段階とは、大学の日本語教師養成課程修
了もしくは日本語教師養成研修（420単位時間以上）修了もしくは日
本語教育能力検定試験合格にあたる（文化庁文化審議会国語文科会
2019: 35）。

参考文献

財団法人日本語教育振興協会（1993）「日本語教育機関審査内規」http://
www.moj.go.jp/content/000073837.pdf（2020年8月16日参照）

首相官邸（2018）「外国人材の受入れ・共生のための総合的対応策」https://
www.kantei.go.jp/jp/singi/gaikokujinzai/kaigi/pdf/taiousaku_honbun.
pdf（2020年8月16日参照）

首相官邸（2019）「成長戦略フォローアップ」https://www.kantei.go.jp/
jp/singi/keizaisaisei/pdf/fu2019.pdf（2020年8月1日参照）

日本語教育政策マスタープラン研究会（2010）『日本語教育で作る社会—
私たちの見取り図』ココ出版

文化庁「日本語教育の推進に関する法律について」https://www.bunka.go.
jp/seisaku/bunka_gyosei/shokan_horei/other/suishin_houritsu/pdf/
r1418257_02.pdf（2020年8月16日参照）

文化庁「日本語教師の資格に関する調査研究協力者会議」https://www.
bunka.go.jp/seisaku/bunkashingikai/kondankaito/nihongo_
kyoin/92369001.html（2021年5月28日参照）

文化庁（2000）「日本語教育のための教員養成について」https://www.
bunka.go.jp/tokei_hakusho_shuppan/tokeichosa/nihongokyoiku_suishin/

nihongokyoiku_yosei/pdf/nihongokyoiku_yosei.pdf（2020年8月16日参照）

文化庁（2009）「日本語教員等の養成等に関する検討の主な経緯」https://
www.bunka.go.jp/seisaku/bunkashingikai/kondankaito/nihongo_
kyoin/01/pdf/siryou_4.pdf（2020年8月1日参照）

文化庁文化審議会国語分科会（2019）「日本語教育人材の養成・研修の在り
方について（報告）改定版」http://www.bunka.go.jp/seisaku/bunka
shingikai/kokugo/kokugo/kokugo_70/pdf/r1414272_04.pdf（2020年8
月13日参照）

文化庁文化審議会国語分科会（2020）「日本語教師の資格の在り方について
（報告）」https://www.bunka.go.jp/seisaku/bunkashingikai/kokugo/
hokoku/pdf/92083701_01.pdf（2020年8月1日参照）

文化庁文化審議会国語分科会日本語教育小委員会課題整理に関するワーキ
ンググループ（2013）「日本語教育の推進に向けた基本的な考え方と
論点の整理について（報告）」https://www.bunka.go.jp/seisaku/bunka
shingikai/kokugo/hokoku/pdf/suishin_130218.pdf（2020年8月16日 参
照）

法務省「外国人材の受入れ・共生に関する関係閣僚会議」https://www.kantei.
go.jp/jp/singi/gaikokujinzai/（2020年9月8日参照）

法務省「在留外国人統計（旧登録外国人統計）統計表」http://www.moj.go.
jp/housei/toukei/toukei_ichiran_touroku.html（2020年8月5日参照）

法務省「日本語教育機関の告示基準」http://www.moj.go.jp/content/
001319084.pdf（2020年8月16日参照）

法務省出入国在留管理庁（2018）「出入国管理及び難民認定法及び法務省設
置法の一部を改正する法律の概要について」http://www.immi-moj.go.
jp/hourei/image/flow_h30.pdf（2020年7月19日参照）

第5章　日本語教師の公的資格制度創設をめぐる近年の動向

資料

資料1　日本語教育に関する社会的な出来事と関連施策・政策

年	出来事
1954	国費留学生招致制度発足、東京外国語大学と大阪外国語大学に留学生別科（1年制）設置
1960	東京外国語大学（文系）、千葉大学（理系）に留学生課程（3年制）設置
1962	外国人のための日本語教育学会発足
1970	東京外国語大学付属日本語学校（1年制）設置
1972	日中国交正常化により中国残留邦人家族帰国開始 国際交流基金が外務省所管の特殊法人として設立
1975	ベトナム戦争終結によりインドシナ難民流出
1976	文化庁・日本語教育推進対策調査会が「日本語教員に必要な資質・能力とその向上策について」の報告書提出 国立国語研究所日本語教育部を日本語教育センターに改編
1977	外国人のための日本語教育学会を母体として社団法人日本語教育学会設立（2013年に公益社団法人に認定）
1979	内閣に「インドシナ難民対策連絡調整会議」の設置
1982	難民条約・難民議定書発効、インドシナ難民受け入れ開始、出入国管理令が「出入国管理及び難民認定法」に改称
1983	文部省・21世紀への留学生政策懇談会（文部大臣の懇談会）が「21世紀への留学生政策に関する提言」を発表、中曽根康弘内閣「留学生10万人計画」発表
1984	中国帰国孤児定着促進センター（1994年に「中国帰国者定着促進センター」に名称変更）設置 第1回日本語能力試験の実施
1985	文部省・日本語教育施策の推進に関する調査研究会が「日本語教員の養成等について」を発表→国立大学に日本語教員養成学科、課程等の設置
1986	国立大学日本語教育研究協議会（国日協）発足
1988	第1回日本語教育能力検定試験の実施 上海事件 文部省・「日本語学校の標準的基準に関する調査研究協力者会議」が「日本語教育施設の運営に関する基準」を策定
1989	日本語教育振興協会設立

1990	出入国管理及び難民認定法の改正（在留資格「定住者」創設、3世までの日系人の来日・就労促進）
1993	法務大臣告示「技能実習制度に係る出入国管理上の取扱いに関する指針」の施行→外国人研修・技能実習制度創設 文部省が「外国人児童生徒等に対する日本語指導のための指導者の養成を目的とした研修」を開始 文部省・日本語教育推進施策に関する調査研究協力者会議が「日本語教育推進施策について―日本語の国際化に向けて―」を提示
1994	文化庁委託地域日本語教育推進事業開始
2000	文化庁・日本語教員の養成に関する調査研究協力会議が「日本語教育のための教員養成について」を報告
2002	日本留学試験開始
2003	日本語教育能力検定試験改定
2006	総務省・多文化共生の推進に関する研究会が「地域における多文化共生の推進に向けて」を報告
2007	文化庁「「生活者としての外国人」のための日本語教育」事業開始
2008	日尼経済連携協定（日尼EPA）に基づくインドネシア人看護師・介護福祉士候補者の受け入れ開始 福田康夫内閣「留学生30万人計画」を策定
2009	日比経済連携協定（日比EPA）に基づくフィリピン人看護師・介護福祉士候補者の受け入れ開始 日本語教育学会に「日本語教育振興法法制化ワーキンググループ」「看護と介護の日本語教育ワーキンググループ」設立 内閣府・高度人材受入推進会議が「外国高度人材受入政策の本格展開を（報告書）」を発表 出入国管理及び難民認定法の改正（在留資格「留学」と「就学」の一本化、研修・技能実習制度の見直し、新たな在留管理制度の導入など）
2010	文部科学省が外国人児童生徒の総合的な学習支援事業の発表 文部科学省が帰国・外国人児童生徒受入促進事業の発表
2012	入国管理局が高度人材ポイント制を導入
2013	公立学校における帰国・外国人児童生徒に対するきめ細かな支援事業の発表
2014	学校教育法施行規則の一部改正 日本・ベトナム経済連携協定（日越EPA）に基づくベトナム人看護師・介護福祉士候補者の受け入れ開始 出入国管理及び難民認定法の改正（在留資格「高度専門職1号」および「高度専門職2号」創設など）

2016	超党派の国会議員による「日本語教育推進議員連盟」発足
2017	法務省及び厚生労働省が所管する認可法人「外国人技能実習機構」設立
2018	文化庁・文化審議会国語分科会が「日本語教育人材の養成・研修の在り方について（報告）」を発表
	「経済財政運営と改革の基本方針2018〜少子高齢化の克服による持続的な成長経路の実現〜」（骨太方針）が閣議決定（「新たな外国人材の受入れ」に関して言及）
	出入国管理及び難民認定法の改正（在留資格「特定技能1号」および「特定技能2号」創設）
	外国人材の受入れ・共生に関する関係閣僚会議が「外国人材の受入れ・共生のための総合的対応策」を決定
2019	文化庁・文化審議会国語分科会が「日本語教育人材の養成・研修の在り方について（報告）改訂版」を発表
	法務省の外局として「出入国在留管理庁」が設置される（法務省入国管理局は廃止）
	日本語教育の推進に関する法律（日本語教育推進法）公布
2020	文化庁・文化審議会国語分科会が「日本語教師の資格のあり方について（報告）」を発表

資料2　議連がヒアリングを行った主な関係各種団体等

総会	ヒアリングをした主な関係各種団体等
第1回	〈関係省庁〉 文化庁、文部科学省、内閣府、法務省、外務省、厚生労働省、経済産業省
第2回	〈日本語教育関係各種団体等〉 国際交流基金日本語国際センター長、公益社団法人日本語教育学会、青年海外協力隊
第3回	〈外国人労働者に対する日本語教育支援取組団体等〉 一般財団法人日本国際協力センター、公益財団法人国際研修協力機構、一般社団法人日本経済団体連合会
第4回	〈外国人集住地域における地方自治体関係者〉 静岡県、横浜市、外国人集住都市会議
第5回	〈日本語学校関連団体〉 日本語教育振興協会、全国専門学校各種学校日本語教育協会、全国日本語学校連合会、日本語学校ネットワーク
第6回	〈地域の日本語教育に関わる民間機関・団体〉 公益財団法人アジア福祉教育財団難民事業本部、認定特定非営利活動法人難民支援協会、特定非営利活動法人移住者と連帯する全国ネットワーク、特定非営利活動法人多文化共生センター大阪
第7回	〈日本語教育に関する試験実施機関・団体〉 独立行政法人国際交流基金日本語試験センター、独立行政法人日本学生支援機構、公益財団法人日本国際教育支援協会日本語試験センター
第8回	〈海外における日本語教育実施機関・団体〉 独立行政法人国際交流基金、国際交流基金ジャカルタ日本文化センター、学校法人新井学園赤門会日本語学校
第9回	公益社団法人国際日本語普及協会

（日本語教育学会Webサイトの議連総会資料をもとに作成）

コラム　座談会2
現場での悩み

余

今みなさんが日本語を教えていらっしゃる現場で、悩んでいることってありますか。

坂本

私はまだ教師になって2年くらいなんですけども、やっぱりその毎日毎日の授業をどんな風に進めたらいいかなって、いつも不安です。ほかの先生方がやっていることをもっと知りたいです。自分一人でやっていてもなかなかうまくいかないし、できる範囲も限られるし。

松尾

そういうことは、自分の現場で周りの先生と話しながら聞いたりはできないんですか？　だれか一人が話し始めれば自然に聞けたりできるんじゃないですか？

坂本

私からはよく聞くんですけど、みんな忙しそうで、ゆっくり話すことができないんですよ。やっぱり時間がないですね。他の先生たちは学校に来たら自分の授業の準備をして、授業が終わったら整理をして、すぐ帰る。次の学校の授業に行く方もいるし、その合間に話をする時間が本当にないです。

森田

日本語教師は非常勤が多くて、授業終わったら、はい、そこまで、みたいになりますからね。

清水

結構孤独ですよね。

日本語教師の非常勤講師と専任講師では、雇用形態とか研修の有無とか、いろいろな面で大きく違うようですね。

余

はい、私の教えている日本語学校では、専任講師は業務の一環として研修を受けることができますけど、非常勤講師の場合は自腹です。それに研修を受けても、時給が上がるとか、評価されるとか、ちゃんとした形になって自分に戻ってくるわけではないので、研修を受けることは、自分のためになるとわかっていても、もやもやしますね。

森田

企業だと研修で社員がスキルアップして会社の業績につながれば社員に具体的に還元されますよね。でも、日本語教師は研修を受けて本当にスキルアップしたとしてもお給料が上がるわけではないし。

松尾

雇用形態にも関係あるのかも。非常勤の先生の中には熱心な方もいっぱいいて、勉強会をしたり、情報交換をしています。でも、なんか、個、個、個がいっぱいあって、それが日本語教育全体の成長につながっているのかどうかわからない。日本語教師という仕事自体が個人事業で、教師自身はフリーランスみたいな？

大塚

でも、それって、今までの政策にも問題があると思うんです。まず政策があって、それに合わせる感じで日本語教育も進んできたという背景があります。

松尾

今度日本語教師が国家資格とかになるっていう話もありますよね。
　すごいことじゃないですか？　これで日本語教師の地位も今より向上すると思うんです。そうすれば、社会的にも日本語教師の仕事が専門家としてもっと認められるように

清水

なると思います。

松尾

うーん。そうかなあ。私は今のままで制度だけ先行しても
だめだと思うんですよね。まず、日本語教師自身が社会の
中でどんなことができるのか、自分自身でしっかり考えな
いと。

座談会3　自分の実践を振り返る（p.155）につづく

第3部
提案編

第3部は提案編である。第1部の問題提起および第2部の歴史的背景の検討を経て、第3部では「日本語教師の専門性」をどのように捉えるかを提案する。第3部は第6章から第8章までの3つの章からなる。

　第6章では、「日本語教師の専門性」を「どんな日本語教育を実現するのかといった自身の理念（日本語教育観）とどんな特徴をもったフィールド（ことばの教育現場）なのかといったフィールドの固有性との間で最適な方法を編成し実現できること」とする動態的な枠組みを提案する。

　第7章では、専門家としての日本語教師と省察との関係を論じる。第6章で提案した「専門性の三位一体モデル」においては「省察」が重要な意味をもっていることを受け、教師が省察するということはどういうことであるかを検討する。

　第8章では、第6章で提案した「専門性の三位一体モデル」をツールとし、省察を促すための場としてつくられた「三位一体ワークショップ」の実践事例をとりあげる。「専門性の三位一体モデル」について再検討を加えるとともにワークショップの可能性を考える。

　第3部での提案は第1部での個別的で動態的な専門性観にたった「日本語教師の専門性」を提示したものとなっている。

「専門性の三位一体モデル」の提案
動態性をもった専門性を考える枠組み

舘岡洋子

1 はじめに

　　日本語教師の専門性とは何か。日本語教師の専門性をどのようにとらえればよいのかを本書の第1部で検討した。さらに第2部では日本語教師の役割をめぐる言説および日本語教師養成・研修に関する言説の変遷を概観し、今まで日本語教師がどのように語られてきたのかを整理した。そこでわかってきたのは、日本語教師たちは時代の要請に応えることに翻弄され、自身の専門性について考えたり議論したりすることを今まで十分にしてこなかったのではないかということである。

　　日本社会は少子高齢化、労働力不足の中で、外国人材の受け入れを積極的に行う方向に舵を切った。そのことで、今、社会的に日本語教師の仕事が注目され、ニーズに応えることのできる日本語教師の質と量の確保が課題として掲げられるようになってきている。どんな日本語教師が必要とされているのか、その問いにつづく問いとして、では、そのような日本語教師はどのように養成されうるのか、また現職日本語教師は現状の必要性にどう応えるべきか、といった議論が起こってきている。これもいうなれば日本語教師の外からの議論といえるだろう。そのような背景の中で、日本語教師自身が自らの専門性についてあらためて問うことが必要となっているのではないだろうか。

第1章では、問題意識を述べる中で、日本語教師に必要とされる資質・能力のリストには、「準拠枠」と「参照枠」という2種類のとらえ方があることが指摘されている。準拠枠とはそれを規範としてそこに記述された能力を満たしていくようにするためのものである。一方、参照枠とは動態的な能力を一時的に止めて記述したものであり、例示としての記述であるため、参照すべきものである。資質・能力のリストを準拠枠として使うか、参照枠として使うか、それは日本語教師自身が日本語教師の専門性をどのようにとらえているかによって変わってくる。日本語教師の専門性を教師たち皆に共通する一般的かつ静態的なものとしてとらえれば、準拠枠として用いることになるし、個々の教師によって異なる個別的で動態的なものだととらえれば、参照枠として用いることになるのである。本書では、日本語教師の専門性を個別的で動態的なプロセスとしてとらえるという立場をとっている。そのようにとらえることにはどんな意味があるのか。参考になるのが、第2章でとりあげた、教育学において佐藤（1997）が主張している「存在論的接近」への必要性である。つまり、外側から規定されるのではなく、自身が「日本語教師であることはどういうことなのか」と日本語教師としての存在の意味を自身の内から問うこと、そこに個別的で動態的なプロセスとして日本語教師の専門性を考える糸口があるのではないだろうか。

2 ｜ 問題意識

　本章では第1部における問題提起をふまえたうえで、筆者個人の経験に根差した問題意識を3つの点から述べる。1点目は教師養成や現職者研修において何を学ぶのかについて、2点目は日本語教師が身につけるべき能力をリスト

化することについて、3点目は日本語教師によるフィールドと方法との結合の重視についてである。

2.1 養成や研修において何を学ぶのか

　まず、養成についての問題意識であるが、これは筆者が「日本語教師」を含む「日本語教育専門家」の養成機関で働いている中で日々感じていることである。受講者たちの日本語教育に関する背景がすでに多様であり、学んだ後にどんなフィールドで活動するか未定の人たちも多い中で、何を「養成」すればよいのか。今や日本語教育のフィールドは広がっており、学校の教室における授業担当者としての日本語教師ばかりがその射程とはいえない。企業、行政、地域はもちろん、近年増えている介護・看護の現場など国内外におけるさまざまなフィールドが活躍の場であるとすれば、多様なフィールドに通用するような「養成」はありえるのか、そもそも「養成」とは何か、という問題意識を抱いた。

　また、現職者については、養成段階を経てひとたび日本語教師になった後、現職日本語教師が学べる場は多くはないという課題がある。文化庁文化審議会国語分科会 (2019) は、現職者も自己研鑽が必要であるが、教育機関において内部研修が十分に行われていないという現状、チームマネージメントなどマネージメント能力に関する研修内容は示されていないこと、新たに定められた教育内容に基づく養成・研修が各地の教育現場に定着するような方策を国として検討すべきことなど、いくつかの課題を指摘している (p.11)。

　実際に初任から中堅、中堅からベテランに至るまでそれぞれ学ぶべきことは何か。所属教育機関で定められている教科書を一通り教えることができるようになった後、どんな力をどのようにして育成していったらよいのか。日本語

教師のキャリア開発という観点からも学び続ける場が必要であるし、日本語教師として開発すべき能力や専門性は何かといった検討が必要である。

2.2　能力基準のリスト化による強みとできないこと

　初任から中堅、中堅からベテランに至るまで、いろいろな分野において、それぞれ学ぶべきことは何か。この問いに関して、最近の大きな成果は、文化庁からの報告である。文化庁文化審議会国語分科会（2018）の「日本語教育人材の養成・研修の在り方について（報告）」では、2000年の内容[1]を見直したうえで、日本語教育人材の役割について段階別および活動分野別に求められる資質・能力がリスト化された（詳しくは第1章を参照のこと）。翌2019年には活動分野を増やし、改訂版がでている。このような具体的な知識、技能、態度の記述は、何を身につければよいかが明らかになり、養成や研修のうえで有用なものである。また今後の日本語教師の資格創設などの面でも、必要かつ重要なものであろう。

　第1章にもあるように、文化庁のみならず、今までの専門性の議論は、必要とされる資質や能力をリスト化したものであった。具体的な記述が有用であることは前述のとおりであるが、一方では、リスト化されたものではとらえにくいものもある。

　第1に、活動分野ごとに「○○ができる」といったCan-do的な記述でリスト化することの難しさもある。例えば、活動分野が多様化している現代においては、何枚もの表が必要となる。また、変化の激しい時代にはあらかじめ予測できない能力も必要となり、固定的な記述ではカバーしきれない。

　第2に、表が何枚にも分断されているため、一人の個性を有した日本語教師の専門性の発達という観点で教師人生

の変化を追うには適していない。例えば、日本語教師たちは非常勤講師としていくつかのフィールドを掛け持ちしている場合が多く、かかわるフィールドも小・中・高校などいわゆる「学校」の教師よりはずっと多様である。また、国内外のフィールド間を移動するケースも多い。したがって、何枚ものリストに分かれている中で一人ひとりの教師の成長の道筋が反映されにくい。

つまり、分野ごとの資質や能力の記述は、それぞれの分野から見た必要性を可視化したものなのである。換言すれば、外から規定される専門性といえよう。一方、教師自身が「日本語教師であることはどういうことなのか」と日本語教師としての存在の意味を内から問うという観点からすると、分野ごとに分断された記述の中では、ひとりの教師の専門性は見えづらくなってしまう。

2.3 フィールドと方法との結合重視の現場

2.1で問題意識として養成および現職者研修として何をすればよいかという問いをあげたが、2.2でその問いは分野別に必要とされる資質・能力が何枚ものリストにより明示されることで解決したように見える。しかし、ひとりの日本語教師としての専門性という点で、分断されてしまうことの問題をあげた。このことは、日本語教育の現場において、これから述べるフィールドと方法との結合が重視されていることと関係している。それは筆者自身が現職者研修を行う中で、いつも遭遇する問いである。具体例をあげて説明する。

例えば、ある新人教師が初級クラスで教えている場合に、筆者が研修で中級の事例を紹介したとしても、初級の事例ではないため、その教師にはあまり役に立たないという。また、現在は直接役に立たないが中級を教えるようになったら参考にしたいという教師も少なくない。これは何

を意味するのだろうか。一般的に「○○のフィールドには××の方法」というようにフィールドと方法が固定的に結びついており、フィールドごとに教育実践のあり方が決まっていると考えられているということではないだろうか。だからこそ、異なったフィールドの他者の実践事例は役に立たず、同様のフィールドにいる者からしか学べないことになる。日本語教育が対象とするフィールドは多様であるため、なおのこと、○○のフィールドには××の方法という結びつきが重視されがちであり、熱心な教師ほどフィールドごとに異なるたくさんの方法を学ぼうとしているのかもしれない。

　しかし、やり方そのものを学ぶのではなく、やり方を生み出すプロセスを学ぶととらえてはどうか。

　図1は教室での読解授業をテーマとした教師研修で、「ピア・リーディング」[2] を紹介したときに最後に使用したスライドである。研修のさい、実践事例を紹介したときには、必ずこのようなスライドを提示することにしている。例えば、その日の研修ではフィールド①の事例を紹介し、そこでのやり方を説明したとする。これは、筆者の日本語教育観をもって筆者の担当するフィールド①での教え

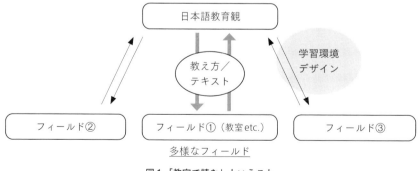

図1 「教室で読む」ということ

方や教室のデザインを考えると、説明したような実践になるということであって、筆者がおそらくフィールド②で教えれば、同じ人間であるから日本語教育観は基本的に同じだとしても、フィールドが異なれば先ほどの説明とは異なった実践をするはずである。つまり、ひとつの事例を○○のフィールドに××の方法と固定的にとらえるのではなく、ある日本語教育観でのあるフィールドにおける実現形のひとつととらえてはどうだろうか。そうなると、参加者たちは同じ実践をするのではなく、各自の日本語教育観をもって各自のフィールドでどのように実践するとよいか、具体的な方法は各自が考えることになる。

　資格や能力を準拠枠として見るのか、参照枠として見るのかという議論が第1章でなされている。この議論を上記の事例に当てはめて考えると、フィールドが異なっていると役に立たないという話は、準拠枠で見る見方をもって○○のフィールドには××の方法と考えているのであろう。準拠枠として固定的に見るのでは、フィールドが異なった者同士が違いを理解したうえで、その先に進めるような議論はできないことになる。○○のフィールドには××の方法といった、現場におけるフィールドと方法の堅固な結合は、それを支えているはずの日本語教育観を見えなくしてしまっている。

3 | 専門性の三位一体モデルの提案

3.1　自ら構成する動態的な専門性

　したがって、活動分野ごとにリスト化してCan-do的に固定的に、かつ教師自身の外から専門性をとらえることとは別に、自身の日本語教育観を軸に実践を重ねることをとおして、教師自身が構成し自ら変容し続けていけるような動態的な専門性の枠組みが必要ではないかと考える。

牛窪（2015）は、日本語教師の資質についての今までの研究を評価したうえで、「日本語教師に「求められるあり方」を既存の価値体系の内部で考えることには注意が必要です。つまり、その体系の中で外部の要望に「応じる」教師を育てるだけでは、今後、日本語教育をさらに展開していくことは困難であるということです」（p.160）と述べている。つまり、社会変動に応じて多様化するフィールドに合わせていくことができる教師を育てるだけでは、日本語教師自らが発信し、日本語教育を自律的に発展させていくことは難しいということであろう。

　日本語教師の活動の場が拡大している中で、今後は今まで以上に日本語教師が自身の専門性に対して自覚的になる必要がある。どんなフィールドに行っても、あるいは現在のフィールドが社会的影響の下で変化しても（実際には変化しないフィールドはありえない）、自身のめざす日本語教育観を軸として自らの経験やもてる力を総動員して、フィールドに合った日本語教育実践を編成し、必要に応じてフィールドそのものを変えていく力が必要となってくるのではないだろうか。このようなことができることこそが専門性であり、その専門性なくして日本語教育の自律的な発展はないであろう。そこで、「日本語教師の専門性」をリスト化しうる固定的な知識や技能の実態としてとらえるのではなく、日本語教師自身が構成する動態的で統合的な枠組みとしてとらえることを新たに提案する。

3.2　専門性の三位一体モデルとは

　ここでは、「日本語教師の専門性」とは、「どんな日本語教育を実現するのかといった自身の理念（日本語教育観）とどんな特徴をもったフィールド（ことばの教育現場）なのかといったフィールドの固有性との間で最適な方法を編成し実現できること」とする新たな枠組みを提案する。これは

2.3の図1に示したように、筆者の過去の経験からでてきたものである。理念と方法とフィールドの三者を連動した一貫性のある動態的なものとしてとらえるべきだとの主張から「専門性の三位一体モデル」と呼ぶことにし、あらためて図2にそのモデルを示す。

　図2に示したように、日本語教師は、自らがよいと思う理念（日本語教育観）をフィールドでどのように実現するか、その方法を工夫し、実践を行っている（a）。ここでいう理念とは、どのような日本語教育を実現しようとしているのか、といったその人の日本語教育のとらえ方をさす。それは、その人のもつ言語観や教育観が反映されたものである。

　フィールドとは日本語教育実践の場であり、学習者たちやことばの教室や教室が置かれている環境をさす。

　方法とは、実際に教室などで展開する教育の方法をさす。教室内の授業のやり方にとどまらず、教室が置かれている枠組みを問い直し、必要に応じて制度自体を変更することもフィールドにおける理念の実現方法という意味で方法と考える。このように広くとらえれば、方法は「学習環境のデザイン」といってもよい。同じ理念でも、フィールドが変われば、前の方法はそのままでは使えず別の方法を

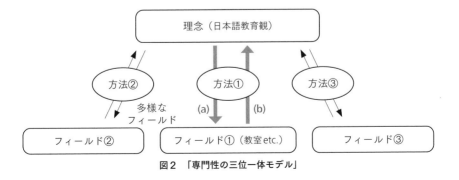

図2　「専門性の三位一体モデル」

工夫する。例えば、国内の日本語学校で教えていた教師が、海外の大学で教えることになれば、そのフィールドにあった方法を工夫することになる。自身がよいと思う日本語教育観を縦糸として、教室が置かれている環境や参加する学習者たちの状況などいろいろな横糸を織り込みながら、自身がよいと思う日本語教育実践を編み上げていく。

　一方、いつも理念からフィールドへのトップダウンというわけではない。現場の問題を深く考えたり、あるいは教師がフィールド間を移動することにより他の多様な理念や方法に触れ、自身の曖昧だった理念を明確化させたり、少しずつ理念を変化させることもある。よって、現場からのフィードバックを受けて理念も変化する (b)。すなわち、理念とフィールドとは往還的なものであり (aとb)、この往還の中で理念を更新し、変化するフィールドに合った教育方法を生み出していく、つまり三者を柔軟に連動させているのではないかと考えられる。

3.3　専門性の三位一体モデルの特徴

　「専門性の三位一体モデル」の特徴としては、まず第1に、動的な観点から分析概念として専門性をとらえている点があげられる。従来は、身につけるべき能力としてCan-do的に固定的にとらえられがちであったが、本モデルではプロセスとしてとらえる。

　第2に、理念・方法・フィールドが連動した一体のプロセスであるととらえている点があげられる。理念と方法とフィールドという3つしかない大変シンプルな枠組みであり、実践をどうとらえるかの考え方を示している。この三者がどのように一貫性をもっているかが重要となる。

　第3に、教師の理念（日本語教育観）を含んだモデルである点も従来のとらえ方とは異なる点である。

　これらの結果から、第4に、専門性をフィールドに依ら

ない各人の専門性としてとらえることができる。つまり、同じ人がフィールドAとBという異なったフィールドで同時に活動したり、AからBへ移動したりすることを包括的にキャリアとしてとらえることができるのである。これは日本語教師の専門性を要素還元論的にいろいろな能力やスキルの集合体と考えるのではなく、包括的かつ全体的にとらえる見方である。

第5に、この分析枠組みを使うことで、個々の教師の日本語教育観と実践とフィールドの関係を可視化することが可能になる。そこで、インタビューやワークショップなどの場で、あるいはひとりで、教師が自身の実践を省察するツールとして利用できる。

4 ｜ 専門性の三位一体モデルの可能性

3.3で「専門性の三位一体モデル」の特徴として、①動態的なものとして、分析概念として専門性をとらえている点、②専門性を理念・方法・フィールドが連動した一体のプロセスであるととらえている点、③教師の理念（日本語教育観）を含んでいる点をあげ、その結果、④フィールドに依らない各人の包括的なキャリアとして専門性をとらえることができる点、⑤省察ツールとして利用できる点を述べた。

このことは、ひとつには「日本語教師の専門性」をそれぞれのフィールドに固有の知識や技能や態度として静態的にとらえるのではなく、それぞれのフィールドで何が必要なのかを見極め、そこで必要となる方法を自らの教育観のもとで自身が編み出すものとして動態的にとらえるというとらえ方のパラダイムシフトを示している。

また、もうひとつには、このようなとらえ方は、「日本語教師であることはどういうことなのか」と日本語教師と

しての存在の意味を問うことであり、キャリアや生き方としての日本語教師の専門性を示している。なぜなら、三位一体となる三者の一貫性をたえず省察するときには、当然、自分は何をめざしているのか、と自身の理念も問い直すことになり、このことは、自身の日本語教師としての存在の意味を問うことになるからである。これは、先にあげた佐藤（1997）が主張する「存在論的接近」を表しているであろう。

　本章の意義は、外からの資格としての専門性ではなく、より良い実践を生み出すために日本語教師である自分が行っている実践を理念と方法とフィールドという観点から省察することによって、自らの専門性を自覚的に構成しつつ、たえず自身を変容させていくための枠組みとして「専門性の三位一体モデル」を示したことである。

　理念とフィールドと方法とは、シンプルではあるが、省察のための大きな枠組みである。理念は、「どんな日本語教育を実現したいのか」を表す。ここには、ことばをどういうものだととらえているか、ことばの学習や教育をどのようにとらえているか、といった言語観や教育観によって違いがでてくるだろう。また、理念とはひとりの人間としての生き方につながるような抽象的なものから、やや具体的な自身の職務遂行上の理念まで、その抽象度は階層化されたものとして考えられる。

　フィールドについては、フィールドをどう把握するか、フィールドを評価する力が重要である。社会の状況や今までの経験などと照らし合わせて、自身が立ったフィールドの特徴を理解したり、そのフィールドが埋め込まれているより大きな文脈や歴史を把握したりすることが必要である。ある授業をフィールドとして切り取ったとしても、それは特定のコースやプログラムの中に、さらには教育機関の中に、あるいはその地域や国の政策の中に埋め込まれて

いるのである。一方、フィールドの全体を把握することは重要だが、その構成員であるひとり一人の学習者への視点も重要である。

そして、実施される方法は、理念をフィールドで実現するために最適な方法であるはずである。ここでは、前述のように、方法といっても教室内の授業活動の方法だけをさすわけではなく、大きな学習環境のデザインといってもよい。自身の理念を実現するためにフィールドの現状を変えることも必要であろうし、そのためにいろいろな制度改革をし、学習環境を整えていくことも方法に含まれる。

これから外国人材の受け入れ拡大に伴い、日本語教育のフィールドはますます多様化、複雑化することが予想される。そのようなフィールドを担う人材として、日本語教師は、自身の専門性に自覚的になり、学び続け、自身の専門性を発信していく必要があるだろう。本章で提案した「専門性の三位一体モデル」の三者の枠組みの中で三者の動態的な関係性を問い、日本語教師としての存在の意義を問うこと、つまり省察することこそ、専門性を実現する手立てとなるのである。

付記

本稿は、15年ほど前から講演や教師研修の場で最後にスライドで示していた図1がもとになっている。第13回協働実践研究会（2017年12月に開催）における「日本語教師の専門性を考える」というパネル・ディスカッションで専門性を示すモデルとして提案した後、舘岡（2019）として執筆した。本稿は舘岡（2019）に加筆修正を行ったものである。

注

[1] 日本語教員の養成に関する調査研究協力者会議（2000）「日本語教育のための教員養成について」〈http://www.bunka.go.jp/tokei_hakusho_shuppan/tokeichosa/nihongokyoiku_suishin/nihongokyoiku_yosei/pdf/nihongokyoiku_yosei.pdf〉（2020年8月10日参照）をさしている。
[2] ピア・リーディングとは仲間と協働で読む教室活動をさす。

参考文献　牛窪隆太（2015）「教師の役割と専門性を考える」神吉宇一（編著）名嶋
　　　　　　　　義直・栁田直美・三代純平・松尾慎・嶋ちはる・牛窪隆太『日本語教
　　　　　　　　育学のデザイン―その地と図を描く』pp.145–169.　凡人社
　　　　　　佐藤学（1997）『教師というアポリア―反省的実践へ』世織書房
　　　　　　舘岡洋子（2017）「「日本語教師の専門性」を考えるにあたって―専門性
　　　　　　　　の三位一体モデル」パネル・ディスカッション「日本語教師の専門性
　　　　　　　　を考える」『第13回協働実践研究会＆科研報告会予稿集』pp.62–63.
　　　　　　舘岡洋子（2019）「「日本語教師の専門性」を考える―「専門性の三位一
　　　　　　　　体モデル」の提案と活用」『早稲田日本語教育学』26, pp.167–177.
　　　　　　文化庁文化審議会国語分科会（2018）「日本語教育人材の養成・研修の在
　　　　　　　　り方について（報告）」http://www.bunka.go.jp/seisaku/bunkashingikai/
　　　　　　　　kokugo/hokoku/pdf/r1393555_01.pdf（2020年8月10日参照）
　　　　　　文化庁文化審議会国語分科会（2019）「日本語教育人材の養成・研修の在
　　　　　　　　り方について（報告）改訂版」https://www.bunka.go.jp/seisaku/bunka
　　　　　　　　shingikai/kokugo/kokugo/kokugo_70/pdf/r1414272_04.pdf（2020年
　　　　　　　　8月10日参照）

第7章

専門家としての日本語教師と省察

松本明香・津崎千尋・小畑美奈恵・木村かおり

1 はじめに

　本章では、専門家としての日本語教師と省察との関係について検討する。なお、本書の冒頭で述べたように（「はじめに」参照）「reflection」は「反省」「省察」「内省」「リフレクション」などいくつかの用語が用いられているが、本章では、「省察」を用いる。ただし引用については原著に従う。

　第6章では、「日本語教師の専門性」とは自身の理念（日本語教育観）とフィールドの間で最適な方法を編成し実現できることであると主張した。その上で「専門性の三位一体モデル」を提案した。「専門性の三位一体モデル」においては、理念・方法・フィールドの三者に一貫性を持たせながら、理念とフィールドの間で柔軟に方法を編成していくことができるというそのプロセスこそが、「日本語教師の専門性」だと考える。この時に重要になるのが「省察」である。教育の方法は自身の日本語教育理念を反映させたものになっているか、そしてその方法はフィールドに合っているのかなどを省察することで、三者に一貫性を持たせながら変容させていくことが可能になると考えられる。

　1990代以降、日本語教育実践においても、また日本語教師教育においても省察することの重要性は広く知られるようになっている。しかし、単なる振り返りや反省の域を

超えないものも多く見られるのが現状ではないだろうか。そこで本章では省察について、省察とは何か、なぜ省察するのかを検討していきたい。

　そのためにまず省察の原点を示したとされるジョン・デューイと、デューイに影響を受け省察理論を発展させ、省察と専門家との関係を論じたドナルド・ショーンを取り上げ、省察理論を整理する。次に、専門家としての教師と省察との関係を論じ、省察の具体的なプロセスと方法を教師教育のあり方として示したフレット・コルトハーヘン、また、ショーンの提唱した「省察的実践家」を日本の教師教育に導入した佐藤学を取り上げ、教育学における現職教師教育のあり方を紹介する。最後に日本語教育・日本語教師教育の立場から、「自己研修型教師」としての日本語教師像を提唱した岡崎敏雄・岡崎眸、横溝紳一郎を取り上げ、日本語教師養成や日本語教師研修を扱う日本語教師教育研究の中で省察がどのように議論されてきたかを概観する。それぞれの論者の主張の中から、省察とは何か、なぜ省察するのか、省察の意味と意義を考察する。その上で、日本語教師の専門性と省察との関係を検討する。

2 ｜ デューイによる省察の考え方

　「省察」の考え方の原点を示したのは、ジョン・デューイ（John Dewey）であると言われている。デューイは20世紀前半のアメリカを代表する哲学者、教育学者である。哲学の分野ではアメリカのプラグマティズム（実用主義、道具主義）の考え方を大成したことで知られている。そして教育の分野では、児童中心の立場に立ち経験を通した学びを主張する進歩主義教育の原理を確立し、今日まで世界の教育改革に影響を与えてきたことで知られている。ここでは省察の原点を示したとされるデューイの、経験に基づく

学びについて概観していきたい。

　デューイの研究のフィールドは学校であった。デューイは『経験と教育』（2004/1938）において、子どもたちが過去から継承された知識や技能を受け身の姿勢で学び習得するといった伝統的教育を批判した。そして「経験」を重視する経験主義哲学を提唱し、「真実の教育はすべて、経験をとおして生じるという信念がある」（p.30）と述べているように、経験に基づく学びを主張した。

　では、デューイの主張する経験に基づく学びにおける「経験」とはどのようなものあろうか。デューイ（2004/1938）は、すべての経験が教育的でありすべての経験が同等なものであると考えていたわけではない。経験の「質」を重視し、経験の「連続性」と「相互作用」の原理を主張したのである。あらゆる経験は時間的な連続関係を持ち、ある経験はその後に続くさらなる経験にさまざまな影響を及ぼす。これが経験の「連続性」である。しかしすべての経験に教育的な価値があるわけではない。例えばある即時的に楽しい経験が、怠惰で軽率な態度の形成を助長し、このような態度がその後の経験に悪影響を及ぼし、その後の経験から得られるはずだったものを得ることができないようにしてしまうこともあり得る（p.31）。従って、「経験に根ざした教育の中心的課題は、継続して起こる経験のなかで、実り豊かに創造的に生きるような種類の現在の経験を選択すること」（pp.34–35）にかかっているという。

　さらに、経験の連続性にならぶもう一つの重要な原理が「相互作用」の原理である。経験は個人の内面だけで進行するものではない。経験は内的条件と客観的条件との相互作用によって成り立っている。そしてこの相互作用に基づいて「状況」を形成する。個人が世界の中で生きるということは、「個人が状況の連続のなかに生きている」こと、つまり「個人と対象物あるいは他の人との間で」相互作用

を行いながら生きていることを意味する（p.63）。これら経験の「連続性」と「相互作用」の原理が経験の本質であり、私たちの経験はこの二つの原理に基づいている。経験の連続性と相互作用の原理は互いに連関し、経験は状況のうちで常に再構成されている。経験を振り返ることで、自身の経験が再構成され、自身の経験が自身の作り出す理論となり、将来の経験へとつながっていく。この絶えざる再構成こそが経験の本質であり、成長の本質であるとデューイは主張している。

　またデューイ（2004/1938）は「思考」という行動について論じ、思考するということは、ある衝動や願望を「一段と総合的で一貫した活動計画が形成されるまで、その最初の衝動を即時的に表明することを停止させることである」（p.103）と述べている。そして思考することは同時に、「観察と記憶の結合を通じて、衝動の内的抑制に効果を挙げている」（p.103）とし、「このような結合こそ、反省するということの神髄である」（pp.103–104）と述べている。つまり、ここでデューイは、「反省」することで、衝動や願望が最初に示された形態から再構成されたり改造されたりし、「知的成長」につながっていくことを示唆したのである。

　このように見ていくと、デューイにとっての教育とは、子どもたちが過去から継承された知識や技能を受け身の姿勢で学ぶことではなく、経験を絶えず再構成することであり、経験から学ぶことである。経験し、それを振り返り、思考することで、自分の中の知の体系が再構成され、自身の経験が自身の作り出す理論となり、将来の経験へとつながっていくと考えられる。この経験から学ぶというデューイの理論を発端に、その後ショーンやコルトハーヘン等の省察理論が発展していった。

3 ショーンによる専門家像の捉え直しと省察の関係

　デューイを研究し、その後省察の考えを専門家の認識論へと発展させたのが、アメリカの哲学者ドナルド・ショーン（Donald Schön）である。ショーンの最大の功績は、「省察的実践家」という、これまでになかった新しい専門家像を提唱し、専門家と省察を結び付けたところにあるだろう。

　1960〜80年代のアメリカでは、産業技術の発展によって社会システムが複雑化する中で、専門的職業の人々に対し、社会問題を解決へと導けないことや新たな問題の発生を止められないことなどへの批判がなされるようになった。このような背景のもと、ショーンは『省察的実践とは何か――プロフェッショナルの行為と思考』（2007/1983）において、「技術的合理性」モデルに基づく従来の技術的熟達者としての専門家像に対し、「行為の中の省察」に基づく「省察的実践家」という、これまでになかった新しい専門家像を提唱した。

　近代の実証主義に基づく「技術的合理性」モデルにおいては、研究と実践、研究者と実践者の役割は分離したものとして考えられていた。研究者の役割は科学的調査と理論の体系化である。そして専門家の実践は、その「科学の理論や技術を厳密に適用する、道具的な問題解決」（p.21）として捉えられた。つまり、近代の「技術的合理性」モデルにおける専門家とは、安定した文脈において、科学的な知識に根拠をおき、それらを合理的に適用し問題を解決する技術的熟達者であった。

　しかし1960年代以降、産業技術の発達によって社会システムが急速に変化し複雑化していく状況において、ショーンは「技術的合理性」モデルに基づく専門家像の限界を指摘した。なぜなら、すでに現代社会は「不確実で不安定、独自で価値観の葛藤をはらむ状況」（p.49）へと変化

しており、科学に基づく厳密な知識を合理的に適用するだけでは、もはや問題を解決することができないからである。専門家が日々直面する実践の状況は「解決できる問題がそこにあるという状況ではなくなって」（p.15）おり、「技術的合理性」モデルにおける技術的熟達者としての専門家像では、複雑で不確実で独自性を持っている状況に「問題を設定する」ことができないのである。特にソーシャルワークや教育の分野では、その実践の文脈の複雑性、不確実性ゆえ「技術的合理性」モデルの限界はより明確である。このような背景のもと、ショーンは新たな専門家像として「行為の中の省察」に基づいて問題を解決する「省察的実践家」を提唱した。

　では、ショーンの提唱する「行為の中の省察」に基づいて問題を解決する「省察的実践家」とは、どのような専門家像なのだろうか。ショーンによると、「省察的実践家」の実践の基盤となるのは「行為の中の知（knowing-in-action）」である。「行為の中の知（knowing-in-action）」とは、「意識しないままに実施の仕方がわかるような行為、認知、判断」（p.55）のことである。私たちは日常生活で特に意識もせず直感的にさまざまな行為を行っている。しかしそれらの行為を自分がどのように行っているのかをことばにしようとすると、説明できないものが多い。このように「私たちの知の形成は行為のパターンや取り扱う素材に対する触感の中に、暗黙のうちにそれとなく存在して」おり、「私たちの知の形成はまさに、行為の〈中（in）〉にある」とショーンは述べている（p.50）。これと同様に、「省察的実践家」も日々の実践の中で、「適切な判断基準を言葉で説明できないまま、無数もの判断を行っており、規則や手続きの説明ができないまま、自分の技能を実演している」（p.50）という。「技術的合理性」モデルにおける専門家の知とは、研究者が体系化した科学的な理論の中で示

される専門的知識であった。それに対し「省察的実践家」の実践の基盤となる「行為の中の知（knowing-in-action）」とは、日々の実践の中で行為とともに生成される暗黙の知のことである。

　次に「省察的実践家」が行う省察について見ていきたい。ショーンは省察を行うタイミングに着目し、「行為についての省察（reflection-on-action）」と「行為の中の省察（reflection-in-action）」の二つを示した。実践者は実践が終わった後にその実践を振り返り熟考することがある。これは「行為についての省察（reflection-on-action）」にあたる。一方で実践者は実践の最中にも、実践について省察するという「行為の中の省察（reflection-in-action）」も行っている。この実践者が行う「行為の中の省察（reflection-in-action）」は、実践の長さによって、即興的な省察もあれば比較的長い時間をかけて行われる省察もある。どちらにせよ、予期しなかったことが起こった時などに驚いたり戸惑ったりし、それに刺激されて「自分の実践の中で（in）自分の実践について（on）省察する」（p.64）。この時実践者は、自分の判断の基準や行動パターンの中で暗黙のうちになっている規範や評価や理論ついて省察したりする。また解決しようとしている問題に枠組みを与えるやり方などについて省察したりする。さらには解決できない状況に出会った時には問題を設定する新たなフレームを構成し状況にあてはめてみたりする。このような「行為の中の省察（reflection-in-action）」というプロセス全体が、「実践者が状況のもつ不確実性や不安定さ、独自性、状況における価値観の葛藤に対応する際に用いる〈わざ〉の中心部分を占めている」（p.51）とショーンは言う。そして、「この〈わざ〉を通して、実践者は厄介なまでに「多様な」実践状況に対応」（p.65）することができる。

　さらにショーンは「行為の中で省察する時、そのひとは

実践の文脈における研究者となる」（p.70）とし、実践＝研究の考え方を主張した。なぜなら、「行為の中の省察」に基づく「省察的実践家」は、すでにある理論や技術を厳密に適用し道具的な問題解決を行おうとするのではなく、「行為の中の省察」を繰り返すことで、「独自の事例についての新たな理論を構築」（p.70）していくからである。この意味において、「技術的合理性」モデルに見られたような実践と研究、実践者と研究者との分離はなくなる。そして現代社会の複雑で不確実で独自性を持っている状況においても、行為の中の省察を通して、自らの実践の文脈における新たな理論を構築し、問題を解決していくことができるのである。

　このように見ていくとショーンの提唱する「行為の中の省察」に基づいて問題を解決する「省察的実践家」とは、複雑で不確実な状況において、実践の中で「行為の中の省察」を繰り返しながら「行為の中の知」を生成し、問題を解決していく者である。その専門家の専門性とは、実践における知と省察それ自体にあると言えるだろう。また「省察的実践家」の省察とは、実践の中で状況や自己との対話を繰り返しながら、自分の中で暗黙のままになっていることを表に出し、前提となっている自己の枠組みを再構築し、新たな知を形成し、次の行動を作り出すものである。

　このようにショーンは「行為の中の省察」に基づく「省察的実践家」という、これまでになかった新しい専門家像を打ち出したのである。新しい専門家像である「省察的実践家」は、現代社会の複雑で不確実な状況において実践を行い、問題を解決していくために、実践しながら考える「行為の中の省察」を不断に実践していく専門家である。

　ショーンの提唱したこの「省察的実践家」という専門家像は、今日に至るまで専門家教育改革に大きな影響を与えている。そして、後述する日本の教師教育、日本語教師教

育においても「省察的実践家」という考え方は、広く浸透
しているのである。

4 │ 専門家としての教師および教師教育における省察

　本節では、専門家としての教師について論じた上で、教
師と省察との関係を検討する。さらに、専門家としての教
師の教育において省察が重要であることを主張する。ま
ず、ショーンの提唱した「省察的実践家」としての専門家
像を教師にあてはめ、専門家としての教師を「省察的実践
家」として捉えたコルトハーヘンと佐藤学を取り上げる。
コルトハーヘンは、「省察的実践家」の省察の具体的なプロ
セスと方法を示し、教師教育のあり方のモデルを示した。
佐藤学は、「省察的実践家」の概念を日本の教師教育に導入
し、現職教師に対する具体的な省察のあり方を示した。

4.1　コルトハーヘンによる省察と教師教育

　コルトハーヘン（Fred Korthagen）はオランダ出身の教師
教育研究者である。コルトハーヘンもショーン同様にデュ
ーイに影響を受け、技術的合理性モデルに基づく専門家像
を批判し、教師教育における技術的合理性モデルは理論と
実践との間に乖離を作り出していると批判した。そしてシ
ョーンの省察理論の考えに基づき、実践と理論が深くつな
がるような教師教育のアプローチであるリアリスティッ
ク・アプローチを提唱した。ショーンがさまざまな分野の
専門家のケーススタディにおいて省察の重要性と省察の認
知的なプロセスを示しているのに対し、コルトハーヘンは
教師教育の分野において省察の具体的なプロセスと方法を
示したところに特徴がある。
　コルトハーヘン（2010/2001）は、教師教育プログラム
において教育実習生が省察を通し経験から学ぶことの重要

性を主張している。なぜなら現代社会は目まぐるしいほど変動しており、このような現代においては、教師教育を受ける実習生が「今後のキャリアにおいて直面するすべての種類の状況に適応できるように彼らを養成することは不可能」（p.57）だからである。それゆえ実習生は、省察を通して「自身の経験から学ぶ意志の強い姿勢を発達させ」（p.58）なければならない。つまりショーン（2007/1983）が指摘したように、教育実習生が教師になった時に直面するであろう実践の状況は、複雑で不確実で、独自性を持っており、体系化された理論を道具的に適用するだけでは対応できない。ここで目指される専門家としての教師像とは、省察を通して自身の経験から学び、問題を解決し、また次の経験へとつなげていける自律的な教師である。それゆえ実習生は、教育実習プログラムにおいて、省察を通して自身の経験から学ぶ意志の強い姿勢を持ち、それを持続させていく必要がある。これは日本語教師教育や日本語教師の成長を考える上でも重要な視点であろう。

　では、コルトハーヘンが言う経験による学びとはどのようなものであろうか。コルトハーヘンは「経験による学びの理想的なプロセスとは、行為と省察が代わる代わる行われるものである」（p.53）と述べ、経験による学びの理想的なプロセスであるALACTモデルを提唱した。ALACTモデルとは、第1局面「行為」（Action）、第2局面「行為の振り返り」（Looking back on the action）、第3局面「本質的な諸相への気づき」（Awareness of essential aspects）、第4局面「行為の選択肢の拡大」（Creating alternative methods of action）、そして第5局面「試行」（Trial）という5局面が循環するモデルである。そしてこのALACTモデルは第5局面「試行」で終わるのではなく、第5局面が次の新しい循環の第1局面となり、「螺旋形に専門性を発達させるのである」（p.55）。省察はこのALACTモデルの基礎として捉

えられている。

　コルトハーヘンが示したALACTモデルにおいて重要となるのは、第3局面の「本質的な諸相への気づき」であろう。コルトハーヘンは、「リフレクションは、単なる振り返りをはるかにしのぐもの」であるとし、リフレクション（省察）は振り返りとは根本的に違うものであると述べている[1]。コルトハーヘンが考えるリフレクションとは、「ひとが文脈に合った新しい振る舞いを形にしていくことができるように、状況それぞれの根底にある原則を理解しようとする試みを意味している」[2]。つまりある行為について振り返り、それに対してただ単に「できた／できなかった」「良かった／良くなかった」と評価をしたり、間違いを探して正したりするのではない。ある行為について、そもそもなぜそのような行為をしたのか、なぜそう考えたのか、自分は何を望んでいたのかといったことを、自分に問い、確認し、その状況における「本質的な諸相への気づき」（p.51）を得るプロセスである。そしてそれが新たな経験へとつながっていくのである。

　日本語教育の立場で考えてみると、日本語教師養成や教師研修などでも省察することの重要性は広く認識されている。しかし実践を省察する際に、ALACTモデルにおける第2局面「行為の振り返り」に留まり、実践の中のうまくいかなかったことや違和感を持った事柄について、「この教え方はだめだったから、今度は別の教え方を試してみよう」といった方法論の転換や、「ここがうまく教えられなかったから次は頑張ろう」といった改善策のない振り返りになってしまっていることが多いのではないだろうか。そうではなく、実践の中で経験した行為を深く振り返ることで、「なぜ自分は違和感を持ったのか」「その違和感の背景にあった本質とは何か」というALACTモデルの第3局面「本質的な諸相への気づき」まで進み、第4局面「行為の

選択肢の拡大」そして第5局面「試行」へとつなげていくことが重要である。コルトハーヘン（2010/2001）は、この第3局面「本質的な諸相への気づき」へ導くために、第2局面「行為の振り返り」に働きかける〈8つの問い〉や、省察を促すための技法、指導のプロセスなども具体的に提示している。

コルトハーヘンは教師教育において「省察を促すことの最終的な目標は、教師がALACTモデルのサイクルを自律的にたどれるようになること」（p.116）だと述べている。教師教育では実習生に省察をさせるだけでは十分ではなく、省察を通した「経験による学びの理想的なプロセス」（p.53）を実習生の中でモデル化させることによって、実習生に「成長し続ける能力を身につけさせる」（p.116）ことが必要となる。そのために、コルトハーヘンが提唱する理論と実践をつなぐリアリスティック・アプローチの教師教育では、学校での実習と大学での活動を交互に行い、実習生の実践の経験やそれらの経験に対する実習生の受け止め方や考え方を出発点に省察を行う。そして「さまざまな経験とそれを省察することを頻繁に往還し」（p.43）、自らの理論や実践知を発達させることが目指されている。

このように見ていくと、コルトハーヘンが考える専門家としての教師像は、変動が激しい現代社会においても、省察を通して自身の経験から学び、問題を解決し、また次の経験へとつなげていける自律的な教師である。そのような教師を育成するためには、教師教育段階で実習生に、自身の経験について省察することを促し、「行為」「行為の振り返り」「本質的な諸相への気づき」「行為の選択肢の拡大」「試行」というALACTモデルのサイクルを自分で循環させられるようにすることが必要である。

この省察を通した経験による学びのプロセスを自律的に循環させ、螺旋状に発達させていくことで、教師は成長し

続けていくことができるのである。

4.2 佐藤学による省察と教師教育

　本項では、ショーンの提唱した「省察的実践家」の概念を日本の教師教育に導入した佐藤（1997）をもとに、専門家としての教師、および専門家としての教師と省察の関係を論じる。加えて、専門家としての教師の教育に関しても、佐藤（1997）をもとに論じる。なお、本項では佐藤（1997）に倣って、「Reflective practitioner」（Schön 1983）の訳語として「反省的実践家」（佐藤1997）を使用する。

　佐藤（1997）は、専門家としての教師は「反省的実践家」であるべきだとし、「反省的実践家」をモデルとして発展させた教師教育の研究と実践を進めている。佐藤は、教師の仕事を、「複雑な文脈で複合的な問題解決を行う文化的・社会的実践」と捉えており、教師は「問題状況に主体的に関与して子どもとの生きた関係を取り結」ぶことが必要だと考えている（p.58）。教育実践においては、その日の授業、学生、扱う学習項目や教材など、一つとして同じ状況はない。従って、教師は、その時その場での状況を見極めながら、今この場で何が求められているかを判断し、その場の状況に応じて適用する必要がある。つまり、教師の仕事を、常に決まったことを適用するような一般的で静態的なものではなく、その時その場の状況によって変わる、個別的で動態的なものだと捉えている。

　佐藤が主張する「反省的実践家」をモデルとした教師とは、「実践的見識」（practical wisdom）が得られる思考ができる人である。「実践的見識」は、「省察」と「熟考」という二つの実践的思考の能力から構成される。「省察」とは、教育実践における問題状況の解決に際し、「所定の科学的技術、理論的知識、合理的技能」を「レパートリーとして」考えることである（p.59）。「熟考」とは、「理論的

な概念や原理を実践の文脈に即して翻案する思考の様式」（p.64）である。この「省察」（＝理論を参照して適切なものを取り入れる）と「熟考」（＝取り入れた理論を現場の状況に即してアレンジする）という二つの実践的思考の能力が「実践的見識」である（p.65）。つまり、「実践的見識」が得られる思考ができる人とは、教育実践において問題が起こった際に、教授技術や理論的知識を参照しながら、その時その状況に応じて何が適切かを考えて取り入れ、その上で現場の状況に即してアレンジして適用することができる人である。

　では、「実践的見識」が得られる思考、つまり「省察」と「熟考」は、どこでどのように育まれるのか。それは、教師が教育実践を行う教室と教師が所属する学校において、理論と実践を統合する「授業の事例研究（ケース・メソッド）」（p.240）によって遂行されると主張している。「ケース・メソッド」においては、効果的な授業のやり方や授業技術の開発が目指されるのではなく、「一つ一つの事例を対象として、一人ひとりの教師の授業の構成や子どもとの関わりやコミュニケーションの組織について多角的・総合的に検討し、教師が実践場面で生成し機能させている洞察や省察や判断の力」を育成し、「「実践的見識」として高める」ことが目指されている（pp.239–240）。

　「ケース・メソッド」で一つ一つの事例検討をする際に、重要な役割を果たすものとして、学校における教員間の「同僚性」（collegiality）と先輩教師による「援助的な指導（メンタリング）」（mentoring）が挙げられる（p.70）。「同僚性」とは、「教師たちが教育実践の改善を目的に掲げて学校の中で協同する関係」（p.70）であり、「メンタリング」とは、「先輩教師が後輩教師の専門的自立を見守り援助する活動」（p.71）である。つまり、事例をもとに、同僚教師間で学び合ったり、先輩教師はこれまでに培った洞察や

省察や判断の経験をもとに後輩教師を支援し、後輩は先輩を見て学ぶ。モデルとして学ぶ。このように「ケース・メソッド」は同僚や先輩教師とともに行う「共同的社会過程」（p.71）であり、その過程において「省察」や「熟考」は育まれる。

　さらに、佐藤は「学校の専門家共同体の成熟度とその共同体が保有する専門家文化の成熟度が、教師の成長の最大の保障となる」（p.70）という。つまり、専門家としての教師を育成するには、学校が専門家集団としての教師コミュニティとして成熟する必要があり、両者はリンクしていると主張している。

5 ｜ 専門家としての日本語教師および教師教育における省察

　これまでの教師の省察は日本語教育研究の中ではいかに論じられてきたのだろうか。なお、日本語教育研究の中では、多くの場合、reflectionには「内省」という訳が使われている。本節では、原著に用いられている「内省」はそのまま「内省」とし、他の箇所は本書の方針に従い「省察」を用いる。

　日本語学習者の多様化が顕著になった1980年代から90年代にかけて「自己研修型教師」という考えが始まった。本節では、この過度期において「自己研修型教師」について言及した岡崎敏雄・岡崎眸と横溝紳一郎を取り上げる。

　彼／彼女らの論考に注目する理由として、岡崎・岡崎（1990）と岡崎・岡崎（1997）については、学習者の多様化によって起きた複雑な問題に対応するために「自己研修型教師」の必要性を主張し、ショーンによる「内省的実践家」を日本語教育で提唱した上で、教師養成を「内省モデル」という新しいモデルを持って実施していることを挙げる。また、横溝（2000）、横溝（2006）については、「自己

125

研修型教師」であることを教師の成長のための必要条件として捉え、それを実現しうる手段の一つとしてのアクション・リサーチをアメリカにおける英語教授法から日本語教育のフィールドに紹介し、具体的な方法論として展開したことを挙げる。

そして、日本語教師養成や日本語教師研修について議論する岡崎・岡崎（1990）、岡崎・岡崎（1997）、横溝（2000）、横溝（2006）における日本語教師教育研究の中で、省察がどのように議論されてきたかを概観する。そして、この省察と協働の関係についても考える。省察という個人的な営為と思われる心理的プロセスを協働という視点で捉えることで、それぞれの研究者がいかに教師の省察の中での他者の存在を捉え、その他者との相互行為が省察にどのような意味を持つかを確認することができるからである。そのような視点で、教師研修・教師養成での同僚同士や研修生同士、実習生同士で協働的に行われるであろう省察の意味について触れる。

最後に、これらを押さえた上で岡崎・岡崎（1997）や横溝（2000）で考えられている日本語教師の専門性とは何かを検討したい。

5.1　岡崎敏雄・岡崎眸における「内省」と「内省モデル」

岡崎・岡崎（1997）は教師という職業人という立場でショーン（Schön 1983）他が言及する「内省的実践家」（p.24）についての考えや「内省モデル」（p.29）の捉え方を論じ、その上で筆者ら専門家としての日本語教師の課題である省察の重要性についての議論を展開する。そこで背景となるのは、1980年代から急速に進んだ学習者の多様化である。岡崎・岡崎（1990）では、1980年代は大学で学ぶ留学生の他に大学入学希望者や技術研修を目的とする人、そして海外子女・帰国子女および中国帰国者・インドシナ難

民で日本に永住するために日本語を学ぶ人が増加したと当時の社会的事情を説明する。そして、単に学習者の絶対数の増加や日本語学習者の多様化に留まるのではなく、①経済的条件や時間的余裕といった学習条件の多様化、②過去の学習経験・受けた教育の教育制度や教育内容、教授法の多様化、③学習者の母語や文化の広がりによる思考様式、行動様式の多様化といった点についても詳述する。こうした日本語学習者たちと向き合うからこそ、どんな学習者についても成功する教授法が存在すると考えることは非現実的であるとし、日本語教師は「唯一絶対の教授法への決別」（岡崎・岡崎1990: 6）の必要があり、従来の日本語教育の見直しが迫られるとする。そして、ある教授法やアプローチ、個々のテクニックに接近するに当たって、それを生きた、活力を持ったものとするためには、「教師一人一人が、日々接する学習者のありようを見つめ、そこで直面する困難を一つ一つ克服していく中で、独自の言語教育観を築き上げ、それに沿ってアプローチ、及び個々のテクニックを検討していく姿勢が必要である」（p.7）と述べている。

岡崎・岡崎（1997）では、「教室現象を教室の中だけ」に限定することなく、「教室を取り巻いているコミュニティや社会全体」との関係で捉え考察する考え方も示している（p.39）。つまり、省察は、教育を取り巻く急速に多様化が進んだコミュニティや行政といった社会との関係性も射程に入れつつ考察する必要があると言える。実際、岡崎・岡崎（1997）が出版されたのは、先述したように、まさに日本語教育の対象となる学習者の多様化が進み、また日本語教育が関わる問題についても、国の政策の影響を受け、大きな変化を経た時期である。そうした中で日本語教師にとって、教室内のことだけを省察するのではなく、その教室を規定している学校全体、コミュニティーや社会のことについても考え行動する者として、目の前にいて社会

的な存在である学習者との相互行為を通して、「自分は何を目指して教育に携わっているのか、日本語の学習を一つの場としながら自分は外国人とどのような関わり方をもっていくのか」（p.35）を問うことの必要性を述べている。このように岡崎・岡崎（1997）では、省察という営為が社会的な課題とつながっていることを、われわれに再認識させる。

　では、そのような1980年代の学習者の多様化という背景から、岡崎・岡崎（1997）はどのように省察の必要性を導いたのか。岡崎・岡崎（1997）では、教師として備えておくべき諸技術を指導者が教え込み、実習生（現職教師）はそれをマスターしていくと考える「教師トレーニング」による教師養成・教師研修では、教室で起こりうる複雑な問題の解決や、「学習者の多様性に対応する教育を実現することは難しい」（p.9）と指摘されている。では、どのように問題解決を図り、どのようにその限界を克服するのか。岡崎・岡崎（1997）は、そのためには自分が直面する教室個々の場面での状況を考慮しながら、その都度教師自身の意志決定を行うよりほかはないとする。そして、「実践─観察─改善のサイクルを実習生（現職[3]）が主体的に担うことによって教師としての専門性を自ら高めていく」（p.10）という「教師の成長」という考えを提唱する。このように、「教師トレーニング」から「教師の成長」へと考え方の転換を述べた上で、「教師の実践の改善を貫く理念を構成する」（p.24）「内省」（p.24）という概念を挙げている。また先述したように、ショーン（Schön 1983）他が言及する「内省的実践家」という概念を挙げ、「内省的実践家」としての教師とは、「教師の〈既に獲得している経験や技術を尊重し〉、その上で〈各人なりの意味の構築〉を行い、〈教師としての成長の主体を教師自身におき〉、〈自律的な教師研修〉を行うことを通じて教室で起きてい

る事態について自分自身で観察し、考え、意思決定を行っていく教師〉」（岡崎・岡崎1997: 26）であると述べている。

　では、岡崎・岡崎（1997）は省察を具体的にどのように捉えるのか。教師であれば教育実践をした後、それについての省察が行われるとし、「実践はどのように進められたか、何か問題があったか、あったとすればそれに自分はどのように対処したか、なぜそのような対処の仕方を取ったのか、今後また同じような問題に遭遇したら同じ対処をするか、もししないとすればそれはなぜなのか、そのような問題に出会ったことで実践に対する自分の見方に何らかの変化が生じたか」（p.30）といった具体例を挙げる。このような考えを経て、「次の実践は多面的に思考され、洗練されたより深いレベルのもの」（p.30）となる。このような省察を組み込んだ「〈実践 - 内省 - 実践 - 内省〉」（p.30）が「内省のサイクル」（p.30）である。また、この「内省のサイクル」を中核とする「内省モデル」は、教師を含む職業人が持っている職業的な知識として社会的に受容された知識である「受容された知識」と、その職業の実践を通じて獲得され、さらに省察される機会を経た知識である「経験的知識」の双方を重視している。この二つの知識を持って「内省のサイクル」が支えられ、「実践は単なる実践の繰り返しではなくなり」（p.30）、専門性の向上が図られるとしている。岡崎・岡崎（1997）ではその「内省モデル」の枠組みでの授業観察を提案する。

　続けて、岡崎・岡崎（1997）で描かれる日本語教育実習における評価を実習生同士で行う意義について確認する。ここでは、教育実習に臨む実習生同士が授業観察の場でコメントや討論を通した評価をもとに、授業改善が図られていることを挙げている。教育実習に臨む実習生同士は、例えば教室で教えた経験がある者、ない者というように、それぞれ異なった背景を持っている。そうした実習生同士の

コメントや討論は、「教師としての経験を積み重ね始めた段階の視点で評価をお互いに突き合わせ、評価の眼を養いながら同時に授業を改善していこう」（p.62）とするものであり、岡崎・岡崎（1997）ではそれらは不可欠であるという立場を取っている。

　また、現職教師については、「なぜある教授行動を行うべきなのかを十分に考える余裕がないままに形式的にある教授行動を身につけてしまう」（p.42）「儀式化された教授行動」（p.41）を取り上げて議論を進めている。そしてその「儀式化された教授行動」の改善のために、授業観察を行い、同僚に自分の授業を見てもらうという方法を提示する。同僚からの指摘によって、自分の授業行動を省察するというのである。

　岡崎・岡崎（1997）はこのように、実習生同士や現職教師の同僚同士が互いに授業を観察し、またそれぞれの立場からの反省点や観察点をコメントし合ったり討論したりすることが提案され、省察が実習生同士／教師同士で協働的に行われることの意義を示している。

5.2　横溝紳一郎における「内省」とアクション・リサーチ

　横溝（2000）の最大の功績は、アクション・リサーチを日本語教育において拡充させたことである。岡崎・岡崎（1997）でもアクション・リサーチについて触れてはいるが、それをより具体的な例として示しているのが横溝（2000）である。また、そこで紹介するアクション・リサーチは、教室における教授活動に焦点を当て調査を進めようとする点が特徴的である。本書2章では、横溝（2006）はアクション・リサーチを取り入れる際に「実践の現場を取り巻く周りの状況の改善」（p.52）という目標を省いた点について指摘しているが、調査対象や調査目標を教室内に留めているからこそ、これほど日本語教育において普及

したとも言える。

　横溝（2000）の冒頭では問題提起として、現職日本語教師による教え方の「儀式化」について挙げている（p.2）。前述したように岡崎・岡崎（1997）でも触れられている（p.41）が、「儀式化」された教え方とは、教師の教授方法が無意識のうちにパターン化されている、あるいは他の教師の教え方を無批判的に受け入れたり模倣していて、教え方が固定化しパターン化されることである。そしてその儀式化された教え方により、教師は多様な学習者が抱えるさまざまな問題に対応できなくなると指摘している。また、教師は儀式化された教え方に満足してしまうと、研究者が発展させてきた研究成果を自分の授業実践に活かしていこうとしなくなると指摘する。横溝（2000）の問題意識は、このような、「研究者が発展させた理論と現場の教師の実践との大きなギャップ」（p.2）にあり、現場の教師に必要である、現場に即した実践報告をまとめる方法を確立することだったと言える。その確立のための一手段であるアクション・リサーチの概念を述べ、その具体的な実践方法を紹介している。

　横溝（2000）では、アクション・リサーチを、「自分の教室内外の問題及び関心事について、教師自身が理解を深め実践を改善する目的で実施される、システマティックな調査研究」（p.17）と定義している。そしてその特徴の一つとして「評価的であり内省的である」（p.19）ことを挙げ、アクション・リサーチでは、「教師が教室内外で生じていることをまず評価・内省し、その改善のために行動を計画し、起こした行動の結果を観察した上で、再び評価・内省していくという形をとる」（p.19）と説明する。また「自分の教え方の向上を目指して内省プロセスに従事するのは、自己成長を望む教師なら通常行なって」（p.19）おり、「アクション・リサーチはそれに枠組みを与え、それ

をよりシステマティックに変化させる」（p.19）として、「内省プロセス」（p.19）を進める上でアクション・リサーチの実施が有効に機能することを述べる。さらに、「内省の不足や欠落がアクション・リサーチの後退である」（p.213）と述べ、アクション・リサーチを実施する際に、教師がその教室内で起こっていること、あるいは起こったことを省察する必要性を強く主張している。

　そして横溝（2000）は、アクション・リサーチにおいて省察はその実施のプロセスの過程でずっと生じるとし、「行動の中での内省」「行動についての内省」「行動に向けての内省」の３つのタイプを挙げ、アクション・リサーチ実施のプロセスの中に含まれているとする。授業内で生じているのか、授業後に、またある一定期間の実施後に省察するのかというように、日本語教師の授業実践のどの時点で省察が行われるのかについて述べ、省察とは「アクション・リサーチのプロセスを通してずっと、積極的に行われる活動」（p.210）としている。

　このように継続される省察と同様に、横溝（2000）、横溝（2006）が重視しているものに「協働すること」がある。横溝（2000）はアクション・リサーチを個人単位で行うことを認めるか、グループで行うことを必須条件とするかという二択を示した上で、協働的作業によるアクション・リサーチを支持する立場を示す。いくつかの先行研究では他の教師との協力体制が取れない教師も少なくないという理由から、個人でアクション・リサーチを実施することも認めるとしている。横溝（2000）もそのことも認めた上で、アクション・リサーチは他の人々と励まし合いながらリサーチを進められる、またその過程の中で他の人々との横のつながりも拡げられると述べる。そしてそうした中でアクション・リサーチに協働的に取り組む教師同士の信念や哲学、価値観といったものの「揺さぶり／揺さぶら

れ」（横溝2006: 58）がきっかけとなり、深い省察につなが
ると述べる。このように横溝（2000）では、アクション・
リサーチ自体を他者との協働作業の中で行うことを支持し
ており、その協働作業として他者との省察が行われること
に価値があるとしている。

5.3　岡崎敏雄・岡崎眸、横溝紳一郎から考える日本語教師の専門性

　岡崎・岡崎、横溝は、ともに1980年代の「教師トレー
ニング」の考え方では教師が教室で実際に起こる学習者の
多様化から発生する諸問題に向き合うには限界があると
し、パラダイムシフトされた教師養成・教師研修の方向性
として「教師の成長」を提示する。この「教師の成長」に
ついて、岡崎・岡崎（1997: 9-10）では、「教師養成や研修
にあたって、これまで良いとされてきた教え方のモデルを
出発点としながらも、それを素材に〈いつ、つまりどのよ
うな学習者のタイプやレベル、ニーズに対して、またどん
な問題がある場合に〉、〈なぜ、つまりどのような原則や理
念に基づいて〉教えるかということを、自分なりに考えて
いく姿勢を養い、その結果を観察して改善していくような
成長を作り出していく」とする。また、横溝（2000: 6）も
岡崎・岡崎（1997）のこの記述を引用し、「教師の成長」
の議論を進める。

　岡崎・岡崎（1997）は多様化する日本語学習者を対象と
する日本語教師に求められる形として「自己研修型教師」
（p.14）を挙げるが、こうした姿には日本語教師に求めら
れる専門性が反映されていると思われる。以下は、岡崎・
岡崎（1997）が記述した自己研修型教師の特徴である。こ
こでは横溝（2000: 7）による分類に従い、三点を示す。

　　①他の人々が作成したシラバスや教授法をうのみにし、
　　　そのまま適用していくような受け身的な存在ではな

く、自分自身で自分の学習者に合った教材や教室活動を創造していく能動的な存在である（岡崎・岡崎1997: 15）。

②教師各自がこれまでの教授法や教材の持つ可能性を批判的に捉え直し、これまで無意識に作り上げてきた自分の言語教育観やそれに基づいた教授法やテクニックの問題点を、学習者との関わりの中で見直していくという作業を自らに課す（岡崎・岡崎1997: 15）。

③コースの中で自分は何を学習目標として取り上げているか、それをどのような方法で実行しているか、それはどの程度進んでいるかをコースが進行していく中で丹念に観察する。そしてその観察に基づいて問題がどこにあり、その改善のためにどのような方法があり、どのように目標を設定し直していくかを、「考え、実行に移し、結果を観察し、改善していく」という過程全体を担う（岡崎・岡崎1997: 15–16）。

　上記に挙げた自己研修型教師の特徴の中でも、「自分自身で自分の学習者に合った教材や教室活動を創造していく」、それらが持つ「可能性を批判的に捉え直す」、「自分の言語教育観やそれに基づいた教授法やテクニックの問題点を、学習者との関わりの中で見直していく」、そしてそれらをもとにして授業実践を「改善していく」ことこそが、岡崎・岡崎や横溝が求める日本語教師の専門性と言えるのではないだろうか。そしてそこで行われる「省察」とは、単なる「振り返り」ではなく、自身の言語教育観に基づき、自身の教育実践を批判的に熟考することであり、それは教育活動の持続的な改善を目指す行為であると考えられる。

　以上、経験に基づく学びを主張し、その経験を振り返り、思考することで、自身の経験が再構成され、将来の経験につながると提唱したデューイ、そしてその省察の考えから「行為の中の省察」に基づく「省察的実践家」という新しい専門家像を提唱したショーンを、省察を理論化したという点で紹介した。続けて、専門家としての教師を育成する教師教育者として、まず、「省察的実践家」の省察のプロセスのモデルを示し、専門家としての教師は省察を通して自身の経験から学び、問題を解決し、次の経験へとつなげていけるとしたコルトハーヘンを取り上げた。次に「省察的実践家」の概念を日本の教師教育に導入し、「省察的実践家」としての教師について議論した佐藤を紹介した。日本語教師教育においては、日本語教師が「自己研修型教師」である必要性を主張し、自身の授業実践を省察し、教育現場を取り巻く社会との関係性も考察しようとする岡崎・岡崎と、アクション・リサーチにおける省察の意義を主張する横溝について概観した。

　では、なぜ専門家としての教師に省察が重要なのか。省察とは何か、なぜ省察するのか。

　それは、専門家としての教師は自身の教育実践を批判的に見直し、改善していこうとする人であり、それは省察という営為を通してこそ実現されるからではないか。例えば、コルトハーヘンが示すALACTモデルに示されるように、教師は第2局面の「行為の振り返り」に続く第3の局面では「本質的な諸相への気づき」があり、続けて第4局面「行為の選択肢の拡大」、第5局面「試行」といった新たな経験へと進む。この第3、4、5局面を見据えるからこそ、第2局面で行われるのは単なる「振り返り」ではなく「本質的な諸相への気づき」に続くものであり、その先に

ある実践の改善を志向するものとなるのである。

　教師には、自分の力で省察をし、その省察を自分の次なる教育実践に反映させることが求められる。このように、教師が自身の教育実践を改善するためには省察は不可欠なものである。こうした省察の繰り返し、そして現場の改善を目指すことこそが日本語教師の専門性なのではないか。教師教育では、既存の教授法を鵜呑みにすることなく、自身の教育実践の文脈で起こる問題をいかに解決していくか、自分はどんな実践をしているのか、どのように実践の改善をするのかを不断に問い続ける専門性の涵養が目指されるのである。また、現職教師の場合は多様化しつつある学習者や学習者・日本語教育を取り巻く社会状況に適宜対応していくためには、それまで自身が無意識に作り上げてきた言語教育観や教授行動、対峙する学習者との関係性を見直し続けることが欠かせない。それこそが省察を必要とするのであり、その先に授業実践の改善の実現がある。専門家としての日本語教師とは、上記のような省察を行いながら主体的・自律的に教授活動を行っていける教師と言えるのではないだろうか。

　最後に、ショーンは省察とは実践の中で状況や自己との対話を繰り返しながら展開すると述べている。ショーンに影響を受けている岡崎・岡崎（1997）や横溝（2000）においてはこの対話という文言は記されていないが、他者と協働で進める教育実習やアクションリサーチについては記述しており、これらの活動における省察は対話を持って展開していると考えられる。例えば、岡崎・岡崎（1997）では、実習生同士授業観察をした後、さらなる授業改善を目指して批判やコメントを述べ合うと書かれている。また、横溝（2000）ではアクション・リサーチのトピックについて他者と話し合うことを通して、「考えていることの意識化」（p.115）が図られ、各参加者の問題点を認識できるよ

うになることが述べられている。これらの研究では、教師あるいは実習生自身の自己研鑽のために、対話を通した協働的な省察が行われ、教師の成長が図られている。

その後、省察は、省察自体への注目から、省察を促すための場づくりという視点に移っていった。教師教育や教師の研究会においては、講義型ではなく、ワークショップやラウンドテーブルなどの形式をとり、参加教師らが協働で省察するという機会も増えてきた。その中でも特に、池田・朱（2017）では、省察を教師の個人的な営みではなく、他者とともに継続的に行うべきものだと主張し、「学びを培う教師コミュニティ研究会」という会を立ち上げ、省察に特化した日本語教師の学び合いの場を具現化した。「学びを培う教師コミュニティ研究会」[4] によると、研究会では「実践を丁寧に語りながらふり返」り、「他の人の実践をじっくりと聴き、共に学ぶ」。それは、「実践を掘り起こしながら内容を探求し、その中での意味を跡づけて」いくこと、「他の人の実践をじっくりと聴き、共に学ぶ」こと、さらに「実践をベースにした学びを継続する中でコミュニティをつくり、他のコミュニティと繋がっていくこと」が目指されている。

続く第8章では、日本語教師らの省察を促すための場としてつくられた、「三位一体ワークショップ」を取り上げる。「三位一体ワークショップ」は6章で提案した「専門性の三位一体モデル」をツールとしてつくられたものである。ワークショップでは、「三位一体モデル」の特徴がどのように活かされ、どのように省察が行われるのかを検討する。

［1］この引用は『リフレクション入門』（一般社団法人学び続ける教育者
　　　　のための協会編著 2019）の「刊行によせて」でコルトハーヘンが述
　　　　べているものである。
　　　［2］注1と同様、この引用は『リフレクション入門』（一般社団法人学び
　　　　続ける教育者のための協会編著 2019）の「刊行によせて」でコルト
　　　　ハーヘンが述べているものである。
　　　［3］ここで書かれている「現職」とは「現職教師」のことを述べている。
　　　［4］「学びを培う教師コミュニティ研究会」HPは以下を参照のこと。
　　　　https://manabireflection.com/

参考文献　　池田広子・朱桂栄（2017）『実践のふり返りによる日本語教師教育―成人
　　　　学習論の視点から』鳳書房
　　　一般社団法人学び続ける教育者のための協会（編著）（2019）『リフレク
　　　　ション入門』学文社
　　　岡崎敏雄・岡崎眸（1990）『日本語教育におけるコミュニカティブ・アプ
　　　　ローチ』凡人社
　　　岡崎敏雄・岡崎眸（1997）『日本語教育の実習―理論と実践』アルク
　　　コルトハーヘン，F.（編著）（2010）『教師教育学―理論と実践をつなぐリ
　　　　アリスティック・アプローチ』（武田信子監訳、今泉友里・鈴木悠太・
　　　　山辺恵理子訳）学文社（Korthagen, F. A. (Ed.) (2001) *Linking Practice
　　　　and Theory: The Pedagogy of Realistic Teacher Education*. London:
　　　　Routledge.）
　　　佐藤学（1997）『教師というアポリア―反省的実践家へ』世識書房
　　　ショーン，ドナルド A.（2007）『省察的実践とは何か―プロフェッショナ
　　　　ルの行為と思考』（柳沢昌一・三輪健二監訳）鳳書房（Schön, D.
　　　　(1983) *The Reflective Practitioner: How Professionals Think in Action*.
　　　　New York: Basic Books.）
　　　牲川波都季（2019）「まとめに代えて―政策を動かす日本語教育のために」
　　　　牲川波都季（編）『日本語教育はどこへ向かうのか―移民時代の政策
　　　　を動かすために』pp.145–158.　くろしお出版
　　　デューイ，ジョン（2004）『経験と教育』（市村尚久訳）講談社（Dewey, J.
　　　　(1938) *Experience and Education*. New York: The Macmillan Company.）
　　　春原憲一郎・細川英雄・横溝紳一郎（2006）「鼎談「ひとを変えるという
　　　　こと・ひとが変わるということ」」春原憲一郎・横溝紳一郎（編著）
　　　　『日本語教師の成長と自己研修―新たな教師研修ストラテジーの可能
　　　　性をめざして』pp.327–390.　凡人社
　　　春原憲一郎・横溝紳一郎（編著）（2006）『日本語教師の成長と自己研修
　　　　―新たな教師研修ストラテジーの可能性をめざして』凡人社
　　　学びを培う教師コミュニティ研究会　https://manabireflection.com/（2020
　　　　年9月1日参照）

横溝紳一郎（2000）『日本語教師のためのアクション・リサーチ』凡人社
横溝紳一郎（2006）「教師の成長を支援するということ─自己教育力とア
　　クション・リサーチ」春原憲一郎・横溝紳一郎（編著）『日本語教師
　　の成長と自己研修─新たな教師研修ストラテジーの可能性をめざし
　　て』pp.44–67.　凡人社

第8章
「三位一体ワークショップ」の提案
省察を促す学びの場づくり

舘岡洋子・小畑美奈恵

1 | 「三位一体ワークショップ」による
「専門性の三位一体モデル」の再検討
「日本語教師の仕事を考えるワークショップ」の実施をとおして

　　第7章では、省察をするとはどういうことか、教師にと
ってなぜ省察が必要なのかを検討した。検討の中では、省
察は他者との対話の中で行われ自ら気づきを得ていくもの
であることがわかった。さらに、日本語教師教育における
省察に関する議論は、省察自体への注目から、省察を促す
ための場づくりへと変容していることもわかった。

　　ここで、教師の省察を促すための場づくりの例を挙げ
る。第7章で取り上げた「学びを培う教師コミュニティ研
究会」は、日本語教師に省察を促すことをめざした場であ
る。他にも、言語教育に関わる教師たちが対等な立場で学
び合うことをめざした場として「実践持ち寄り会」が挙げ
られる。文野（2014）によると、「実践持ち寄り会」では、
教師が自身の「実践のありのまま」を持ち寄り、それをも
とに参加者間で対話を行う。実践を媒介として参加教師間
で自律的に省察が行われることが期待されている。また、
教師教育において教師らに省察を促すことをめざした場と
して「ティーチング・ポートフォリオ研究会」が挙げられ
る。ティーチング・ポートフォリオは、アメリカでは「教
育業績の可視化」に主眼が置かれ、「教育業績の評価資料
として」広く用いられているが、日本では「教育の改善」

の方法として発展しているという。「ティーチング・ポートフォリオ研究会」では、ティーチング・ポートフォリオの簡易版として開発された「TPチャート」というツールが使われている。栗田ほか（2018: 14）によると、TPチャートは、「日々の教育実践において感じる悩みや課題」が教師「自身のふり返りを通じて整理・解決に向かったり、自分らしい教師としてのあり方」を教師「自身で見出」したりすることを目的としている。近年、このように教師の省察を促すための場づくりが次々とつくられている。

　本章では、第6章で提案した「専門性の三位一体モデル」をツールとし、省察を促すための場としてつくられた「三位一体ワークショップ」を取り上げる。その上で、「専門性の三位一体モデル」について再検討を加え、ワークショップの可能性を考える。

1.1　「三位一体ワークショップ」の概要

　バンコクで開催された「タイ国日本語教育研究会月例会」[1]で日本語教師を対象に「日本語教師の仕事を考えるワークショップ」と題して、2時間半の「三位一体ワークショップ」を実施した。参加者は現職日本語教師16名（全員、日本語母語話者）で、うち大学教員10名、中等教員3名、個人教授3名であった。教師経験は3か月から10年以上まで多岐にわたった。

　大学教員同士などフィールドが近い者同士で3人×4組、4人×1組のグループを編成し、表1のような流れで実施した。

　具体的な流れは以下のとおりである。

　①趣旨説明：まず「専門性の三位一体モデル」とは何か、なぜこのようなモデルを提案するのかについて説明し、その上で、ワークショップの趣旨を説明した。趣旨は、自身が取り組んでいる日本語教師の仕事について三位

表1　日本語教師の仕事を考えるワークショップ

開始時刻	所要時間	活動形態	活動内容
1:30	10分	全体	①趣旨説明　手順説明
1:40	20分	1人	②ワークシート記入 （1人2枚）
2:00	45分	3人	③タテを語る
2:45	10分	休憩	
2:55	20分	3人	④ヨコを語る
3:15	25分	3人	⑤グループ内共有
3:40	20分	全体	⑥全体共有 アンケート実施

一体モデルを使って可視化し、他の日本語教師とそれを共有しつつ対話をすることによって、自身が日本語教師として何をめざし、どんな仕事をしているのかを振り返り、気づきを得ることを目的としている。

　②ワークシート記入：各自、今までに関わった2つの異なったフィールドを選び、その2つについて、各フィールド1枚、計2枚のワークシートに記入をした。ワークシートはA3の用紙に三位一体モデルの枠を印刷したものである（図1参照）。

　③タテを語る：タテとは三位一体モデルの理念、方法、フィールドの3点をタテに見ることを指す。グループ内で、各自2枚の異なったフィールドのワークシートそれぞれについて、「どんな理念」を「どんなフィールド」で「どのような方法」で実現しようとしたのかを説明し、さらに三位一体の関係（タテ）について語り、3人または4人で互いに適宜質問をしながら進めた。

　④ヨコを語る[2]：ヨコとは異なったフィールドの2枚のシートについて、理念同士、方法同士、フィールド同士とヨコに見ることを指す。同じグループで、今度は異なったフィールドを比べ両者の異同（ヨコ）に着目した。かつてのフィールドと現在のフィールドで、フィールド自体の違

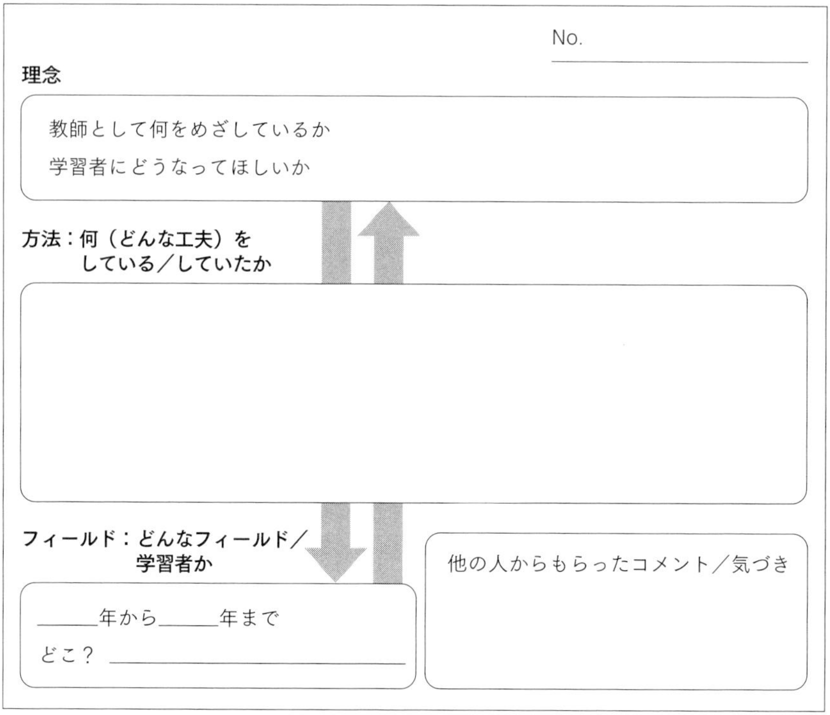

図1 「専門性の三位一体モデル」のワークシート

いや教師自身の変化から、異なっている点や変化しない点について語った。また、2つのフィールドに時間差がある場合、「今の自分が前のフィールドに戻ったら同じことをするか」という点にも触れた。

　⑤グループ内共有：タテとヨコの話し合いをふまえて、グループ内の3人または4人で互いに質問をしたり、気づいたことを共有したりした。

　⑥全体共有：筆者がファシリテーターとなり、参加者全員で意見や感想を交換した。最後にアンケートに答えてもらった。

1.2 考察——「三位一体ワークショップ」における理念とは

ワークショップ実施後のアンケートに記載されたのは以下のとおりである。

---

①「理念」「方法」「フィールド」の3部分の構成について
・3つの点が示され、整理がしやすかった。
・経験をアウトプットすることの重要性を感じた。
・自分自身の理念とは少し離れた方法をしていたことがあり、気づきがあった。
・「日本語を教える」だけではない部分がたくさんあることを実感した。
・今後も自己の振り返りに使いたい。
・根底の理念はたぶん同じだが、フィールドが変われば理念は変わる。
・フィールド→方法→理念の順に書いたが、ふだん突き詰めないのでよい機会になった。
・気づきがあった。自分の中の学習者像が変わっていると思っていたが、結局は変わっていないのかなと思った。と共に、自分のビリーフのようなものも変わっていないような気がした。
・多くの教師がそれぞれのフィールドで活動していて自分とは異なっているが、活動の理念は共通する部分があるかもしれない。

---

②三者の各部分について
・理念：考えたこともなかった／経験が浅いからか、書きにくかった／変わっていると思っていたが、実は変わっていないような気がした／理念には階層があるのではないか／理念の根本的な部分は変わらず、しかしより明確になってきている／フィールドが変わったことでめざすものが変わったと思っていたが、変わらない部分もあり、それがずっと持ち続ける理念になるかもしれないと思った／理念についてもっと話したり聞いたりしたかった／自分が自覚していない理念に気づくことがおもしろかった／メンバーの質問に答えているうちに自分が生きていく上で大切にしたいことが理念なのかなと気づいた。それは、コミュニケーションは対等な関係から生まれるということ／日本語教師になりたてのころと現在との理念の変化は何がきっかけだったのか、あらためて考え直す機会になった／自分の理念についてあらためて考える機会になった。
・方法：「やりたいこと」と「やっていること」に分けて整理するともっと考えがわかる／理念やフィールドに比べて十分に話し合えなかったが、今後どんな方法をとるかなど話し合いたかった。
・フィールド：前のフィールドの経験が今に生かされていることがわかった。

---

③全体をとおして
・話すことで気づきがあった（2件）／話すことで自分のことがわかった／もっと時間をかけたかった。
・教師から学習者に提供できることには限りがある。教師は教える人なのか考えた。

三位一体モデルをツールとしてワークショップを実施したところ、ワークショップの対話の中では、とくに理念に関していくつかの重要な議論があった。上記のアンケートでも、ふだん理念は自覚していなかったり、考えたことがなかったりする人がいる一方、自分の理念は変わらないと思っている人もいる。ここでは、理念について3つの点から考察する。

　1点目は、ワークショップ最後の全体共有のさいに挙がった「理念は変化するものか、普遍的なものか」という議論である。フィールドが異なることによって、そこで必要なものは異なり、日本語教師の理念も異なるのではないかという意見が出た。例えば、受験のためにN2合格をめざしている学習者と仕事のためにコミュニケーション能力の向上をめざしている学習者とでは、支援する日本語教師の理念も異なったものになるということであった。一方、フィールドが異なっても日本語教師としての自分の理念は同じだという意見もあった。フィールドに合わせて理念を変える教師と理念が変わらない教師とどちらが専門性が高いのかといったやりとりがあった。

　このような議論の中で、理念という抽象的なものの中身をどのようにとらえていたかが人によって異なっていた可能性がある。そもそも理念とは何か。N2合格をめざしている学習者に教えているある教師は、学習者がN2合格を果たせることが教師である自分の理念であるという。そのために方法としては、日本語能力試験のチェックテストをしたり学習者に合った例文を示したりしているという。しかし、理念とは、どのような日本語教育をするのかといった教師の日本語教育観であり、生き方にもつながったものであるとすると、フィールドによって理念が変わるわけではなかろう。大きな意味での理念を持ちつつフィールドに合わせてどう進めるかを考えるのは、理念というよりも、理

念を進めるための方針と考えた方がよいのではないか[3]。先の例でいえば、学習者がN2に合格できることを方針として、日本語能力試験のチェックテストという方法を用いている。より上層の理念については不明だが、方法と方針は直結している。理念は階層化されたものであり、より上層のものはより抽象的であり、より下層のものは方法への橋渡しとなる方針を含んでいると考えてはどうだろうか。その場合、フィールドによって理念は変わるわけではないが、方針は変わると考えられる。

　本モデルで主張したいのは、いろいろな教育方法はフィールドに貼り付いたもの、つまりフィールドごとに決まったものではなく、理念とフィールドとの間につくられるものだということである。そう考えるとひとりの人が同時に複数のフィールドを掛け持ちしている場合、フィールドごとに理念があるのではなく、理念はフィールドが変わっても基本的にはその人の中では同じものではないだろうか。アンケートの中にも、「フィールドが変わったことでめざすものが変わったと思っていたが、変わらない部分もあり、それがずっと持ち続ける理念になるかもしれないと思った」という回答があった。

　しかし、だからといって理念はずっと変わらないというものではない。あるフィールドでの経験から自分の今までの理念に見直しがかかるということもある。つまり、理念はフィールドごとに切り替えるというよりフィールドからの影響を受け変化しつつも、そのときの理念としての一貫性があるものであると考える。

　むしろ重要なのは、理念と方法とフィールドのタテの一貫性である。フィールドに合わない方法を用いていないか、自分の理念と方法は一致しているのか、たえざる省察が必要となる。多くの場合、フィールドと方法の整合性は考えても、理念を含む三者の一貫性は意識されていないの

ではないか。

　2点目は理念をめぐることばの定義に関するものである。あるグループでは、理念として「楽しい授業を展開したい」ということがグループ内で共通のものとして語られていた。ある教師は「楽しい授業をめざす」という理念を実現するために、「気づいたらわかるようになっていたと生徒に感じてもらいたいので、ゲームをペアやグループでやってもらったり、歌を歌ってもらったりしている」と方法を説明する。この場合の「楽しい授業」は理念というよりは先に述べた方針かもしれない。一方、別の教師は「学ぶことの楽しさを実感してもらう」という理念の実現のために「発見による学びをどう起こすか。文法や会話や作文など全ての授業で教え方を工夫した」という。「楽しい授業」とは何か。対話を重ねる中で見えてきたのは、ゲームのような活動による楽しさだったり、わかったという経験からくる楽しさだったり、「楽しい授業」へのまちまちのとらえ方であった。対話の中では、一つひとつのことばの使い方に留意し、丁寧に重ね合わせをしたり具体的な中身を話し合ったりして、互いのズレを可視化し確認し、それはどこから生まれているのかを問うていく作業を重ねていかないと議論がすれ違ってしまう。理念という抽象的なものについて語り合うときは、なおのことである。三位一体の3つの要素は、これをもとに自分の考え方を整理したり、対話をしたりするための枠組みにすぎず、対話のあり方こそが重要であろう。

　3点目は、理念とは「日本語教師」自身の生き方とつながっているということである。ある教師は、「最初に考えた理念と、途中でグループメンバーからの質問に答えたり、メンバーの気づきを聞いたりしているうちに、自分が個人的に生きていく上で大切にしたいこと、それが理念なのかなと気づきました。それは、コミュニケーションは対

等な関係から生まれるということです。対等でない関係の中では、自分の言いたいことも正直に言えないからです。何を行う上でも大切にしているんだと気づきました」という。つまり、日本語教師としての理念を考えているうちに、それは「自分が個人的に生きていく上で大切にしたいこと」とつながっていることに気づいたという。「だから、日本語教師の仕事は、いかにコミュニケーションが生まれやすい場、対等な関係性がつくれるか。いろいろな工夫をしていきたいと思う」という。ここでは、教師の個人の生き方と日本語教師としてのあり方が一体化していることがみてとれる。

　そもそも本ワークショップでは、参加者が各自のフィールドがどんなフィールドで、そこでどんな実践をしたのかを語り、情報交換をすることが第1の目的ではない。他者との対話により省察を深め、自身の理念と方法とフィールドとが一貫性を持って連動しているのか、自らが実現したいと思っていることと実際にやっていることにはズレがないのか、あるいはやっていることはフィールドに合っているのかを見ることであった。それは、三者に一貫性があることを専門性の枠組みととらえているからである。本ワークショップでは、三位一体モデルという枠組みとそれを可視化するツールとしてのワークシートを使うことによって、参加者各人の理念・方法・フィールドの一貫性に対する省察を促進する場を形成することができたのではないだろうか。そして、自身の理念を問い直すことは、「日本語教師である自分」の生き方やアイデンティティの確認につながっていくことが示された。

2 ｜「三位一体ワークショップ」の意義

　「専門性の三位一体モデル」をツールとして実施した

「三位一体ワークショップ」には、どのような意義があるであろうか。以下、考察する。

2.1　実践の言語化

　　本ワークショップでは、聞き手がいることおよび聞き手が質問してくれることが省察を促進することが明らかになった。自分とは全く異なったフィールドや背景の教師に自分のやっていることを説明すること、その背後にあるモヤモヤとした理念を言語化することは、たやすいことではない。実践が置かれている文脈を含めて自分自身に問いつつ、丁寧に説明しなければならない。この言語化の過程自体が気づきの過程となる。また、他者からは「なぜそれをするのか」と自分とは異なった視点からの質問がくる。そこであらためて自身の持つ無意識の前提に気がつく。

　　こうして聞き手がいること、それも日本語教師同士という部分的にでも共有可能な聞き手がいることで言語化は少しずつ実現し、省察の機会となりうる。

2.2　理念・方法・フィールドの可視化

　　上記のような対話により学ぶ場を成立させるには、自身の理念・方法・フィールドを自分のためにも、他者に示すためにも見える形にする必要がある。つまり可視化が重要である。専門性の三位一体モデルをワークシートとして使うことは可視化のツールになりうる。まず、シート作成のプロセスで自分と向き合い、それをことばにして書いてみる。次に書いたものを他者に説明することでさらに気づきを得る。また、他者からはシートに書かれたものに問いが投げかけられる。つまり、モデルをツールとすることで、対話の枠組みが示され、その枠組みにそって話し合うことができる共有のためのツールとなるのである。

2.3　日本語教師同士の他者理解

　本ワークショップでは、教師間の対話により互いの実践やフィールドへの理解を深めることになった。アンケートでも教師たちは互いに「それぞれのフィールドで活動していて自分とは異なっているが、活動の理念は共通する部分があるかもしれない」といった他者への理解を示している。互いの実践を語り合う場は、教師たちにとってエンパワーし合う場となっている。互いへの理解を深め、関係性を構築していくことで、ワークショップの場における議論がより深まると考えられる。

3 ｜「三位一体ワークショップ」の可能性

　本章では、専門性の三位一体モデルを使って実施したワークショップについて報告し、その上で三位一体モデルの再検討を行い、第2節でワークショップの意義として、①実践の言語化、②理念・方法・フィールドの可視化、③日本語教師同士の他者理解を挙げた。そこであらためて明らかになったのは、「専門性の三位一体モデル」は外から規定される専門性ではなく、日本語教師自身が省察によって自ら構成していく動態的な専門性をとらえる枠組みだということである。この枠組みを使って他者と対話をすることにより、教師である自分が何をめざしているのかに自覚的になり、外から規定されるのではなく教師自身が自分の専門性を構成し続けることに貢献できるという点に「専門性の三位一体モデル」の可能性があるではないかと考える。以下、このことについてもう少し説明する。

　教師たちが学び合うために集まり、それぞれの実践を語り合うことは、他者の語りをとおして自己の実践やあり方を見直す機会となりうる。これはさまざまな学び合いの場に共通するものであろう。その上で「三位一体ワークショ

ップ」においてさらに特徴的なのは、日本語教師自身の理念＝日本語教育観を問うているところにある。前にも述べたようにフィールドと方法とは多くの実践において、分かちがたく結びついている。しかし、そこで用いられる方法は、実は日本語教師自身の理念をフィールドにおいて具現化したものに他ならない。もちろん、現実には多くの制約があり、理念をそのままフィールドで実現できるわけではない。一方、ワークショップの結果でも見たように、理念を自覚していない場合も少なくない。しかし、教師が自身の理念にたとえ無自覚であったとしても、実践の中ではこの暗黙の理念に基づいて判断を下している。三位一体ワークショップは、その理念を明示的にとらえる試みとなりうるのである。日本語教師自身が自分のフィールドで何をするのか、その方法は適切であるか、自身の理念とフィールドの特徴との関係から自分自身が判断する。そして、自分の日本語教育観をあらためて問い直す。このことは外から判断されたり規定されたりする専門性とは異なり、教師自身のアイデンティティの確認をしつつ、省察をとおして主体的に自分の実践を編成していくことである。

「専門性の三位一体モデル」における省察がめざすものは、教師自身が日本語教師であることはどういうことなのか、と日本語教師としての存在の意味を問い、「ひとりの日本語教師のキャリアや生き方としての日本語教師」（第6章第4節、参照）について考えることである。つまり、日本語教師であり続けるということは、自分は日本語教師としてどうありたいか、という日本語教師としてのアイデンティティを自ら構成していくことである。

そして、このことは教師としての自己評価でもある。上司や組織にむけて評価をするのではなく、自らを日本語教師として規定して、「日本語教師である自分は、今、何をしているのか、これから何をするのかを考える」というこ

とになる。これは、自ら行う評価だからといって外から規定される能力基準を無視するということではない。能力基準のようなものもまた自身の専門性を構成するさいに参照すべき「参照枠」（第1章参照）である。

　すでに述べたように、日本語教師の専門性とは、自身の日本語教育観（理念）を明確にしつつ、自身の関わるフィールドがどんなフィールドなのかを適切に評価し、理念とフィールドの間で適切な方法を編成していくことである。この中で三者の一貫性や三者それぞれがどのように関連し合って動いているのか、さらに実際の事例を見ながら検討を重ねることが必要である。第4部ではそれぞれの「日本語教師」たちがどんなフィールドで自身のどんな理念をどんな方法で実現しているのか、多様な事例を見ながら三者の関係を具体的に見ていくこととする。

注

[1] タイ国日本語教育研究会第249回月例会にて実施。研究会については、以下を参照のこと。
https://thainihongo.wixsite.com/ajlet（2020年8月30日参照）
[2] 本ワークショップでは、複数のフィールド間を移動する日本語教師をとらえて「ヨコを語る」ということを行った。しかし、ワークショップにかける時間によっては、「タテを語る」だけでも可能である。バンコクで開催した本ワークショップの参加者たちは、移動を重ねて現在のフィールドにいる教師が多かったため、ヨコを語ってもらった。日本語教師の場合は海外に限らず、フィールド間の移動を経験している者が多く、移動によっていくつもの問い直しが起きうる。また、日本語教師という仕事の多くが非常勤という勤務形態で行われている現状では、一人の教師が同時に複数のフィールドを担当していることも多い。ヨコを語ることにより、自身の理念はフィールドごとに変わるのかどうか、フィールドが変わっても同じだと思える理念は何かということを考えることができるためヨコを語る意義は大きい。
[3] 理念についてはワークショップを何回か開くうちに階層化されていると考えるようになった。その後、TPチャート作成ワークショップに参加したときに理念の下の層として「方針」という枠を設けていることを知った。「専門性の三位一体モデル」の理念も階層化されている

とすると層の下の方、あるいは、方法と理念の間に「方針」が位置することになる。

参考文献　栗田佳代子・吉田塁・大野智久（編）（2018）『教師のための「なりたい教師」になれる本！─TPチャートでクラスも授業改善もうまくいく！』学陽書房

ティーチング・ポートフォリオ研究会　Association for Teaching Portfolio http://a4tp.info/about/（2020年8月14日参照）

文野峯子（2014）「実践持ち寄り会で共有されるもの・こと」『言語教育実践　イマ×ココ』2, pp.13-18.　ココ出版

学びを培う教師コミュニティ研究会　https://manabireflection.com/（2020年7月5日参照）

コラム　座談会 **3**
自分の実践を振り返る

余

日本語教師になるには養成課程など学ぶ場がありますが、日本語教師になった後は、どうしているのでしょうか。自分の成長のためになさっていることはありますか。

大塚

研修ではいろいろ学べますよね。でも、私、研修に参加しても、現場で自分が何かできるのかよくわからないというか、一人ぼっちというか。なんか一人で頑張っているなあと思うことがよくあります。

清水

私も研修はその場限りっていうこと、よくありますよ。その研修で習った内容を現場で他の先生と一緒にやろうと提案すると、「そんなのめんどくさい……」とか言われて実践できないことが結構あるしね。あと、研修で聞いた話が自分の現場では無理っていうこともよくあるなあ。

森田

「授業のやり方教えます」みたいな研修ありますよね。参加したらとても勉強になるんだけど、いろいろありすぎて。これもやらなきゃ、あれもやらなきゃで、自分も消化しきれないうちに、また新しいやり方が出てきて、どんどん追いかけられているような感じで、疲れる。

松尾

わかります。新しい方法は知りたいんですけど、終わりがないというか。

大塚

私の教えている学校にほとんど研修に行かない先生がいて、その先生が「自分にとっては授業こそが研修で、学びの場だ」と言っていましたね。いろんな現場でいろんな学

生を相手に授業をすること、それが自分にとって一つの研修なんだって。「あー、そういう考え方もあるんだなあ」って思いましたね。

森田

でも、そういうことを一人でやるのって、ちょっと辛いよね。自分だけでは気づかないことや考えつかないこともあるだろうし。

坂本

私、最近オンラインの研修によく参加していますけど、オンラインだったら、好きな時間に好きな人たちと一つのテーマをゆっくり考えられるというのがあるからいいですよ。でも、オンラインだと参加しているのが同じ職場ではない人がほとんどで……。やっぱり同じ職場じゃないとわかり合えないときがあるんですよね。

清水

ええっ、そうなんですか？　どこの職場でも同じような問題を抱えているのかと思っていました。

坂本

現場によって問題は違いますよ。同じ職場だったら、現場の状況がみんなわかっているから、もっと具体的に話し合えると思うんです。

大塚

今坂本さんが言った通り、勉強会、学び合いの場みたいなものを現場で作るのって、いいですよね。私も勉強会をよくやるんですけど、でも、それだけじゃだめだと思うんです。

坂本

それだけじゃだめって？

大塚

つまり、自分の知っていることを持ち合って学び合うだけじゃなくて、お互いの問題とか実践を語り合うことで、自分がどんな実践をしたいのか考えることが、実は一番大切なんじゃないかなあ。清水さんが、「これでいいの？ 私は何がしたいの？ 今何ができるの？」って考えることが、今、日本語教師には必要なのかなって言っていたけど（座談会1 p.38参照）、自分が実践でしたいことと、現場でできることをどう結びつけるか、それを考えることがすごく大切だと思うんです。

清水

うん。普段あんまり考えないけど、意識してみたら、なんか新しい発見がありそう。

森田

今度そういうテーマで話しませんか？

余

自分のやりたいことや実践したいことをもう一度見直すということですね。ぜひやりましょう。

第4部
実践編

第3部までで「日本語教師の専門性」をどのように捉えるかといった議論をしてきた。その中で、フィールドごとに決まった固定的な方法があり、それを適切に運用できることが専門性であるという捉え方の限界を指摘した。そして、どんなフィールドなのかを実践者が評価し、自らの言語教育観にもとづき、そのフィールドにあった方法を動態的に編み出せることこそ専門性といえるのではないか、ということを主張した。第4部では、その考えにもとづき、日本語教師たちが各自の言語教育観にもとづき、多様なフィールドでどのような実践を展開したのかを自ら検討することによって、それぞれが日本語教師の専門性をどのように考えているかを述べることとする。

第9章から第11章までは学校や教室における教師同士の対話による実践が描かれる。第9章では、日本語学校の同僚教師同士が互いの言語教育観が異なる中で対話を重ね、相手の言語教育観と同時に自身の言語教育観を明確にしていく。

第10章では、新人のノン・ネイティブ教師とベテランのネイティブ教師が対話を通して、お互いの言語教育観の違いを越えて学び合うことができたピア・カンファレンスの経験について述べる。

第11章では、大学の日本語教員と日本語教育以外の専門領域を持つ一般教員が留学生指導のあり方をめぐって語り合う。そこで

は、一般教員の省察に対し日本語教員による促しが大きな意味と可能性を持つことが見出される。

第12章から第15章までは、学校や教室にかぎらない多様なフィールドでの日本語教師たちの実践が語られる。

第12章は、自己と日本語とをつなぐ「キャリア日本語教育」の理念にもとづき就職活動中の大学生を対象に行った実践事例を紹介し、対話を通して自己構成と日本語の学びとが一体的に促進されることを示す。

第13章は、外国人材と日本社会をつなぐ日本語ビジネスコミュニケーションにおいて、外国人材と日本人材がともによりよい関係を築き共生していくには、双方向的学びが必要であり、外国人材と同様に日本人材も学ぶべきことを主張する。

第14章は、タイにおける日系企業の事例から、日本語教師の越境的学習について検討する。日本語教師は日本語を教えるだけでなく、他部署に越境して学びを得ると同時に他部署への変化ももたらしていることを述べる。

第15章は、地域住民たちと筆者らが外国人材受け入れを考えるために一緒に企画、実施したワークショップの報告である。地域に関わる日本語教師は、日本語教室などの設置以前に、外国人材とどのように地域を作っていくかという町のビジョンを描く段階から関わるべきであることを主張する。

第9章
対立したまま理解すること
言語教育観の異なる同僚日本語教師との対話

倉数綾子

1 問題意識

　　本章では異なる言語教育観を持った、日本語学校の同僚教師との対話を通じて教師たちが自分自身の言語教育観を自覚していくプロセスを取り上げる。

　　舘岡（2019）は日本語教師の専門性として、教師が明確な教育理念、日本語教育観を持ちつつ、固有のフィールドに応じた教育の方法を実現していくことを提唱している。「自身の目指す日本語教育観を軸として自らの経験やもてる力を総動員して、フィールドに合った日本語教育実践を編成し、必要に応じてフィールドそのものを変えていく力が必要となってくる」（p.170）とする。この「軸」とすべき「自身の目指す日本語教育観」とはどのようなものか。細川（2002）は、教師が「固有の教育観を持たなければ教育ははじまらない」（p.282）と述べる。教師が言語観、教育観を明確に自覚し、何のためにその実践を行うのかを考えなければ、目的がない方法で教室実践を進めてしまうことになる。

　　筆者（教師歴6年）は日本語学校に非常勤講師として勤め、自身の日々の授業の問題を話したり考えたりする時間もないまま、授業を効率的に数多くこなすことが評価される教師環境に疑問と不安を感じていた。このような環境においても教師が抱えている問題を共有する場、そこから自

らの言語教育を考える場が必要ではないか。筆者はこのように考え、同僚教師と自身の問題を共有する場、言語教育観を考える対話の場を作ろうと考えた。

　筆者は筆者が勤めるＡ日本語学校（都内にある法務省告示校、留学生・多国籍クラスを持つ）の同僚教師である森田先生に対話を依頼した。森田先生は日本語教師歴７年の非常勤講師である。筆者と森田先生はともに日本語教師養成講座を受け、日本語教育能力検定試験のために学んだ仲間である。その後Ａ日本語学校に勤務し、チームティーチングで同じクラスを担当した。筆者が森田先生を対話相手として選んだ一番の理由は、Ｙ先生という教師から森田先生とのやりとりを聞いたことがきっかけである。Ｙ先生は、Ａ日本語学校のベテラン講師であり、筆者と同じく、学習者が教室でともに考え学び合う対話型授業を目指していた。Ｙ先生は森田先生との何気ない会話の中でＹ先生自身の授業の進め方を話したという。それは学生に既習文法の説明をグループやペアで調べさせ、発表させるという活動であった。Ｙ先生は森田先生から「それは教師としての仕事を果たしていないんじゃないか」と言われたという。Ｙ先生はその場で自身の教室活動の目的を説明したそうだが、森田先生には理解されなかったという。筆者はこの話が記憶に残り、森田先生は教師の仕事は言語知識（語彙・文法）を説明することだと考え、言語知識を説明しない教師を否定的に捉えていると理解した。同じ養成講座を経て同じ学校に勤めながら、筆者とは全く違う言語教育観を持つ森田先生の考えを筆者は知りたいと思った。同時に教師が説明することを中心にしない筆者の授業を森田先生に否定されたくない、そのために筆者の言語教育観も理解してもらいたいと考えたのである。

　ガーゲン（2004/1999）は、社会のいたるところに「他者性」が潜んでいるとし、不和や対立に向かうことは避け

られないと指摘する。そして「対立の基盤が、対話を通して現れてくるならば、対話こそが、対立に満ちた現実を扱う最も有効な手段となるはず」（p.221）と述べ、対話から対立が生まれる時、その対立を解消できるものも対話である可能性を示唆する。

　異なる言語教育観を持つ教師との対話はどのようなプロセスを辿るのか。次節ではこの対話の実践例を取り上げ、言語教育観の対立に焦点を当てて分析する。

2 ｜ 実践例

　本節では、筆者が勤めていたＡ日本語学校の同僚日本語教師との対話をデータとして取り上げる。

2.1　実践の概要

　筆者（教師歴6年）は2019年4月から7月にかけて複数回、同僚教師の森田先生（仮名、教師歴7年）と対話を行った。各対話の後には対話でどのようなことを考えたのか各自ふり返り、記述したものを共有した。下記に本実践の概要を表1に示す。

2.2　対話の場のデザイン

　筆者は、協力者の言語教育観を知り理解するため、授業で問題と感じていることは何か質問した。また、どうしてそのように考えたのかを詳細に聞いていった。協力者の個人的な体験など豊かな語りが見えた場合は存分に語ってもらえるよう配慮した。協力者の語りを引き出す一方、その語りに対する筆者の考えも根拠とともに徐々に伝えていき、お互いがそれぞれの言語教育観とその背景を理解し合うことを目指して対話を進めた。

表1　実践の概要

回数	実施日	時間	筆者からの質問	対話の場で生成された話題
対話1	2019年 4月15日	175分	1. 教師経験における転機 2. 自分自身の課題	・筆者の目指す授業、やりたい授業 ・森田先生の「活動」授業に対する疑問
対話2	2019年 4月27日	143分	1. 目指している、やりたい授業 2. 学生に望むこと、日本語学習をすることで何を学生に実現してほしいか	・不まじめ学生に対する森田先生自身の態度の内省 ・日本語学校の日本語教育は何を目指しているか ・ことばの学びの楽しさ
対話3	2019年 5月24日	154分	1. 各自の共通の課題である口頭表現の授業デザイン 2. 「総合日本語」授業は何を目指すか	・発音授業の目指すところ ・現場の問題：学生について（発達障害、ゲーム依存） ・森田先生が「不まじめ学生」を叱責した出来事
対話4	2019年 6月24日	179分	1. キムヨンナム (2014) [1]「「日本人のような自然な日本語」という虚像について」意見交換 2. 自身の目指す日本語教育 3. 前回の考えの違いを再検討。有田（2016）[2] の教師像の葛藤リストを参照し意見交換	・学生の学習の捉え方 ・A日本語学校の日本語教育の目指すところは何か、授業カリキュラム ・理想とする日本語学校 ・パワーポイント作成指導は日本語教育か
対話5	2019年 7月25日	104分	1. 会や対話を踏まえて自身の目指す授業、日本語教育は？ 2. 会をふり返って考えたこと	・聴解、読解、文法、会話授業別の教師の役割 ・教師の学生への関わり方

2.3　分析方法

　　分析はメリアム（2004: 260–288）を参考に、以下のような手順を踏んだ。対話1～対話5の音声データを全て文字化し、スクリプトを作成、内容を分類し、くり返し主張し合っているテーマに着目した。テーマを分類して解釈を加え抽象化しカテゴリー化した。このカテゴリーを時系列に並べ、対立の内容と変化、変化を促進した要因を考察し、解釈を加えた。

3 | 分析・考察

　　本節では森田先生と筆者の対話はどのように変化してい
ったのかを言語教育観の対立に焦点を当てて考察する。

3.1　言語教育観の認識変化

　　下記の図1は、森田先生の言語教育観をめぐる葛藤の変
化に対する筆者の認識の変化を示したものである。

　　森田先生の葛藤のキーワードを《　　》、筆者の認識のキ
ーワードを〈　　〉で示し、比較しながら対話での認識の変
容を示す。

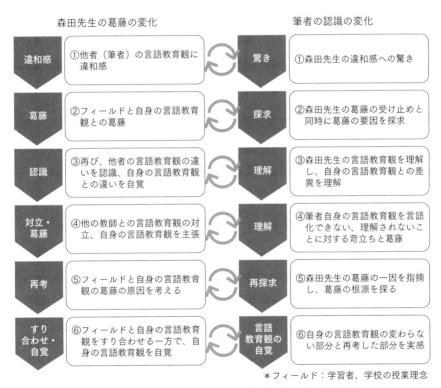

森田先生の葛藤の変化　　　　　　　　筆者の認識の変化

違和感	①他者（筆者）の言語教育観に違和感	驚き	①森田先生の違和感への驚き
葛藤	②フィールドと自身の言語教育観との葛藤	探求	②森田先生の葛藤の受け止めと同時に葛藤の要因を探求
認識	③再び、他者の言語教育観の違いを認識、自身の言語教育観との違いを自覚	理解	③森田先生の言語教育観を理解し、自身の言語教育観との差異を理解
対立・葛藤	④他の教師との言語教育観の対立、自身の言語教育観を主張	理解	④筆者自身の言語教育観を言語化できない、理解されないことに対する苛立ちと葛藤
再考	⑤フィールドと自身の言語教育観の葛藤の原因を考える	再探求	⑤森田先生の葛藤の一因を指摘し、葛藤の根源を探る
すり合わせ・自覚	⑥フィールドと自身の言語教育観をすり合わせる一方で、自身の言語教育観を自覚	言語教育観の自覚	⑥自身の言語教育観の変わらない部分と再考した部分を実感

＊フィールド：学習者、学校の授業理念

図1　森田先生の言語教育観をめぐる葛藤の変化と筆者の認識変化

最初に森田先生が筆者との言語教育観の違いを意識する
きっかけとなったのは、筆者のやりたい授業、目指してい
る授業に対する《違和感》であった。この森田先生が持っ
た《違和感》に対して筆者は〈驚き〉、互いの言語教育観
の違いを認識した。この違和感から、学校の授業カリキュ
ラムに対する《違和感》へと論点を移し、そこで自身の言
語教育観と授業カリキュラムのズレによる《葛藤》が語ら
れた。そして、再び筆者のやりたい授業への《違和感》を
取り上げたことで、森田先生は筆者との言語教育観の違い
を《認識》し、筆者も森田先生の考えの背景を聞き〈理
解〉したのである。互いに言語教育観の背景を理解はした
ものの、現状の授業カリキュラムや学習者に対しては、ま
た互いの主張がくり返された。これによって森田先生と筆
者の主張は《対立》し、森田先生の《葛藤》は深まった。
この葛藤は森田先生が学校の授業カリキュラムに対する疑
問を表出した際、筆者が授業カリキュラムの活動型授業を
支持する考えを表明したことが原因であった。また、筆者
は筆者で森田先生に対して自分の言語教育観がうまく言語
化できない、認めてもらえないという〈苛立ちと葛藤〉が
募っていった。一方で筆者は森田先生の《葛藤》の要因を
〈再探求〉しながらやりとりを続けた。その結果、森田先
生に別の視点が提示され、《再考》が促された。そして固
執した主張の中から現状を考え、互いの言語教育観や授業
カリキュラムへの《すり合わせ》もなされた。このように
異なる言語教育観を持つ教師が対話の中で対立し、揺さぶ
られることを経て、最後には双方が「自分が目指す日本語
教育はやはりこれだ」と言語教育観をより強く《意識化》
し、〈自覚〉に至ったのである。続く3.2〜3.4では言語
教育観の対立したやりとりとその変化を考察していく。

第4部　実践編

3.2 互いの言語教育観への違和感

　本項では対話1において、森田先生が最初に筆者の言語教育観の違いを認識した対話を取り上げる。

　筆者は、学生があるテーマについて考え、その考えを自己発信し、対話を通して検討し理解を深め合うことがことばの学びであるという言語教育観を持っている。筆者は自身がやりたいと思う授業として口頭表現の授業例を挙げた。

> 倉数：「日本人はすぐ謝る」っていうコラムがあって話
>   し合わせたんですよ。バイト先で自分が壊してい
>   ないグラスのことを店長に聞かれたら謝るかどう
>   か（中略）。
> 森田：それって口頭表現、要するに日本語教育の領域か
>   ね？
> 倉数：いや、私はそれが大事だと思っているんですよ。
>   （中略）一番重要なのはそういうことだと思うんで
>   すよ。
> 森田：それって語学教育のどの部分なのか（中略）。

　筆者は「日本人はすぐに謝る文化がある」というコラムについてどう考えるかを話し合わせ、活発な意見交換になったことを話している。それに対して、森田先生は「それって（中略）日本語教育の領域かね？」と困惑しているかのような発言をする。教師が文法等の言語知識を教えるのでも、学生がことばの練習をするのでもない授業は「日本語教育」なのかという違和感を持ったと考えられる。筆者は自身の言語教育観に基づいた授業を「語学教育のどの部分なのか」分からないとされたことで、自分の理念が半ば否定されたようにも感じた。

3.3 森田先生の授業カリキュラムへの疑問

　下記のやりとりは3.2で示した直後のやりとりである。森田先生の筆者のやりたいと思う授業に対しての違和感から、A日本語学校の中級クラス、総合日本語の活動型授業への疑問を思い出し、述べた部分である。

> 森田：あのね、活動ってやるでしょう？　あれってそれが目的なんだよね、本来は。要するに活動の目的っていうと、習ったことを今度は実践の場で使えるようにするってことだと思うんだけど、一番定着を図らなければいけないときに（中略）インタビュー、アンケート、グラフ発表とかそのことに意味がないとは言わないけど、課で習った内容を定着させるという活動にはちょっと遠いような気がしてるの。（中略）
>
> 倉数：（中略）それできちんと「場合によって」「台風によって」が違うっていうのをわかったことで「定着」するんですかね？
>
> 森田：で、わかっただけじゃだめなんだよ。
>
> 倉数：（中略）じゃあ、「〜によって」は自信があるよってなって、その後どこで使うんですか？
>
> 森田：わかんない、それが。

　森田先生は3.2で示した、筆者がやりたい授業として挙げた、自分の考えを話し合う授業を学校の活動型授業と同じように捉え、「活動」についての疑問を挙げる。「活動の目的」は「習ったことを今度は実践の場で使えるようにする」ことだとし、今の活動型授業は「課で習った内容を定着させ」られていないと疑問を挙げる。森田先生は、つまり1つの課で提出された語彙・文法等を使って活動を行い、その使い方を理解することが活動の目的だと捉えてい

るのである。

　これはＡ日本語学校の初級クラスのテキスト『みんなの日本語』[3] の授業と同じ発想である。初級クラスは使用場面を示して文型を提示・説明→パターンプラクティス→談話練習→その文型を使ってタスクなどの流れで展開されている。森田先生はこのような流れでことばが習得されると考えていることが分かる。

　しかし、中級クラスで使用しているテキストは問題解決型、総合活動型のテキスト[4] であり、「一連の活動プロセスで（中略）「調査発表のための日本語運用力」を養うのが目的」（p.2）とある。学校が示す活動授業の目標もこのテキストの方針に沿ったものになっている。森田先生の学習観に基づく言語教育観と学校の授業理念とのズレがあることが分かる。このズレに対して、筆者は質問を重ね、筆者の活動の捉え方を述べる。

　　倉数：私はレヴィ＝ストロースって人がいて、こういう
　　　　　考えかたができるって解釈とか知識として学ぶ。
　　　　　食文化って何？って活動を通してやることに意味
　　　　　があるんだと思うんですよね。（中略）「食」って
　　　　　なんだろうね、そこで一緒に調べる、そしてこう
　　　　　じゃないかって考えて言える、そういうふうにや
　　　　　っていくのが言語教育で、日本語を使っているわ
　　　　　けですよね、そこで。
　　森田：うん、だからね、それを使うときにね、グループ
　　　　　で食文化の違いについて意見を述べる、書くだと
　　　　　かということをやらせるわけだけど、それをやる
　　　　　ための基礎的な言語能力がまだないのよ。ないか
　　　　　ら、話し合いをさせても、このグループお互いに
　　　　　理解もしてるし、言っている本人も自分の言いた
　　　　　いことを伝えられているなと、うまくいってるな

ということはほとんどない。

　筆者は食文化についての活動を通して考えることで日本
語を学んでいるのだと主張する。森田先生は筆者が述べた
活動型授業の必要性に同意するものの、「それをやるため
の基礎的な言語能力がまだない」とし、グループワークの
日本語での話し合いができていないことを挙げる。グルー
プワークで「お互いに理解もしてるし、言っている本人も
自分の言いたいことを伝えられ」なければ、日本語の学習
にならないと考えている。筆者はグループワークを通して
学生が考え日本語で伝え合おうとことばを重ねることを重
視し、たとえ言いたいことが十分に伝わらなくても、それ
も含めてことばの学びであると考えている。この両者の学
習観に基づいた言語教育観の違いは学習者の捉え方にも影
響している。森田先生は学生が「お互いに理解もして」
「自分の言いたいことを伝えられている」ことは「ほとん
どない」と述べている。これに対して筆者は、森田先生と
同じクラスを担当していたが、学習者の状況をこのように
やりとりができていないと否定的に捉えたことはなかっ
た。同じ学習者を見ていても、教師の言語教育観の違いに
よって学習者の捉え方は大きく異なっているのである。

3.4　学校の授業理念へのすり合わせ

　森田先生と筆者の言語教育観の対立は対話でも絡み合
い、ずらされながらくり返され、その対話はA日本語学校
の日本語教育が目指すところにまで話が及んだ。

　　倉数：この間、留学生の話を聞いたんですね。中国では
　　　　　先生が説明してみんながメモをとる（中略）。先生
　　　　　が「この花の名前は何ですか」って聞いて「この
　　　　　花の名前は〜です」っていうのをやってた、と。

その時、教室で自分は学習者だった。それが日本に来て教室で「この花についてどう思いますか」って言われて初めて（自分は）人間になった、と。中国にいた時はずっと練習してただけだったんだって。

森田：それって「この花の名前は何ですか」は道具の使い方を学ぶための実践練習に過ぎないよね。だけど「どう思いますか」は、実際に使って何て言うか。そこまでがあの学校に求められてるのかどうかだね。

倉数：求められてるんじゃないですか。『生きた素材』[5]（テキスト名）とか（森田あー）だって「意見」があるじゃないですか。筆者は何と言っていますか、それについてどう思いますか。

森田：あー、求められてるよね。

森田先生は白熱していく議論の中で、「学校は道具の使い方を教えるところ」という主張に固執していった。それに対する筆者の主張を理解するも、「そこまでがあの学校に求められているのかどうか」と学生が意見を述べることに疑問を投げかける。筆者はこの森田先生の主張に対し、現状の授業やテキスト内容を引き合いに出し、その森田先生の主張が学校の授業理念やテキストと乖離していることを指摘した。森田先生は「あー、求められてるよね」と現状の授業を踏まえず、主張していたことに気づいたのである。この対話で論点となった学生が意見を述べることについて、森田先生は対話1において「言いたいっていう気持ちがあって、じゃあどうする？言うためのことばを探そうよ」と述べている。これはもともと森田先生が持っていた言語教育観でもあった。森田先生は、学校の授業理念に自身の言語教育観にも通じるものがあったことを思い出し、

現状にすり合わせ、理解したのである。

4 まとめ

　本実践では教師の互いの言語教育観の違いをめぐる対話内の対立を考察した。異なる言語教育観を持つ同僚教師との対話は、自分自身の言語教育観から発したことばが絡み合いながら互いの考えを揺さぶり、変化させ、ことばを重ねることで自身の言語教育観を強化していくものであった。対話をする前、森田先生は自分自身の言語教育観がどのようなものかを明確に認識していなかった。対話の中で相手からなぜそれが重要だと考えるのか、なぜその実践をしているのかと根拠を問われることで、自分自身の考えを問い直していったのである。これは森田先生に問いかける筆者も同じである。相手に問いかけることで、鏡のように自身の言語教育観をも問い直されていくのである。

　本実践は他者との異なりこそが自身の言語教育観を理解し、意味づけるための重要な要素であり、それによって対話の場も深化していくということを示した。教師一人一人が持つ言語教育観を相手に理解してもらおうとことばを重ね、相手のことばに耳を傾けることで、自分自身と他者の差異が明らかになり、言語教育観が自覚されるのである。日本語教師の専門性の軸となる言語教育観は、教育実践をするうえで重要なものでありながら、明確に認識されているものではない。それが他者との対話、とくに異なった言語教育観を持つ他者との対話によって明確になるのである。

注

[**1**] 金龍男（2014）「「日本人のような自然な日本語」という虚像について」『早稲田日本語教育実践研究』2,pp.81–90.

[**2**] 有田佳代子（2016）『日本語教師の「葛藤」―構造的拘束性と主体的調整のありよう』ココ出版

[**3**] 鶴尾能子・石沢弘子（監修）（2012）『みんなの日本語初級Ⅰ第2版』スリーエーネットワーク

[**4**] 安藤節子・佐々木薫・赤木浩文・田口典子・鈴木孝恵（編著）（2015）『改訂版 トピックによる日本語総合演習 テーマ探しから発表へ 中級後期』（専修大学国際交流センター監修）スリーエーネットワーク

[**5**] 鎌田修・ボイクマン総子・冨山佳子・山本真知子（2012）『生きた素材で学ぶ 新・中級から上級への日本語』ジャパンタイムズ

参考文献

ガーゲン，K. J.（2004）『あなたへの社会構成主義』（東村知子訳）ナカニシヤ出版（Gergen, K. J. (1999) *An Invitation to Social Construction*. London, Thousand Oaks and New Delhi: Sage Publications.）

舘岡洋子（2019）「「日本語教師の専門性」を考える―「専門性の三位一体モデル」の提案と活用」『早稲田日本語教育学』26, pp.167–177. 早稲田大学日本語教育研究科

細川英雄（2002）『日本語教育は何をめざすか―言語文化活動の理論と実践』明石書店

メリアム，S. B.（2004）『質的調査方法入門―教育における調査法とケース・スタディ』pp.260–288. ミネルヴァ書房（Merriam, S. B. (1998) *Qualitative Research and Case Study Applications in Education*. San Francisco: Jossey-Bass Publishers.）

第10章
新人ノン・ネイティブ教師との
ピア・カンファレンス
文化背景と教師経験の違いを越えて

木村かおり

1 | はじめに

　　現職教師が自身の授業やコースの運営等を検討する方法
として、カンファレンス（授業検討会）という方法がある
（たとえば稲垣1986）。教師教育の領域において行われてい
るカンファレンスは、教師教育の専門家を教育機関に招
き、複数の教師が特定の教師の授業を見学、録画し、授業
後録画ビデオ等を見ながら、授業実施教師に省察を促しな
がら検討を実施するというような流れである。また、
Korthagen, et al.（2001）は、省察と省察を繰り返し行う
ことの重要性を主張している。ところが、検討会実施に専
門家を招聘しなければならないのであれば、繰り返し検討
会を行うことは難しい。筆者は、日本国外において新人教
師[1]もベテラン教師も気軽に、ある程度の頻度で省察で
きる機会を作り出したいと考えた。そこで考えたのがワン
氏（仮名）という新人ノンネイティブ教師とベテランネイ
ティブ教師の筆者という同僚（当時）2名で簡略化して検
討会を実施することであった。海外におけるノンネイティ
ブ教師とネイティブの教師による実践報告は、ほとんどが
ネイティブ教師教育者[2]による研修である。また、後ほ
ど、マレーシアの研究発表会でのフロアの声を取り上げる
が、マレーシアにおいて日本語教師の研修を実施するの
は、ネイティブ教師の役割という固定的な役割観で捉えら

れがちであった。しかし、本実践は、ノン・ネイティブ教師とネイティブ教師がピア（教師仲間）として、コメントを出しあって行う検討会である。このことから、本検討会をピア・カンファレンス（以下、ピアCF）と呼んでいる。

　ワン氏は、筆者よりかなり年下で、当時新人教師であった。だが、研究歴は筆者より長く、当時既に博士号も取得し、この点で職位も筆者より上であった。つまり二人ができること、得意とすることは異なる。よって、ピアCFは、ワン氏の授業の改善、そして、筆者の研究研鑽になると考え、後述するように教育研究検討会として実施した。ところが、実践してみるとワン氏が授業を変えただけでなく、ベテラン教師の筆者も授業を変え、筆者が抱えていた不安が払拭されたのであった。筆者が着目したのは、ワン氏の言語教育観も筆者の言語教育観も途中揺らいだように見受けられたが、結果として、それぞれの言語教育観が歩み寄ることがなかった点である。歩み寄るどころかそれぞれの異なる教育観が明確化された。そして、二人は、自身の教育観に自信を持ち、授業を改善したのである。揺らぎは省察の過程だったと考えられる。

　この授業改善の結果を2016年のマレーシアの日本語教育研究発表会において発表した（木村・ウー 2016）。ところがフロアから「カンファレンスの実施は、研修が実施できるようなベテラン教師の仕事であろう」、「指導できるようなネイティブ教師がいたからカンファレンスが進んだに違いない」という声が上がった。つまり、これらの声は、「経験の浅いノンネイティブ新人教師とのカンファレンスからでは学べない」という前提が教師たちの間にあることを示している。

　そこで、本章では、ワン氏と筆者のピアCFのデータを筆者に焦点を置き、筆者の授業の変化および揺らいだ言語教育観を明確化していく過程を考察する。そして、この明

確化の過程に筆者が言語教育観をフィールドと往還させる
さま、それを教師仲間と行うさまを示し、ベテランのパー
トナーや研修がなければ教師は学べないのではなく、教師
仲間がいれば学べることを示す。これを本章の目的とする。
　以下第2節では、まず、筆者の日本語教師としての経験
を示し、そこで培った筆者の日本語教育理念と方法を示
す。次に、フィールドを示し、ピアCFのパートナーとの
関わりを述べる。第3節では、検討会を客観的に行うこと
を勧めている論考を概観した上で、本章で考えているピア
CF実施の意図を述べる。そして、第4、5節において実践
を分析、考察し、筆者の授業の変化と教育観の明確化のプ
ロセスを提示する。

2 ┃ 研究背景

2.1　日本語教師としての経験と筆者の日本語教育理念

　ここで筆者の日本語教育理念を説明するために、筆者の
日本語教師歴を一部述べたい。筆者は、2006年から2011
年まで、主に日本の高等教育機関進学を目的とするマレー
シアや中国政府の予備教育機関に勤務した。学生たちは、
予備教育機関において政府派遣留学の資格を獲得するため
に短期間で日本語を習得し修了試験に合格することをめざ
した。そのため、日本語の授業は、より多くの知識を短期
間に詰め込むというやり方にならざるを得なかった。その
ような機関であっても、試験に出る日本語だけを学ばせる
のではなく、学生たちが留学中に遭遇するであろう現実の
日本語を学ばせる必要があると筆者は考え続けていた。そ
のため、筆者がマレーシアの機関の学年主任になったと
き、試験対策一辺倒になりがちな日本語科目のシラバスを
留学中の生活を見据えたシラバスに変えた。そして、学生
たちが近い将来遭遇するであろう現実の日本語使用場面を

意識した語彙や文型を学ばせるようにした。また、学生た
ちが調査し発表する時間を増やし、口頭表現能力の向上を
めざした。つまり、筆者の理念とは、学生に日本語を詰め
込んでマスターさせることで、留学先での生活を約束する
というものではない。日本国外の地においても学生に日本
語が使える機会を準備し、そして、学生たち自身に留学先
や将来必要な日本語を考えさせながら日本語を学ばせると
いうものである。

2.2　方法を振り返る

　2012年からは、日本に学位留学の予定がない日本研究
コースの学生に日本語を教えるようになった。そのため、
これまでと全く異なる方法を準備した。だが、方法は変え
たが、これまでと同じ理念の下、授業実践をした。その筆
者の授業に対し、学生たちが「こんなに発話する時間があ
る授業は初めてだ」とコメントをくれた。学期末の学生た
ちが行う教授評価も良かったことから、筆者の授業は肯定
的に受け止められていると考えた。筆者は、日本研究コー
スだけでなく、同時期に日本語主専攻コース（以下日本語コー
ス）の授業も担当した。特に評価も悪くなく、筆者の理
念と方法に間違いがないと考えた。

　ところが、筆者を混乱させることが起こった。それは、
日本語コースの中上級の口頭表現のクラスを担当して2年
目の2015年6月に起こった。この大学に勤務して、これ
までで一番低い授業評価を学生から得たのである。本クラ
スの学生は、既に1年間日本に留学した経験がある。学生
の経験を踏まえた授業内容にし、これまでのように口頭表
現能力向上をめざした授業を行ったつもりだった。何が悪
かったのかと困惑した。

2.3 フィールドを振り返る

　ここで、方法をめぐり困惑した授業、すなわち今回のフィールドを説明する。その授業は、SkillsⅡという日本語コースの学部3年生のための中上級レベルの授業である。日本語コースの学生は、卒業論文を日本語で書かなければならない。卒論まで日本語で書き上げる日本語コースの学生は、日系企業もしくは日本で就職することを目標にしている者が多い。筆者は、毎学期行った授業を省察し、次の学期の授業に臨んでいるつもりであったが、2年目に口頭表現の授業において、低い評価を得ることになったのである。この時まで、ピアCFは、ワン氏の授業改善、筆者にとっては研究研鑽のためだと考えていたのであるが、筆者の授業についても振り返る機会にしなければならないと考えた。

2.4 ピア・カンファレンスのパートナーとの関わり

　次に、ピアCFのパートナーについて説明したい。パートナーであるワン氏は、筆者が勤務していた機関に2012年に入ってきた。だが、筆者とワン氏は、指導し、指導されるという間柄ではない。日本にいたときに同じ学会に所属していたことから、研究関心は近く、職場の他の誰より長く付き合いがあるという間柄であった。また、二人で、所属機関の研究費を獲得するために2014年から協働型アクション・リサーチ（以下協働型AR）[3]「教師の学び合いの場の構築」を計画していた。本協働型ARとは、マレーシアの日本語教師らが学び合うことを促すために、筆者らがワークショップや勉強会を準備し、参加した教師たちと共に行った活動を省察し、活動の改善を繰り返すという実践研究である（木村2020）。活動の改善のためには、活動への筆者自身の省察だけでなく、参加者の参加意識や行動の変容も観察した。活動への筆者の省察の方法の一つがピア

CFということになる。そして、筆者が参加意識や行動の変容を観察した対象者の一人がワン氏であった。

　このようにワン氏は、研究協力者という立場の共同研究者であったため、筆者の省察を促すことを目的として、二人の協働型ARに参加したわけではなかった。そのためか、ワン氏による筆者の授業の見学は進まず、ワン氏の授業見学は2回にとどまった。だが、互いの授業（筆者のSpoken Skills IIとワン氏のSpoken Skills I）の文脈（学生・学習ストラテジーなど）を知る者同士でのピアCFの実施とすることができた。そして、1年半に15回に及ぶピアCFの場、すなわち議論の場を作り出すことができたのである。カンファレンスの実施スタイルとその意図を先行研究と比較して説明する。

3 ｜ 先行研究

　金田（2006）は、授業検討会の会話分析の結果から、次のように述べている。指導者と教師という間柄で授業見学を実施すると、見学後の検討会では、「指導者が問題部分の評価を開始」し、その「評価」は、「判定する、理由付けする、処方する」3段階の局面で行われてしまい、指導者の主観が強く反映される（金田2006: 35）。これに対し、同僚や同輩教師同士の検討会では、まず、授業の問題が取り上げられ、今度は、その問題に「教師自身の力」や「責任が及ばないことを理由付け」する行為が行われる（2006: 35）。つまり、検討が主観的になってしまい、授業実施者は、うまく省察できないことを批判している。そこで、客観的に授業を分析する必要があるとして、録画をし、自分自身で会話分析をするFive Characteristics of Communication（FOCUS）を紹介している。FOCUSでは、授業におけるやり取りを①発信源／受け手、②目的、③手段、

④手段の使い方、⑤内容という５つの観点で捉える。これによって、直観が入り込む危険性を排除でき、その結果、客観的な実態把握が可能になるという（文野2009: 206）。

　確かに、外部の専門家を招いて授業見学や検討会を実施する場合、金田（2006）が指摘するような「指導者の主観」による評価の問題がある。それに加え、外部の専門家を招くと教室内の教師と学習者の関係性や文脈が考慮されずに授業のやり方が議論されるという問題があげられる。だからむしろ、見学授業を実践した教師に授業の文脈を説明する時間を与えることや、同僚教師が見学授業を実践した教師の機関内外で活動する姿を念頭においてコメントを出すことが肝要だと考える。教師が文脈を説明しながら実践授業の意図を説明することは、省察の一つになる。そして、その文脈と参加学生の特質を知る同僚教師が実践者の機関内外で活動する姿を念頭においてコメントを出すことで、一方的に評価されるのではないため、実践者は自尊心を損なわずに実施授業について議論できる（木村 2019）。自尊心が損なわれない教師は、自分の「責任が及ばないことを理由付け」（金田2006: 35）することに終始することはない。

　また、大学の教師は、研究者という側面も持つ。大学の教師の中には、自身の研究観をも満足させるようなカンファレンスを求める者がいるだろう。研究者としての自分に強くアイデンティティを感じている者や、授業よりも研究業績を出すように大学からプレッシャーをかけられ、研究が気になる者がいるからである。以上から、同僚研究者であり同僚教師として実施する長所を生かし、授業以外の研究や職務からもその教師の授業背景を捉えることを考え、ピアCFを実施することにした。

4 | 分析

4.1 ピア・カンファレンスの実施の方法

ピアCFは、2015年2月～2016年7月にかけて15回行った。二人の授業見学後のピアCFは計5回（表1）で、主に見学した授業について検討した。授業見学を行っていないときのピアCFにおいては、それ以前に行ったピアCFや、ピアCFの省察を書いた筆者のジャーナル[4]、筆者の授業実践の論文を議論した。さらに、その議論に現れる授業観、研究観など、日本語コースの他の教師の授業も比較しながら議論した。つまり、実施したピアCFは授業検討会というより教育研究検討会であると言える。担当学生やコース運営についても議論が及ぶこともあったため、検討会の時間は一定しておらず、1回40分から2時間である。

表1　授業見学後に実施したピア・カンファレンス

第	開催日（2015年）・主な検討内容	第	開催日（2016年）・主な検討内容
2回	5月14日：授業検討：ワン氏の授業について	11回	5月13日：授業検討：5月9日に実施したワン氏と筆者の授業
4回	6月4日：授業検討：ワン氏の授業について	12回	5月19日：授業検討：5月17日に実施したワン氏と筆者の授業
		13回	5月26日：授業検討：5月25日に実施した筆者の授業について

4.2　分析の方法

分析に使用したデータは、ピアCFでの議論を録音した音声データのうち授業や教育観を話題にしているものを文字起こしした文字データ、および筆者のジャーナルの文字データ、ピアCFおよび研究会活動の意味や成果を尋ねた自由記述式の回答票である。ワン氏からはジャーナルが得られなかったため、筆者が自由記述の回答票を作ったのである。この質問にワン氏も筆者も同じように回答し、文字データとして利用した。

以上のデータをSCQRM（西條2007）[5] で主張されている「関心相関性」アプローチを参考にし、「関心相関的サンプリング」（p.102）によって、着目したバリエーション選び出した。選び出したデータをコーディングし、カテゴリーの概念生成を行い、定義づけを行った。「ピアで学ぶ」というプロセスを説明しうると判断した概念を統廃合し、最終的に17の概念にまとめた。ここでは紙幅の関係で概念名だけ提示する（表2）。

分析では、「ピアで学ぶ」プロセスを説明しうる概念およびその発話バリエーション再解釈し、図1、図2のようにまとめた。図では、①ピアCF（授業見学と検討）、②学生やワン氏からの評価、③筆者の省察と行動を分類し、筆者の言動と省察を ┊┈┈┊ で、ワン氏の言動と評価を ▭ で、その他の者の評価を ┊┈┈┊ で、表した。

表2　「ピアで学ぶ」というプロセスを説明しうる概念名

【概念名】	【概念名】
【概念1：二人の関係性の基盤】	【概念10：理解できないショック】
【概念2：ピア・コーチングの意味の解釈の異なり】	【概念11：マレーシア、日本それぞれの学校文化】
【概念3：答えを教えてもらえない】	【概念12：諭した教師にも気づき】
【概念4：強制】	【概念13：ピアと不安をシェアする】
【概念5：仕事のモチベーションの向上】	【概念14：自信が確信に】
【概念6：私の言語教育観を支えるのは学生の言語学習観】	【概念15：ピアの態度に左右される】
【概念7：変えることも変えないことも私の教育観】	【概念16：ピアの示す相対的価値からの学び】
【概念8：ことばはそうやって覚えるもの】	【概念17：二人の間に再構築されたもの】
【概念9：授業を変える】	

2015年2月〜2016年3月この間、計10回ピアCFを行い議論をした。図1で示すように、2016年3月この段階では、ワン氏は筆者の授業見学を開始していない。それに対し、筆者は既に授業を修正している。

①授業見学と検討	筆者がワン氏のSpoken Skills I にコメントした。	《ワン氏は、まだ筆者の授業を見学していない》	筆者がワン氏のSpoken Skills I にコメントした。	《ワン氏は、まだ筆者の授業を見学していない》
②学生やワン氏からの評価	筆者のSpoken Skills II が学生から過去一番低い評価を得た。	筆者の総合日本語VIが学生から前年度より高い評価を得た。		
③筆者の省察と行動		筆者は、ワン氏の授業を見学し、自身の授業にパターンプラクティス的な口頭練習が少ないことに気づいた。		筆者は、口頭練習的な表現文型の復習の時間を授業に数分取り入れるという修正を加えた。
概念	【概念2：ピア・コーチングの意味の解釈の異なり】定義：相手とことばの定義が違い、期待が外れる。		【概念7：変えることも変えないことも私の教育観】定義：他人の授業を見て揺れる自分の授業。変えることも変えないと決めることも私の教育観。	

図1　筆者の学びのプロセス2015年5月〜2016年3月

　　2016年5月筆者は、ワン氏が総合日本語VIの授業を見学したことで、具体的な授業を取り上げ議論が行えるようなった。しかし、二人の授業のやり方の異なり、学生に対する考え方の大きな違いが顕著に現れ、幾度となく、激しく意見をぶつけ合うことになった。だが、その議論を経ることで一人では行えなかった深い省察を得、筆者は、総合日本語VIの授業において、「厳しい指導態度を貫くこと」（図2下線）や、及第点を得たSpoken Skills II の授業であっても、「学生を動機づけることの次に行うべきことを考え」るようになった（図2下線）。

5 ｜ 考察

　　以上の分析結果は、本書が主張してきた次の3点を実証している。1点目は、「自身の授業方法を改善する」省察を行うためには、自身の教育観をフィールドと往還させ、

図2　筆者の学びのプロセス 2016年4月～6月

	2016年4月　　5月		6月
①授業見学と検討	筆者がワン氏のSpoken Skills Iにコメントをした。	筆者がワン氏の言語バリエーションの授業にコメントをした。	
	ワン氏が筆者のSpoken Skills IIにコメントをした。	ワン氏が筆者の総合日本語VIにコメントをした。	ワン氏は、なぜ筆者が教育方針を変えなかったのに授業評価が上がったのか疑問を感じていた。
②学生やワン氏からの評価	ワン氏は、自分の授業では消極的な参加態度の学生が筆者の授業中、積極的に参加していることに驚いた。	筆者の質問に初級の日本語がわからず、答えられない学生がいる授業を見て、ワン氏が「別の世界やと正直思った」と述べた。	筆者のSpoken Skills IIの学生からの評価が昨年度より高い評価を得た。
③筆者の省察と行動	ワン氏のことばは、筆者の授業が消極的な学生に「話したい」と動機づける授業ができていることを示した。そのため筆者は、目指す教育に間違いはないと自信を取り戻した。	ワン氏のことばは、筆者が「別の世界」の学生を見捨てずに支えていることを示した。そのことによって、筆者は、自信をもって学生に厳しい指導態度を貫くことが決心できた。	筆者は、今年度高い評価を得たことで昨年度、及第授業だという思い込みで授業を作っていたことがわかった。学生を動機づけることの次に行うべきことを考え、実行できるようになった。
概念	【概念5：仕事のモチベーションの向上】定義：やりがい・面白み・自信を感じてきた。	【概念14：自信が確信に】定義：ことばにし、ピアに伝えることで自信が確信になる。	【概念16：ピアの示す相対的価値からの学び】定義：自信を確信したからこそ学べる、得られる。

教育観を明確化させる必要があるということ。もう1点は、それには、他者が必要であることである。2節で述べたように筆者は、自身の言語教育観をはっきり持っていると思っていた。しかし、その教育観をフィールドと十分に往還させられず、教育観が揺らいでいた。ワン氏と省察することによって、時に方法を比較し、また、一人では得られない気づきを得、教育観をフィールドと往還させ、更新し、教育観を明確化させることで自信を持つことができたのである。自身の教育観に自信が持てるようになったことで、新しい自分の方法を見つけることができたのである（【概念5】、【概念14】、【概念16】）。

最後3点目は、授業の方法を改善する過程に必要なのは、誰かに具体的な方法を教えてもらうことではないということである。自身の教育観を持って、各自のフィールドを省察すれば、どのような方法がいいか導き出せるということである。筆者の授業を変えたのは、ワン氏から授業方法改善を指摘する直接のコメントではなかった。ピアでの省察である。そのように言えるのは、筆者が授業に修正を加えた時点では、ワン氏は筆者の授業を見学しておらず、授業について論じたのは、主に二人の授業観だけであったからである。

6 おわりに

　以上、筆者の言語教育観の揺らぎと明確化、そして授業の変化のプロセスを述べた。本実践を振り返ったとき、筆者は、理念があれば、自然に省察が進み、授業が見直されると考えていたことに気づく。実際には、何度もフィールドを見直し、授業を見直し、理念を更新し、理念に照らし合わせることでようやく省察が進むのである。そして、その省察のプロセスを一人で経ても十分ではないのである。では、筆者の省察のプロセスを共にしたのは誰か。それはピアであった。マレーシアでは、教師が学び合うあり方より、教師への指導のあり方が長く議論されてきた。そして、指導はネイティブの教師教育者が担うものだと固定的に捉えられてきた。それは、研究発表会のフロアからの声にも表れていた。だが、現地においてネイティブ教師が知らないこと、できないこと、そして、ノンネイティブ教師しか知らないこと、できることがある。ノンネイティブ教師とネイティブ教師のピアCFでの補い合うやり取りが言語教育観を明確化し、授業を改善する省察を生んだのである。引き続き、マレーシアで活躍する教師とピアCFを協

働で実施していきたいと考える。

注　　　　　　[1] 本章では、学校教育で言われているように経験年数3〜5年程度を「新人」、15〜20年以上を「ベテラン」と経験年数で区別した。
　　　　　　　[2] たとえば、国際交流基金の教師研修の専門家など。
　　　　　　　[3] 高宮ほか（2006）では、授業を振り返るARが個人で行うことが多いことを前提とし、グループで行うARを協働型ARと呼んでいる。
　　　　　　　[4] 本実践では、倉知（1992）で用いられているジャーナルという考えを援用し、本カンファレンスで自分の省察を記述したノートをジャーナル（省察文）と呼ぶ。
　　　　　　　[5] SCQRMは、「研究する人間」という視点を導入し、データとの相互作用によって、人間行動および意識・認識の変化のプロセスを領域密着型として、理論化を試みているM-GTA（木下2003, 2007）を分析方法のベースに組立てられている（西條2008: 227–230）。本研究では、複数の人間のデータの中に共通点を見出すのではなく、二人の教師の内省データを分析し、学びの場が生成されるプロセスを記述したいと考えていたため、データのサンプリング方法の適合性、プロセスの明示化に優れている点からもSCQRMを援用した。

参考文献　　稲垣忠彦（1986）『授業を変えるために―カンファレンスの勧め』国土社
　　　　　　金田智子（2006）「教師の成長過程」春原憲一郎・横溝紳一郎（編著）『日本語教師の成長と自己研修』pp.26–43.　凡人社
　　　　　　木下康仁（2003）『グラウンデッド・セオリー・アプローチの実践―質的研究への誘い』凡人社
　　　　　　木下康仁（2007）『ライブ講義M-GTA　実践的質的研究法』弘文堂
　　　　　　木村かおり（2019）「教師の成長を自分たち教師で支える―マレーシアでのピア・カンファレンスの実践」『韓國日語教育學會 冬季国際学術大会第36回予稿集』（2019年12月韓国、ソウル）
　　　　　　木村かおり（2020）「「する」ことから「作り出す」協働への意識の転換―マレーシアにおける「教師の学び合いの場」を構築する実践から」『第23回ヨーロッパ日本語教育シンポジウム論文集』https://www.eaje.eu/ja/symposium/46
　　　　　　木村かおり・ウー，ワイシェン（2016）「ローカル教師と日本人教師が実施するカンファレンスがもつ可能性―自己研修型教師をめざすARの報告から」『第13回マレーシア日本語教育国際研究発表会予稿集』（2016年10月マレーシア、クアラルンプール）
　　　　　　倉知曉美（1992）『対話からの異文化理解』勁草書房

西條剛央（2007）『ライブ講義・質的研究とは何か（SCQRMベーシック編）』新曜社

西條剛央（2008）『ライブ講義・質的研究とは何か（SCQRMアドバンス編）』新曜社

高宮優美・松本一美・川北園子（2006）「協働型アクション・リサーチによる教師の成長の可能性—学習者との関わりから見えてきたこと」『WEB版日本語教育実践研究フォーラム報告』pp.1–12.

舘岡洋子（2019）「「日本語教師の専門性」を考える—「専門性の三位一体モデル」の提案と活用」『早稲田日本語教育学』26, pp.167–177. 早稲田大学大学院日本語教育研究科

寺谷貴美子（1999）「教師の自己研修におけるPeer Coaching」『日本語教育事情報告編　世界の日本語教育』5, pp.187–201.　国際交流基金

文野峯子（2009）「教室のコミュニケーションから学ぶ—授業が分かる教師・授業を変えられる教師を目指して」水谷修（監修）、河野俊之・金田智子（編集）『日本語教育の過去・現在・未来 2』pp.181–206. 凡人社

Korthagen, F. A. J., Kessels, J., Koster, B., & Wubblels, T. (2001) *Linking Practice and Theory: The Pedagogy of Realistic Teacher Education*. London: Lawrence Erlbaum Associates Publishers.

大学の日本語教員の専門性についての考察
一般教員による「留学生指導」の語りから

松本明香

1 問題意識

　　本章では、日本語教育ではない研究分野を専門領域とする大学教員（以下、「一般教員」とする）の「留学生指導」という経験の意味づけに、同僚である日本語教員[1] がどのようにかかわれるかを検討した上で、日本語教員の専門性についての筆者の考えを示す。

　　「2020（令和2）年度の外国人留学生在籍状況調査」（日本学生支援機構2021）によると、2020年3月現在、国内の大学・大学院・短期大学に在籍する留学生は135,710人となっている。こうした留学生たちは多くの場合、日本語の授業以外は日本語母語話者である日本人学生と同様に講義やゼミに参加し、同様に評価を受ける。しかし実態として、授業についていけずに取り残されている留学生は少なくなく、学習意欲の喪失、在籍が継続できなくなる等の問題へと繋がる。永岡（2019）は大学の留学生指導、留学生政策の不十分さに注目し、日本語教員と一般教員、それぞれの立場からの留学生指導に関する問題を取り上げる。そこでは一般教員が日本人大学生の教育を前提とした教育体制、環境である大学で、留学生指導の困難さを感じていること、またそのような問題がある一方で、教員間の連携は不足し、留学生に関する情報を共有したり議論したりする場が十分にないことを指摘する。さらに、留学生の支援は日

本語教育担当教員等が行うものという意識が日本語教員にも一般教員にも強いとする（p.63）。ここから、大学や一般教員が期待する日本語教員の役割、日本語教員自身が抱く日本語教員の役割観が浮かび上がる。

　日本語教師の役割については日本語教育研究で議論されてきたが、近年では日本語教師の役割は「学習者個人との関わりから学習者を取り巻くコミュニティ・社会への関わり」へと拡大していると論じられている（古屋他2018: 69）。そうした教師の役割の具現化として義永（2017）は、アイデンティティを変化させつつ複数のコミュニティ間を移動する学習者の学びと変化に寄り添い、問題発生時には当事者一人ひとりとコミュニティ全体の双方に働きかけ解決を図ることを挙げ、役割に関する議論の範囲を、日本語学習者が関係する諸コミュニティまで広げている。

　義永（2017）でも議論に用いられ、日本語教育学でも近年注目されている社会文化理論に沿って学びを捉えるならば、その学びとは他者との相互作用を通して達成され、学習者がアイデンティティや他者・環境との関係性を変化させていく過程にあるものである（義永2017: 28）。ことばの学びについても、社会におけるコミュニケーションを通して構成されると考えられる。そうすると、大学に所属し留学生の日本語の学びにかかわる日本語教員は、留学生と彼／彼女らが接する一般教員との関係性にも着目し、留学生が参加する教科コミュニティ[2]や一般教員による留学生指導や留学生に抱く認識を探求し、理解する必要があるだろう。

　本章では、日本語教員が留学生にかかわる一般教員に行った「留学生指導」についてのインタビューによるデータを用い、一般教員と日本語教員の関係性を捉えた上で一般教員による語りを考察する。

2 調査とその分析

2.1 調査概要

　まず、調査のフィールドとなった筆者が勤務するＸ大学について概要を示す。Ｘ大学は小規模校であり、留学生は全学生の約3％程度である。留学生はほぼ全員が民間の日本語学校からの進学者で、中国、ベトナム、韓国、ネパール等の出身者が在籍する。日本語能力試験N2取得を入学条件の一つとしているが、実際には記述や口頭表現の能力はそれより低いこともある。筆者はＸ大学唯一の日本語教育担当者であり、留学生全員の日本語能力や学習環境を把握している。日本語の授業は1年次留学生の必修科目であり、2年次以降は再履修者以外は日本語の授業の履修はしない。そして日本語以外の授業では、留学生は日本人学生と同様に受講している。学生数が少ないため、常勤教員は全学生の顔と名前をほぼ一致させて記憶しており、教職員間で情報共有がしやすい環境にある。

　筆者はこれまで同僚である4名の一般教員に「留学生を指導する際の難しさを話してください」と調査協力を依頼し、1対1のインタビューを行ってきた。本章では、そのうち一般教員の「留学生指導」の経験が意味づけられたと思われる顕著な事例が見られたＡ先生とＢ先生の2名の語りに注目し、日本語教員である筆者が一般教員の「留学生指導」の語りにいかにかかわったかを分析する。2名ともＸ大学にはインタビューを開始した年の年度はじめから常勤教員として勤めている。インタビューはいずれも半年の期間をおいて2回ずつ行われた。専門分野はＡ先生は社会科学系、Ｂ先生は人文科学系であり、それに関連する教科を担当して授業を行っている。

第11章　大学の日本語教員の専門性についての考察

2.2　移動する留学生

　X大学の留学生の情報をここで記す。前述のように、X大学の留学生は日本語学校からの進学者である。つまり進学前1年〜2年の間日本語学校でともに学ぶ仲間である日本語非母語話者と多く過ごし、教員は日本語教師であるケースが多い。だが大学進学後は、ともに学ぶ仲間は大半が日本語母語話者であり、教員は日本語教育以外の専門分野を持ち、非母語話者の日本語使用やその異文化性に不慣れな場合が多い。留学生はこうしたほぼ全員日本語母語話者というコミュニティである講義やゼミに一員として参加している。このように留学生たちは来日後2年〜3年の間に構成員の特性が大きく異なるコミュニティ間を移動し、また進学後も大学の教科コミュニティの間を頻繁に移動する。そしてその過程において、彼／彼女らのアイデンティティも変化する（義永2017）ことが推察される。

2.3　分析の視点

　本研究では、嶋津（2018）が述べる「ダイアローグ的ナラティブ」の、語り手と聞き手の相互行為を通して協働的に構築される側面を分析対象とする。嶋津は「単に語り手の経験や過去の出来事が言語化されたテキストとしてナラティブを捉えるのではなく、語り手と聞き手双方の働きかけによって協働的に意味生成が行われるのが、ナラティブである」（p.56）と、聞き手、つまり対話に参加し「評価や承認」（p.61）をする他者の存在を強調する。本研究では、語りの中で授業実践や指導についての省察が行われ、その省察は語り手によってのみなされるものではなく、聞き手としての他者の視点が省察の中に持ち込まれ、語り手の経験の意味づけに大きく関与することを明らかにする。

3 | 分析

　以下では、2名の一般教員が自身の授業における「留学生指導」について語る2事例を挙げる。これらの事例のように、一般教員たちは単に聞き手による質問に答えるだけでなく、その語りの中で自分の授業実践を振り返り、留学生の様子や自分の指導を見つめ直し、自身の文脈で意味づけを行っている。そこに聞き手であり日本語教員である筆者がいかにかかわっているかをたどる。なお事例中の学生の名前はいずれも仮名である。

3.1　「留学生指導」の問題が自覚化されていくA先生のプロセス

　この場面では筆者は留学生を含む授業の運営に対するA先生の感情について尋ねている。これより前の場面で、A先生は大学院時代に留学生にかかわる中で経験したカルチャーショックについて語った。それを聞いた筆者はX大学での留学生指導においても同様の経験があるのではと思い、01の質問をした。

　事例中の下線部は、注目すべき語りであることを示す。

01　筆者　：特に、今じゃ今のところは特に留学生が
　　　　　　クラスの中にいてこう進行とかこう彼ら
　　　　　　に学ばせるっていうことについて、難し
　　　　　　いなとか、ちょっとお手上げとかって感
　　　　　　じることあります？

02　A先生：はい。<u>あんまり実はないんですけれども。</u>
　　　　　　習熟度的なところで見ると、やっぱり最
　　　　　　後に授業の最後にあの達成度を見るため
　　　　　　に、課題を出してその場で書いてくださ
　　　　　　いっていうところへのレスポンスがやっ
　　　　　　ぱりものすごくパフォーマンスが低くな

ってしまってて、どこまでわかっている
のかがその場で与える課題では本当にわ
かりかねるっていうところはあります。
ただ授業はすごく聞いてくれているので、
日本語についての段階で問題がもしかし
たらあるのか、わかっているのに書けな
いって場合か、本当に授業の内容が特に
理解できないっていうのがどっちかを私
判断できてないところがあります。

03　筆者　：それ楊さん？

04　A先生：え、楊さんもそうなんですけど、ラン
さん。はい、あと張さんですね。あとトゥ
ンさんとか劉さんとかもその場でさせる
ものに対してそんなに書いてくれないと
いうか。あんまり日本人学生みたいにパー
ッとは書いて出さないので、ただ劉さ
んとかはポイントはわかっているってい
うところも。トゥンさんはわかっている
けど書かないのかなってところがあるの
で。どちらかといえばランさんですね。
あと一人誰かな。

05　筆者　：ハンさん？

06　A先生：ハンさん。あの授業ほんとに真面目に聞
いているんですけど、レポートは全く書
けないっていうか、あのその場での課題
は書けないってところが多いので。

07　筆者　：んー、こう今んところは、ああ書けない
なっていう。

08　A先生：はい、そうなんです。その書けないの後
に、私がどれぐらいわかってるって聞い
たことがそういえばなかったので、私も

反省しています。

　A先生は02で留学生を含む授業運営に難しさは感じないと語ったものの、語りが進むにつれ、留学生それぞれで課題を「書か（け）ない」という問題の様相が異なることを語っていく。A先生は、留学生は授業内容を理解しているが書けないのか、あるいは授業の内容が理解できないのかと、課題が「書か（け）ない」ことの考えられる理由を挙げていく。筆者は留学生たちの日本語能力を把握しているため、03でA先生が語るこの問題に該当しそうな留学生の名前である「楊さん？」と言って尋ねる。そこからA先生は留学生の名前を次々と挙げていく。04で登場するトゥンと劉のことを、A先生は普段から「できる学生」と考えている。それなのに日本人学生のように課題を「パーッとは書いて出さない」、あるいは「わかっているけど書かない」といった彼らの行動を思い出す。05で筆者が日本語以外の教科の学習が難しそうだと思って挙げたハンの名前に、A先生は反応する。そして、真面目に授業を聞いているのにレポート等が書けないというハンの問題を思い出す。このようにA先生は留学生の「書か（け）ない」問題の背景を、一人ひとりの学生の文脈の中で捉え直そうとする。07で筆者が、ハンが書けないという事実確認をすると、08でA先生は自分がとるべきだった行動を示し、それが実現できていなかったと語る。A先生は当初あまり意識していなかった教育実践内の留学生の状況を語るにしたがって、「書か（け）ない」問題に自覚的になっていったことを示唆する事例である。

3.2　自身の「留学生指導」の効果に確証を得ていくB先生のプロセス
　2例目は、B先生の語りを追う。01にある「彼女」とはある中国人女子留学生を、17にある「二人」とは、01の

「彼女」を含む中国人留学生2名を指す。B先生は、授業中にこの2名の留学生に、自身が声をかけやすい教室の前方にまとまって座るように指示をしたと述べた。

01　B先生：彼女にも声かけたり、やっぱりフォローでここわかる？とか。あえていいかどうかわかんないですけど、私の声かけやすいところ留学生はちょっと座ってもらって。

02　筆者　：あ、そうなんですね。じゃここ留学生、こっち日本人学生って感じ？

03　B先生：ま、偶然っていうか、うまくやって。
　　　　　　（中略）

17　B先生：だから二人にごめんね、すっごい嫌そうな顔したんですよね。

18　筆者　：うん。

19　B先生：なんですけれども、フォローできるところがあったら、私フォローしたいと思うからって、まずそうなのかなってちょっと思ったりとかして、でわからないことがあったら二人で中国語で話してもいいって言ったら、すっごいホッとした顔してたんですよ。だからもう凄い不安だったんだなーって。でそういう一言、わからない時に中国語でのフォローがし合える、なんか関係があるっていうだけでも、モチベーションって違うのかな。なんかちょっと学ばせていただいたところです。

01でB先生は留学生を自分の近くに座るように、席を指定したことを語った。これは日本人学生たちの中に座っ

ていた留学生を取り出すことになるため、筆者は留学生と日本人学生を分断することかと思い、02でジェスチャーを交え「留学生を日本人学生と分けて座らせた」ことについて確認した。B先生はそれに対し偶然そのように座らせることになったと述べ、留学生たちは自由な席ではなく教員の近く（教室の前方）に座らされたことに対し不満気な様子を見せたことを語った。しかしそれはB先生が留学生に「フォローがしたい」、「声をかけたい」という意図による指示である。また19でB先生は隣同士に座らせた留学生2名に母語使用を認めると、留学生たちが「すっごいホッとした顔」を見せたことで、彼／彼女らが抱いていたそれまでの不安に気づいたと語った。そして留学生たちの「モチベーション」に言及し、同じ言語を使う者同士で近くの席に座るようにという自分の指示は効果があったと自負していた。当初、B先生は席の指定について「いいかどうかわかんないですけど」と躊躇していた。だが、席の指定や留学生へのフォローや声かけ、そして同じ母語使用者同士での母語使用を認めることで安心感を与えたといったそれぞれの出来事を言語化ししていく中で、その効果の確証を得たのだった。B先生はこうした経験を語る中で、自身の「留学生指導」に気づきが生じ、その経験の意味づけをしていったと言えるだろう。

4 | 考察

　以上、一般教員2名による「留学生指導」の省察を確認した。通常、一般教員が多数の日本人学生の中にいる少数の留学生に焦点を当て、その様子を語る機会は少ない。しかし筆者が聞き手となる対話が実現したことで、「留学生指導」や留学生を含むクラスでの授業運営について、一般教員の省察に深化が見られた。A先生は当初「留学生指導」

に難しいと感じることはないと言い、特に「留学生指導」における問題を意識していなかった様子が窺える。しかし次第に学生個々の「書か（け）ない」問題に目を向け、それぞれの行為や状況をA先生自身がどのように感じたのかを振り返ったり、留学生への自身の対応を反省したりする。この一連の語りからは、留学生が課題を「書か（け）ない」ため、授業内容の習熟度がA先生にはわかりかねるということ、そしてA先生に、留学生のそれぞれの「書か（け）ない」問題には留学生それぞれの背景があるというのが見えてきたことがわかる。また、B先生の語りには、同じ母語を持つ者同士でまとまって座らせたという指示が留学生たちの心理面にプラスに作用したという認識を持ったことが現れていた。

　こうした経験について省察の深化をもたらした要因として、第一に一般教員が「留学生指導」を語る場が設定されたこと、第二に「その行動をしたのは誰（どの留学生）か」、「一般教員は教育現場で何をしたのか」、「一般教員は留学生のいる教育実践にどのような感情を持っていたのか」といった具体性がある質問を日本語教員がしたことが考えられる。

　まず、1点目に挙げた一般教員が「留学生指導」を語る場が設定されることについて考えたい。これは聞き手という他者がいてこそ成り立つのである。舘岡（2019）は「（教師自身の深い考察は）他者との対話をとおして可能となる」（p.175）と述べる。また大山（2018）は、大学教員は自らの専門性に基づいた教授活動を自分自身で改善する必要があり、そのためには省察が有効であると述べ、その省察のために同僚との議論の機会がある場合は、同僚からの客観的な視点がその教員に省察の契機を与えると指摘する（p.48）。本研究では日本語教員という同僚が聞き手となり、その聞き手に語る場が契機となって一般教員の省察が

深まったことが明らかになった。また、本章に登場した教員たちの場合、小規模校に所属するという特徴から、話題に挙がる個々の学生の名前や背景知識を十分共有し得る。このような条件が、省察での「留学生指導」の意味をより協働的に構成するに至らせたと考えられる。

2点目の聞き手による具体性のある質問については、これらの質問が留学生全員の個性や日本語能力を熟知している日本語教員によるものだからこそ実現したと言える。一般教員はそれらに応える中で、授業実践で直面した問題を捉え直し、自身の文脈での「留学生指導」の意味を創り上げている。日本語教員の質問がその促進をしているのである。

では、大学の一般教員が「留学生指導」の省察を行う意義とは何か。今後も、大学は留学生をはじめ多様な背景を持つ学生を受け入れるだろう。またコロナ禍によるオンライン授業に見られるように、今までとは異なる教授スタイルが進められると予測される。そのような教育現場の複雑性、多様性、不確実性が広がる中で、大学教員は自身の教育現場を省察しながら授業実践の方法を模索していかなければならない。本研究では、日本人学生だけでなく異文化性を持つ留学生も指導する一般教員の語りに注目した。一般教員は想定していたのとは異なる教授スタイルが必要となり、留学生が受講していることで生じる問題の解決にも取り組み、省察を重ね、授業を改善しなければならない。「留学生指導」の見直しという課題が大学教育現場にあるのは言うまでもない。留学生教育の経験を積んでいる日本語教員がそこにかかわり、一般教員の省察の後押しをする意味は大きいと言えるが、それについては次節でも述べる。

5 | 本研究における「大学の日本語教員の専門性」とは

　本章では一般教員の「留学生指導」という経験の語りの検討を行った。一般教員は自身の「留学生指導」の経験を、省察を通してそれぞれの文脈において意味づけ、そしてその省察を促したのは他者の存在、特に日本語教員が聞き手となっていたことが大きいとの見解を示した。こうした日本語教育の専門家ではない一般教員と日本語教員は「留学生指導」においていかにかかわるかを再考したい。

　神吉（2019）は、日本語教師に必要とされる資格・スキル・資質の中の一つとして「専門性に対するリスペクト」（p.89）を挙げる。これは、日本語教育の専門家ではない人たちが経験の中で蓄積してきたものを尊重し、それらを日本語教育の資源として活かすことの提案と考えられる。本研究では、日本語教育の専門家ではない一般教員が、自身が蓄積してきたものを「留学生指導」に活かそうとしていることが見えてきた。例えばB先生は留学生たちの日本語能力を慮り、当初留学生たちが座っていた席から取り出し、手近な位置に移動させフォローしようと判断した。これはB先生の教育経験から、手近な位置に座らせた方が効率的にフォローできると考えた上での判断であろう。日本語教員としては、こうした蓄積を活かし「留学生指導」を行う一般教員の声にリスペクトしながら耳を傾けること、そして一般教員の「留学生指導」に向けた意識を引き出し、一般教員が抱える問題の本質の検討や新しい気づきに対し協働的な姿勢を持つことが必要になるだろう。これは留学生と一般教員、それぞれの立場を知る日本語教員だからこそ担える「役割」であり、1節で記した学習者を取り巻くコミュニティに働きかける日本語教師の役割である。具体的な例として、筆者は職場において、少数ながらも在籍している留学生のことを一般教員が意識するように、教

員間で情報共有を頻繁に行い、一般教員の口から留学生の
様子が語られる状況を作るように日々心がけている。

　では、このような日本語教員以外の他者と構成するコミ
ュニティにおける大学の日本語教員の専門性とは何か。

　舘岡（2019）が主張する「専門性の三位一体モデル」
（p.170）を本研究に当てはめると、フィールドとは日本語
クラスだけでなく、それが埋め込まれた教育組織全体とな
る。そのフィールドは各教員の教育観、クラス運営の方
針、留学生受け入れへの考え方次第で変容し得る。また筆
者自身の理念とは、多様な教科コミュニティに参加する留
学生たちの指導を、日本語教員のみならず一般教員も自覚
的に行うような教育環境を作ることと言える。そしてフィ
ールドと理念の間にある方法は、対話を通して一般教員と
連携を図り、一般教員の視点も日本語教育の課題として受
け止め、尊重し、活かすことである。フィールドの状況は
可変的であるため、方法も理念を見定めながら動態的なも
のとなる。日本語教員はこの理念、方法、フィールドの一
貫性が保たれているかを見据え、絶えず自身の教育実践や
教育環境デザインを問い直す。このように考えると、本研
究で主張する、大学のような日本語教員以外の他者と構成
するコミュニティにおける日本語教員の専門性とは、一般
教員が留学生に対しそれぞれの教科コミュニティでいかに
接しているかという実態に関心を寄せ、その教員の考えや
言動を尊重し、ともに指導体制の改善を、そして日本語教
員自身の教育実践を改編していくことと言えるだろう。

　本研究のフィールドは小規模な教育組織におけるものの
ため、教員間の情報交換は比較的容易にできる環境にあ
る。しかし、教育組織の規模が大きくなれば、学生や授業
内容、教育の方針等に関する共通認識は少なくなりがち
で、情報共有はしにくくなると思われる。そうした場合、
日本語教員は一般教員が携わる「留学生指導」についての

省察のプロセスやその経験の意味づけにいかにかかわれる
のか、今後の検討課題としたい。

注　　　　　　　[1] 本章の中では、筆者の立場のような大学における日本語教育担当者を
　　　　　　　　　　 「日本語教員」とし、様々な教育機関における職業としての「日本語
　　　　　　　　　　 教師」はそれを内包するものとする。
　　　　　　　　 [2] 各教科は教員と受講する学生たちという構成員が参加する共同体と捉
　　　　　　　　　　 え、本章では「教科コミュニティ」と記す。

参考文献　　　 大山牧子（2018）『大学教育における教員の省察―持続可能な教授活動改
　　　　　　　　　 善の理論と実践』ナカニシヤ出版
　　　　　　　 神吉宇一（2019）「日本語アドバイザー」義永美央子・嶋津百代・櫻井千
　　　　　　　　　 穂（編著）『ことばで社会をつなぐ仕事―日本語教育者のキャリア・
　　　　　　　　　 ガイド』pp.86–89.　凡人社
　　　　　　　 嶋津百代（2018）「日本語教育・教師教育において「語ること」の意味と
　　　　　　　　　 意義　対話にナラティブの可能性を求めて」『言語文化教育研究』16,
　　　　　　　　　 pp.55–62.　https://www.jstage.jst.go.jp/article/gbkkg/16/0/16_55/_
　　　　　　　　　 pdf/-char/ja（2020年8月28日参照）
　　　　　　　 舘岡洋子（2019）「「日本語教師の専門性」を考える―「専門性の三位一
　　　　　　　　　 体モデル」の提案と活用」『早稲田日本語教育学』26, pp.167–177.
　　　　　　　 永岡悦子（2019）「中規模大学　留学生担当教員が抱える問題意識から見
　　　　　　　　　 えるもの」宮崎里司・春口淳一（編）『持続可能な大学の留学生政策
　　　　　　　　　 アジア各地と連携した日本語教育に向けて』pp.47–67.　明石書店
　　　　　　　 日本学生支援機構（2021）「2020（令和2）年度外国人留学生在籍状況調
　　　　　　　　　 査結果」https://www.studyinjapan.go.jp/ja/_mt/2021/04/date2020z.pdf
　　　　　　　　　（2021年5月13日参照）
　　　　　　　 古屋憲章・古賀万紀子・孫雪嬌・小畑美奈恵（2018）「日本語教師の役割
　　　　　　　　　 とあり方をめぐる言説の変遷―日本語教師の専門性を考えるための基
　　　　　　　　　 礎資料として」『アカデミック・ジャパニーズ・ジャーナル』10,
　　　　　　　　　 pp.63–71.　http://academicjapanese.jp/dl/ajj63–71.pdf（2020年8月
　　　　　　　　　 15日参照）
　　　　　　　 義永美央子（2017）「まなぶ・つなぐ・つくる　ポスト・コミュニカティ
　　　　　　　　　 ブアプローチの時代における教師の役割」『リテラシーズ』20,
　　　　　　　　　 pp.24–40.　http://literacies.9640.jp/dat/litera20–24.pdf（2020年8月
　　　　　　　　　 22日参照）

第12章

自己と日本語をつなぐ
「キャリア日本語教育」の実践
就職活動中の大学生を対象とした個別および
グループの実践事例から

古賀万紀子

1 | 問題意識

　　本章では、筆者が行った「キャリア日本語教育」の実践
について述べた上で、「専門性の三位一体モデル」の枠組
みに基づき考察する。

　21世紀に入り、社会の情報化や技術革新が進展するか
たわら、環境問題や新型ウイルスによる感染症の拡大など
未曽有の事態が相次ぎ、人々の生活様式は目まぐるしく変
化している。また、動画投稿者やeスポーツプレイヤーと
いった新しい職業が生まれる一方で、非正規雇用の増加や
離職率・失業率の上昇といった雇用問題が世界的に顕在化
している。このように、社会情勢が激動する中、個々人の
働き方や生き方はますます多様化し、社会によって保障さ
れる安定したキャリアというものは前時代的になりつつあ
る。つまり、「変動する時代や環境に応じて自ら柔軟にキ
ャリアを変化させていくという動的かつ自己主導的なキャ
リア観への転換」(古賀2018: 28) が求められているといえ
よう。

　　こうした状況下で、近年、キャリア教育への関心が高ま
っている。キャリア教育が依拠するキャリア概念とは、職
業人生に焦点化したワーク・キャリアではなく、生涯にわ
たって家庭や地域、学校、職場などさまざまなコミュニテ

203

ィの中で多数の役割を果たしながら生きていくプロセスを包括するライフ・キャリア（Super 1980）である。よって、キャリア教育は、就職セミナーや職業指導といった特定の分野や教科、活動に限定されない。それは、個々人のキャリア発達、すなわち「社会の中で自分の役割を果たしながら、自分らしい生き方を実現していく過程」（中央教育審議会2011: 17）を支援する教育の理念と方向性を示す概念である。

　筆者は日本語教育においてキャリア教育の観点を持つことの重要性を主張し、「キャリア日本語教育」という概念を提唱した（古賀2018）。「キャリア日本語教育」の概念が意図するのは、「自分らしい生き方」を支援するというキャリア教育の目的と、日本語の学びを支援するという日本語教育の目的との融合である。よって、「キャリア日本語教育」の実践がめざすのは、一般的な言語知識や能力の獲得ではなく、「自分らしい生き方」の構想・実現につながることばの力の涵養、すなわち「個々人が自己と日本語とを結びつけ、自己発見と自己を語ることばの力とを相互に促進していくことで、新たな生き方の可能性を拓く」ことである（古賀2018: 37–38）。次節では、「キャリア日本語教育」の概念に基づき筆者が行った個別およびグループの実践事例を取り上げる。

2 ｜ 実践例

　本節では、日本企業への就職を志望して就職活動中である韓国人大学生を対象に筆者が行った「キャリア日本語教育」の実践事例を取り上げる。外国人大学生は日本企業への就職活動において、大学生から社会人へという発達的移行に加え、母国社会から日本社会へという言語・文化・物理的移行に直面する。こうした多重的移行に接し、「目の

前に広がる人生が多種多様な矛盾しあう可能性や選択に満ちている」（エリクソン2011: 99）外国人大学生にとって、自らの生き方や社会的役割に関する悩みや混乱は避けがたい。よって、介入的支援の余地があると考えた。

2.1 個別実践：サトミと筆者との対話

　本項では、2015年夏に二度にわたって行った個別のインタビュー形式の実践を取り上げる。当時、筆者の元教え子であるサトミ（仮名）は韓国の大学に在籍する4年生で、就職活動を行っていた。しかし、「専攻で学んだ日本語を活かして日本企業に就職したい」という漠然とした希望があるのみで、「何がしたいのかハッキリ決まらなくて落ち込んでいる」という悩みを吐露した。そこで、筆者は「一人で考えるより誰かと話したほうが分かることもあるのでは」と提案し、「物語的自己」の概念に基づくナラティヴ・アプローチを基盤としてインタビュー形式の対話実践をデザインした。「物語的自己」とは、自己は個人に内在する固定的なものではなく、他者に対して自分自身について語ることによって構成される「ストーリー（物語）」であるという考え方である（やまだ2006ほか）。

　本実践は、筆者とサトミで相談して日時や場所を決め、教育機関外の課外活動として行ったものである。実践では、雑談時のような自由な雰囲気の中で、サトミに今までの人生の中で印象に残っている出来事について思いつくまま語ってもらった。筆者はサトミの自由な語りを尊重し、語りに傾聴しつつ、質問や応答によって積極的に語りに参加することに留意した。また、筆者はインタビュー中にサトミが語った内容の要点を付箋紙に記入し、時間軸に沿って画用紙に貼り付け、「自分史年表」を作成した。「自分史年表」は対面しているサトミと筆者の間に置き、両者は修正・追記・削除・移動などの改変を随時自由に加えた。時

期ごとの語りの内容を可視化し、共有することによって、随時語りのふりかえりや解釈、再構成が可能になることが「自分史年表」の利点である。

第2回インタビューの終盤で、サトミは本実践の意義について次のように語っている[1]。

〈2015/08/20 第2回インタビュー〉

サトミ：これ（自分史年表）、小学生から大学生まで、こうやってポスト貼りながらするのが本当に初めてだったんで。〈中略〉私本当に、昔はこんな子だったんだーとか…あんなエピソードがあったんだ、みたいな。本当にじっくりふりかえってみる機会になって。一人だけじゃなくて、相手、先生がいらっしゃって話し合うから、そのエピソードにとまずに（留まらずに）、なんでそう思って、これからどういくのかを、はっきりは考えなくても、考え方の道を探したっていうか。本当に、就活じゃなくて、色んな意味で本当に役に立ちました。私っていうことにどんな人なんだろうってことが、ずーっとわかってて。〈中略〉本当に自分が分からないようなエピソードも他の人が覚えてくれたり。…自分も知らない自分を、他の人が探してくれたり。…今おぼえたら（思い出したら）本当にちっちゃなエピソードなんですけど、重ねてみたら、こんなにいきなりエピソードでもないんだ、みたいな。私のそういう性格だからこそできるエピソードみたいな。

サトミは本実践が自身のこれまでの人生をふりかえる機会になったと語った。そして、一人ではなく筆者とともに

「話し合う」ことで、単に過去のエピソードをふりかえる
だけでなく、「なんでそう思ってこれからどういくのか…
考え方の道を探した」、「私って…どんな人なんだろうって
ことが、ずーっとわかっ」たという。ここにおいて、本実
践が「自分はどんな人で、これからどう生きるのか」、つ
まり「自分らしい生き方」につながる自己構成を促す意義
があったことが示唆される。

　では、サトミの自己構成とはどのようなプロセスであっ
たのか。次に、本実践におけるサトミと筆者のやりとりを
抜粋して示す。

〈2015/08/10　第1回インタビュー〉
古賀　：大学に入ってから、やっぱり<u>親の期待に沿った
　　　　生き方だけではできないって思ったの？</u>
サトミ：そうですね。できない。入学する前、その（大
　　　　学受験の）ころ、ずーっと迷ったんですね。…
　　　　今まで私何やったんだろう。…真剣に私がやる
　　　　ことを（専攻として）決める方がいいんじゃない
　　　　かなぁと思ったら。<u>振り返ってみると私は、た
　　　　だ親の期待に応じて歩むだけなんだ、というこ
　　　　とを気付いて。</u>〈中略〉私、一応<u>日本語が好き
　　　　で…（日本語を専攻した方が）いいんじゃないか</u>
　　　　って。<u>もうここまで親の期待に応じたから、私
　　　　の選択、その選択は、私に任せてくれるんじゃ
　　　　ないかな、</u>と思ったけど、結局親はイヤって答
　　　　えが出たんで。なんでだろうっていう疑問？<u>私
　　　　はどこまで親の期待に応じ続けなきゃいけない
　　　　んだろうっていう。</u>

〈2015/08/20　第2回インタビュー〉
サトミ：（中学生の頃は）勉強、勉強、勉強でした。…（お

母さんに）認めてほしくて、もありますし…お母さんに、私はできますよっていう。無視しないでくださいみたいな。そういう反抗？みたいな。…本当にピークでした。…だってそれは、私の将来をめざした勉強ではなくて、ただ、点数のために。…だから何の目標もない、めざす場所がないから。…これから私なにやるんだろうと思ったら（やりたいことが）ないから、だんだんだんだん（勉強のモチベーションが）低くなって。

〈中略〉

古賀　：でもそれでも日本語で、日本で（働きたい）って思えたのは？

サトミ：さっき言った通りに、中3の時にバーッと成績が上がった時あるんじゃないですか。その時に理由としては、お母さんの期待に…応えるためにやっただけで、実際に、私がそうなりたいという気持ちじゃなかったという。言いましたね。

古賀　：お母さんが理由だったんだね、その時は。

サトミ：主には。はい。ですから、これまでは、あんまり、何になりたいという興味を持つということはなかったんですね。…偶然に日本音楽を紹介する番組を見て、それから、音楽を聴き始めて、ドラマも見て、ニュースも見ながら、自然に勉強する私に気づいたんですよ。…そういうのを気づけてから、私がこれまで意志を持って勉強したのがあるかなと思ったら全然なくて。じゃあそれ、私が本当に初めて興味を持った言語をもっと勉強しようかなと思って。…自分の意志で自分がやりたいというのは日本語が初めてだったんで。

古賀　：うーん、なるほどね。初めて自分で見つけたも
　　　　　　のだから。

　本実践における対話を通じて、親が望む勉強・進路とサ
トミが望む日本語との対立をめぐる中高時代の葛藤を語る
中で、サトミ自身の「生き方」「意志」「選択」と日本語と
のつながりが浮き彫りになっていった。そして、サトミと
筆者の間には「親の期待に応えるために生きてきたサトミ
が初めて自分の望む生き方を考え、自分の意志で選んだの
が日本語である」というストーリーが構成されていった。
つまり、サトミにとって日本語は、大学の専攻や就職とい
った人生の選択場面における「自己選択」の象徴ともいえ
る。そして、インタビュー後、サトミは某企業のエントリ
ーシートの中で次のように綴っている。

〈2016/06/17　サトミのエントリーシートの文章〉
　進学に際して私の夢を両親が認めてくれなかった時が
一番大変でした。幼い頃に私は自分より親の意見に合わ
せる場合が多く、それが自分にとっても嬉しいことだと
思ってきました。そんな中、初めて自ら楽しいと感じた
日本語を大学の専攻として決めましたが、両親は理解し
ようとせず、むしろ私が両親の意見に従うことを望みま
した。…私はそれでもあきらめずに自分の目標に向かっ
てこつこつ頑張りました。高校の時は、学校の日本語の
先生に日本語学習サークルを作ろうと提案し、授業以外
でも日本語が勉強できる環境を自ら作り、初代メンバー
として活動しました。…このように少しずつ変化してい
く私の姿をみたことで両親も今では認めてくれて、就職
活動も応援し続けてくれています。社会に出ても、自分
が決めた目標に対して主体性を持ち粘り強く挑戦する力
を発揮し、どんな物事に対してもすぐ諦めずに、挑戦し

第12章　自己と日本語をつなぐ「キャリア日本語教育」の実践

<u>ていきたいです。</u>

　サトミは親と衝突しても「初めて自ら楽しいと感じた日本語」を選択し、「日本語が勉強できる環境を自ら作る」といった主体的な行動を重ね、親にも認められるようになった。それはサトミにとって「あきらめずに自分の目標に向かってこつこつ頑張った」経験である。そして、その経験を「自分が決めた目標に対して主体性を持ち粘り強く挑戦する力を発揮し、どんな物事に対してもすぐ諦めずに、挑戦していく」という将来の生き方とつなげたストーリーとして昇華している。このように、サトミは本実践を通じて日本語をめぐる経験と自らの生き方とのつながりを意味づけていった。それは、自己のキャリア、すなわち「自分らしい生き方」の中に日本語を位置づけ、主体的に自己のキャリアを生きるというストーリーとして構成していくプロセスであった。つまり、意味づけるとは、「なぜそのとき、そのような行動をしたのか」「その経験は今の自分にどのように関連しているのか」「将来、自分はどのように生きていくのか」といった観点から語りを解釈し、過去・現在・未来の時間軸上で筋が通る「ストーリー」として構成していくことである。
　ここにおいて、「キャリア日本語教育」実践の意義は、対話を通じて「自分らしい生き方」を日本語のストーリーとして構成していくことだといえる。「自分らしい生き方」は、確固たるものとして個人にアプリオリに内在するのではない。それは、他者との対話を通じて社会的に構成されていく動態的なプロセスである。ヴィゴツキー（2001: 366）は、「思想と言葉との関係は何よりも物ではなくて過程である。この関係は思想から言葉へ、言葉から思想への運動である」と述べている。つまり、日本語で語りながら自己のキャリアを考える、自己のキャリアを考えながら日

本語で語る、というように、「自分らしい生き方」に対する思考と日本語による言語表現とは連動している。このように、自己のキャリアに対する考えと日本語とを連動させながらストーリーを構成していくプロセスにおいて、自己構成と日本語の学びとは不可分だと捉えられる。

2.2 グループ実践：スタディーグループにおけるメンバー間の対話

個別実践や就職活動の面接試験などを通じ、他者と自分の話をすることの重要性を感じたサトミは、同じような立場にいる学生同士が集まるスタディーグループが必要だと話した。そこで、筆者も協力を申し出、二人でスタディーグループを企画・創設することとなった。

2016年夏にSNSでメンバーを募集し、サトミを含む就職活動中の韓国人大学生6名と筆者によるスタディーグループが発足した。その後、メンバーの脱退や加入を繰り返しながら約1年にわたって活動が続いた。活動は基本的に週1～2回で、韓国内の貸会議室などに集まって対面で行う場合もあれば、グループチャット機能を利用して遠隔で行う場合もあった。このスタディーグループにおいて、活動内容を話し合う、スケジュールを組む、ディスカッションテーマを設定する、活動場所を確保するなど、活動をデザインし、実践の場をつくる主体はサトミをはじめとする学生たちであり、筆者はメンバーの一人という位置づけであった。

以下、就職面接での想定質問とその回答について語り合うメンバー同士のやりとりを取り上げる。なお、この日の活動に参加したミンジ、イェナ、ウンビは、サトミと同じく日本企業への就職をめざしている韓国人大学生で、全員仮名である。

<2016/09/27　スタディーグループ活動>

ミンジ：（「あなたの短所は何か」という想定質問に対して）私（の短所）は、大雑把な面がある。

イェナ：あれってあんまりよくないんじゃないですか、大雑把って。【評価】…まず長所考えてみたらどう？【転換】

ウンビ：長所を考えて短所を次に。何か計画（立てることは）、いいじゃないですか。でも計画立てすぎとか、そういう風に考えたら。【例示】…自分の長所って何がありますか？長所も結構聞かれるんですよね。

イェナ：そうですね、私も前向きに見ること、私は本当に私の長所と思ってます。失敗とか忘れるので。でも短所って本当の短所、おっちょこちょいとは言わないので、楽観的、そういうことにしました。【例示】

古賀　：…さっきキリン（に自分をたとえた話）の時に（ミンジが）言っていたことは？視野が広いとか、みんなをまとめる。【回想】

ミンジ：ああ。みんなのことは全部見てるんですけど、実際に自分のことにはあんまり気にしない。

ウンビ：…じゃあ他の人のことを自分より…優先する、っていうことはどうですか？【解釈】

古賀　：気配りができる？…自分のことは後回しにしてしまうことがある。他の人、優先して、自分の事は後でって。【解釈】

ミンジ：はい、そういうところあります。

ウンビ：自分の仕事よりも他の人の仕事、他の人の頼みを優先するという誤解もあるかも。【異なる視点から解釈】

古賀　：そうだね、もうちょっとことばを足した方がい

いかも。【提案】

イェナ：眺めるだけで、自ら行動しない？【解釈】…
　　　　（大学のサークルでは）サポートして、自分（ミン
　　　　ジ）がリーダーしたんですよね。

古賀　：でも（大学のサークルの）リーダーの時も（ミンジ
　　　　は）割とそんな感じだったかもしれない。…自
　　　　分の（演劇の）役があったけど、他の後輩とか
　　　　を指導して、自分の練習は後で。【補足】

ミンジ：確かに、あったんですよね。ああ。

ウンビ：頑張り屋で全部やろうとして無理をするタイ
　　　　プ？【解釈】

ミンジ：うーん。頑張りすぎ（笑）。

　ミンジが「自分の短所は何か」という自己のストーリー
を模索する中で、メンバーたちは次のような役割を通じて
ストーリーの構成に参与していた。すなわち、ミンジが語
ったストーリーを【評価】する、長所から短所を考えると
いったようにストーリーを語る観点を【転換】する、自身
のストーリーを【例示】する、ミンジが以前語ったストー
リーを【回想】する、自身の視点からミンジのストーリー
を【解釈】する、面接官などの【異なる視点から解釈】す
る、ミンジの過去の経験に関して【補足】する、といった
役割である。つまり、本実践における対話とは、各個人の
異なる視点から構成されたさまざまなストーリーが相互作
用しながら混合し、新たなストーリーを構成していくプロ
セスであった。このように、スタディーグループでの対話
を通じて「自己」のストーリーを構成していくことについ
て、メンバーは次のように語っている。

〈2016/09/27　スタディーグループ活動〉
　ウンビ：（想定質問に対する自身の回答についてメンバーと語り

第12章　自己と日本語をつなぐ「キャリア日本語教育」の実践

合ったことを受けて）やった。解決した。…あと
　　　何かありませんか？ こうやって話す間に、み
　　　んなで。
　イェナ：うん、みんなで考えていける感じ。
　ウンビ：すごい、作れる感じです。自分の話をしたら、
　　　他の人が探って、作ってくれます。

　スタディーグループにおいて、メンバーの「自己」のス
トーリーは、個人の所有物ではなく、対話の場に開かれる
ことで、「話す間に、みんなで作れる」「みんなで考えてい
ける」協働の創作物になっていた。こうした協働のストー
リー構成を通じ、メンバーは互いを「自己」のストーリー
を「探って、作ってくれる」存在として認め合い、対等で
互恵的な関係性が醸成されていった。ここにおいて、自己
構成は、個人の内的行為ではなく、他者との対話を通じて
協働でストーリーを構成していく活動のプロセスだといえ
る。つまり、異なる視点で構成された複数のストーリーが
対話を通じて相互作用しながら混合していくことによっ
て、ストーリーとしての「自己」が構成されていくという
ことである。

3 ｜ 考察

　本節では、本書第6章で舘岡が提示した「専門性の三位
一体モデル」の枠組みに基づき、本実践における理念・方
法・フィールドの関係性を考察する。
　筆者がめざす「キャリア日本語教育」の理念は、自己構
成と日本語の学びとは一体的に促進されるという視座に立
ち、日本語の活動を通じた「自分らしい生き方」の構想・
実現を支援することである。こうした理念に基づき、就職
活動中の外国人大学生を対象とするフィールドにおいて、

他者との対話を通じて「自己」を日本語の「ストーリー」として構成していく方法を編み出した。

　本実践を通じて筆者が得た気づきは、次の二点である。

　一点目は、実践の方法は必ずしも予め教師の中にあるのではなく、フィールドの状況や学習者との関係の中で生成・決定されるということである。従来の日本語教育では、教室で学習の内容や方法を決めるのは教師であり、学習者はそれを享受するという構図が一般的に想定されていた。しかし、本実践は、サトミの悩みに接した筆者が自らの教育理念に基づく介入的支援の方法を考え、課外活動としての実践の場を創出するところから始まった。その後、筆者とサトミが企画したスタディーグループでは、学習者と教師の区別なくメンバー同士で対話を重ねて方法を考え、主体的に新たな実践の場を生みだしていた。このように、学習者と対話を重ねながら実践の方法を編み出していくというのも、日本語教育実践の一つのあり方であろう。

　二点目は、「キャリア日本語教育」の実践においては教師も一人の学びの主体であるということである。本実践では、他者との対話を通じて「自己」を日本語の「ストーリー」として構成していくことで自己構成と日本語の学びとが一体的に促進されることが示唆された。実践においてサトミをはじめとする学生たちと日本語教師である筆者とは、「自己」を語る対話に参与し、他者の、あるいは自分自身の「ストーリー」を構成していく主体であるという点で対等であった。時には「なぜ日本語教師になったのか」といった問いが投げかけられ、筆者自身の人生について語ることもあった。筆者はそうした対話への参与を通じ、自らの教育理念につながる日本語教師としての「自己」を構成したことで、実践の意義を体感した。つまり、筆者は実践をデザインするだけでなく、実践に参与して学習者を支援すると同時に、自らも実践を通じて日本語教師としての

「自分らしい生き方」を構成していったということである。

　以上、「専門性の三位一体モデル」の枠組みに基づき実践を考察することで、筆者がめざす日本語教育のあり方、すなわち教育理念が浮き彫りになった。この理念に基づき、また新たな実践を構想したい。そうして絶えず自身の教育理念と実践を往還し、自身がめざす日本語教育を追求していくことこそが、日本語教師の専門性といえるのではないだろうか。

謝辞
本研究の一部はJSPS科研費JP16K16866の助成を受けたものです。本研究にご協力いただいたサトミさんならびにスタディーグループのメンバーの皆さんに感謝の意を表します。

付記
本稿は、早稲田大学大学院日本語教育研究科提出の博士論文の一部を加筆修正したものである。

注

[1] 発話中のフィラーや言い淀み、明らかな言い間違いは除いた。文意が読み取りにくい部分には、筆者による補足や注釈を（　）で挿入した。同一発話内の一部、あるいは連続する発話を省略する場合は「…」で示し、談話内のまとまった発話を割愛する場合は〈中略〉で示した。分析において特に着目した部分には筆者による下線を付した。

参考文献

ヴィゴツキー, レフ S.（2001）『新訳版　思考と言語』（柴田義松訳）新読書社（Выготский, Л. С. (1934) Мышление и речь. Психологические исследовштя. Москва Ленинград: Государственное Социально-Экономическое Издательство.）

エリクソン, エリク H.（2011）『アイデンティティとライフサイクル』（西平直・中島由恵訳）誠信書房（Erikson, E. H. (1959) *Identity and the Life Cycle: Selected Papers*. New York: International Universities Press.）

古賀万紀子（2018）「外国人大学生に対する就職支援の文脈における日本

語教育の課題—「ビジネス日本語教育」から「キャリア日本語教育」
へ」『早稲田日本語教育学』25, pp.21–40.

中央教育審議会（2011）「今後の学校におけるキャリア教育・職業教育の
在り方について（答申）」http://www.mext.go.jp/component/b_menu/
shingi/toushin/__icsFiles/afieldfile/2011/02/01/1301878_1_1.pdf（2020
年9月6日参照）

やまだようこ（2006）「質的心理学とナラティヴ研究の基礎概念—ナラテ
ィヴ・ターンと物語的自己」『心理学評論』49(3), pp.436–463.

Super, D. (1980) A life-span, life-space approach to career development.
Journal of Vocational Behavior, 16, pp.282–296.

第12章　自己と日本語をつなぐ「キャリア日本語教育」の実践

第13章

外国人材と日本社会をつなぐ
日本語ビジネスコミュニケーション
外国人材と日本人材の双方向的学びを目指して

小林北洋

1 | 問題意識

　　経済のグローバル化と少子高齢化による労働人口減少を背景に、国内外の日本企業で働く外国人材が急増している。日本国内の外国人労働者数は2019年10月時点で166万人（2020年1月／厚労省公表）、10年後には280 〜 390万人に増加し外国人労働者数比率は5 〜 6%に達するとの予測もある（2019年11月／日本総研レポート）。日本が将来にわたり、社会や経済の基盤を維持し発展させてゆくうえで、外国人材はもはや欠くことのできない存在となっている。

　　こうした趨勢の中、国内外の日本企業における外国人材と日本人材が共に働く職場や仕事の接触場面では、両者間の摩擦やコミュニケーション上のトラブルなどの事例が後を絶たない。そして、これら事例の多くは、日本語など語学能力が要因というよりも、「問題の背後に異文化接触、仕事の進め方の違い、キャリア意識や働き方の違いなどが存在している」（近藤・金ほか2009）ことが要因として指摘されている。

　　筆者は、企業人として、海外現地勤務をはじめ外国人材とともに働く仕事を長期にわたり体験した。とりわけ、今から40年前の中国国営企業との現地共同事業では、連日生じる日中両者間の紛糾や相互不信を双方の人々が一年間

219

にわたる辛抱強い対話と相互理解への努力により打開し、ついには信頼関係を築くに至ったという極めて貴重な体験を得た。この体験を通じ、筆者は、外国人材と日本人材が共に働く場においては、対話による相互理解とより良い関係性の構築に向け互いが努力する姿勢が最も重要であることを強く認識した。以来、この認識が外国人材と日本人材が共に働く場を考えるうえでの筆者の基本的視点となっている。

　企業を定年退職した今、筆者は日本語教育に取り組んでいる。企業人時代の体験で得た基本的視点に基づき、「外国人材と日本人材が対話による相互理解とより良い関係性の構築に向け努力し、それぞれが役割を発揮してより良い社会を共に創るための後押しを日本語教育の場を通じて行なう」、これが筆者が日本語教育に取り組むうえでの理念であり、この理念に基づく実践を目指している。

　では、日本語教育の場で、どのような実践の形で筆者の理念を具現してゆくことが可能だろうか。筆者の目指す実践は、外国人材と日本人材が対話による相互理解とより良い関係性の構築を目指す実践である。そのためには、外国人材と日本人材が共に参加し、対話を通じて双方向的学びが生まれる実践でなければならない。そのような双方向的な学びの場が形成できれば、外国人材と日本人材が共に働く職場や仕事の接触場面での摩擦やコミュニケーション上のトラブルの軽減、解消などにも必ずや役立つのではないかと、筆者は考える。

　本章では、筆者が自分自身の理念に基づく実践を模索する中、日本語教育で協働の概念を背景に持つ学習方法（例えば、池田・舘岡（2007）など）の一つとして用いられているケース学習（後述）を活動の枠組みとして、外国人ビジネスパーソンと日本人ビジネスパーソン両者を対象に行った日本語ビジネスコミュニケーション学習の実践を取り上

げる。そして、実践における参加者の学びや経験について
考察した結果および、その結果から筆者自身の理念に基づ
く日本語教育の実践が具体的に可能であることを述べる。
そのうえで、最後に、筆者の考えるこれからの日本語教育
と日本語教師の専門性について述べる。

　なお、本章における「日本語ビジネスコミュニケーショ
ン」とは「職場内外や仕事の接触場面において様々な形態
で行われている日本語によるコミュニケーション」を意味
する。

2 | 先行研究

　現在、一般的に日本語教育機関で行われているビジネス
日本語教育は、アジア人財資金構想事業（2007 〜 2013年）
の「日本語教育カリキュラム」の影響を受け、外国人材に
日本企業のニーズに応える日本語能力と企業文化適応を求
める一方向的学習の性格が強いと筆者は捉えている。

　一方、筆者が日本語教育の実践で目指すものは、外国人
材と日本人材の対話による相互理解とより良い関係性の構
築であり、外国人材と日本人材による双方向的学びであ
る。外国人材と日本人材による双方向的学びに繋がると筆
者が考える研究や実践については、近藤・金（2010）が経
営学のケースメソッド教授法を援用した「ケース活動」の
研究報告を行い、ついで、近藤・金・池田ほか（2013）が
「ケース学習」を提案している。「ケース学習」は「事実に
基づくケース（仕事上のコンフリクト）を題材に、参加者が
整理・討論し、時には疑似体験しながら考え、解決方法を
導き出し、最後に内省を行う学習である」（近藤・金・池田
2015: 6）。筆者は、外国人ビジネスパーソンと日本人ビジ
ネスパーソンの対話による相互理解とより良い関係性の構
築に繋がる実践のデザインを模索する中、ケース学習の対

話による問題発見解決活動の枠組みが方法論の一つとして活用できるのではないかと考えた。

　ケース学習の実践については、近藤（2014）や金（2016）が大学で留学生と日本人学生を対象とした実践を報告している。そして、ビジネスパーソンを対象とする実践では、金（2018）が日本企業の外国人社員を対象とする交流会でケース学習を実践するとともに日本人企業関係者参加の拡大セッションを行い、その報告を行っている。また、小林（2018）は外国人ビジネスパーソンと日本人ビジネスパーソンの合同参加によるケース学習ワークショップの実践を行い、近藤ほか（2019）も企業研修での外国人材と日本人材双方を対象とした実践を報告している。

　しかし、外国人材と日本人材が共に参加するケース学習の実践はまだ限定的であり、十分に検討が行われているとは言えない。本章では、筆者が行った外国人ビジネスパーソンと日本人ビジネスパーソンを対象とするケース学習ワークショップの実践より、筆者が捉えた両者の学びや経験、両者の学びや経験の背景の相違、その相違から考える課題とこれからの日本語教育の役割について述べる。

3 ｜ 実践：外国人ビジネスパーソンと　日本人ビジネスパーソン合同のケース学習

3.1　実践の背景と目的

　一般的に、日本語教育で行われるケース学習の実践は日本語学習者である外国人留学生や外国人ビジネスパーソンを対象に行われる実践が多い。しかし、実践で題材として用いるケースの事例は外国人ビジネスパーソンと日本人ビジネスパーソンとの間に生ずるコンフリクトの事例である。また、筆者がオブザーバーとして継続的に参加したケース学習実践では、参加者である外国人ビジネスパーソンのケース学習での学びや経験が彼らの日々の行動に結びつ

くうえで、周囲の環境つまり職場の日本人上司や同僚の理解や後押しが重要な要素となっていることが推察された。そうであるならば、外国人ビジネスパーソンの側だけを対象にケース学習を行うのではなく、日本人ビジネスパーソンと外国人ビジネスパーソンが共にケースを題材に問題発見解決の活動に参加し討論や問題整理のプロセスを共有したほうがよいのではないか。その場合に①どのような学びや経験が得られるだろうか、②外国人ビジネスパーソン対象のケース学習に比べ学びや経験の深まり・拡がりが見られるだろうか、そして③両者に双方向的な学びが生まれるだろうか。これらの問いを自分自身の実践を通じて考察したい、と筆者は考えるに至った。こうした背景と目的のもとに、筆者は、外国人ビジネスパーソンと日本人ビジネスパーソンが共に参加するケース学習ワークショップ（本章では以下"WS"）を行った。

3.2 実践の概要

WSの概要は以下のとおりである。

実施期間		・2017年8月〜10月（3回、90分／回）
場所		・東京都内レンタルミーティングルームを利用。
参加者	外国人参加者[6人]	・男性：3人（日本企業勤務歴2〜10年） ・女性：3人（2人は日本企業勤務歴半年／3年、1人は日本企業勤務歴なく、母国企業勤務歴5年）
	日本人参加者[5人]	・男性：4人（勤務歴6〜30年、1人は会社経営者） ・女性：1人（勤務歴8年）
	補足	・外国人参加者の日本語：JLPT／N3〜N1以上。 ・外国人参加者、日本人参加者ともWSに関心を持つ筆者の知人および知人による紹介者。 ・WSには毎回、外国人参加者と日本人参加者合わせ5〜8人が参加。
活動の内容		・『ビジネスコミュニケーションのためのケース学習』（近藤ほか2013）のケースを題材に、ケースにおける問題（仕事の接触場面でのコンフリクト）についてグループで討論・整理し、更に全体討論を行い、参加者各自なりの問題解決策を探る活動を行った。 ・ケースは、CASE09「空気を読んで」、CASE05「ほう・れん・そう」、CASE07「完成度」を使用した。 ・筆者がファシリテーターを担当した。

3.3　学びと経験の考察

　外国人参加者と日本人参加者はWSにおいて、どのような学びや経験を得たのだろうか。参加者の討論音声記録と参加アンケートおよびフォローアップ（後日）インタビュー（複数回WSに参加した外国人参加者3人と日本人参加者2人を対象）の結果を整理し、考察を行った。

　考察の結果を概括して言えば、外国人参加者と日本人参加者は共にケースを題材とする問題発見解決に取り組むことでお互いに対する理解が深まり、「相互理解」と「より良い関係性の構築」に繋がる学びや経験を得たことが窺えた。

　外国人参加者は、「日本人から直接意見を聞いたりディスカッションできたことで、日本人の考え方に対する理解がより深まった」として、彼らの学びや経験について、具体的に以下のとおり述べている。

《「　」：後日インタビューより》
「企業における日本人の考え方や仕事の進め方はこのようなものだろうと今まで考えていたことが実は表面的な理解だった。ディスカッションを共有したことで、日本人の考え方の理由や背景を深掘りして考えられるようになった。」
「仕事の経験が豊富な日本人や日本人の経営者と直接話し合えたことで、日本人の考え方や重視していることへの理解が深まった。」

　一方で、日本人参加者は、彼ら自身が得た学びや経験について以下のように述べている。

《「　」：参加アンケート／後日インタビューより》
「日本人だけでは出てこない発想や考え方を知った。」

「日本で長く働く外国人は、自分達の想像以上に日本人について理解していること、日本に合せたり折り合いをつけたりするために努力していることを改めて知った。」

　日本人参加者の学びや経験について、討論での具体例を次に挙げる。

《「　」：討論音声記録より》
　CASE09「空気を読んで」では、はじめ、日本人参加者達は、外国人参加者達は“空気を読む”ことの意味が分かるだろうか、と懸念した。しかし、外国人参加者達は「“空気を読む”ことの意味はわかるが、ケースの場面で何故“空気を読む”必要があるのか理解できない」「意味は分かる。でも、空気を読む読まないは別」等の反応を示した。日本人参加者達にとって外国人参加者達が“空気を読む”ことの意味を理解していたことはやや意外であった。同時に、日本人には日常的な“空気を読む”場面で、空気を読むその必要性を疑問視する外国人参加者達の反応が新鮮な驚きであった。
　また、同じCASE09「空気を読んで」で、日本人上司が外国人社員に対し怒りを露わにする場面に対し、ある外国人参加者は首を捻り、「自分の国ではこんな場面はそう起こらない。ケース事例にならない。職場で怒りを露わにしていいことはない。自分の感情をコントロールできないとしか思われない」と呟いた。それまで日本人上司が怒りを露わにする状況を日常有り得ることとしてどう対処するか議論していた日本人参加者達にとっては、視点が全く異なる虚を衝く外国人参加者の呟きであった。
　CASE05「ほう・れん・そう」では、登場人物の外国人社員に対し、長く日本で働く外国人参加者から、「この外国人社員は怠けている。日本の習慣に合わせる努力をして

いない。もっと勉強して努力すべき」との厳しい意見が出た。複数の日本人参加者は、後日インタビューで、こうした外国人参加者の意見を振り返り、「長く日本で働く外国人は日本に自分を合せたり折り合いをつけたり努力しているんだと感じた。今まで考えたことがなかった」と述べている。

3.4　学びや経験の拡がり・深まり

　WSでは、外国人ビジネスパーソン主体のケース学習と異なる学びや経験の拡がり・深まりの可能性を考察することも目的の一つであった。

　外国人参加者については、下記のとおり、後日インタビューの感想から、日本人参加者とディスカッションを共有したことで日本人の考え方や行動に対する理解の拡がりや深まりが窺えた。

《「　」：後日インタビューより》
「日本人とface to faceで話すことでお互いに考えるプロセスを共有し深く考えることが出来た。」
「日本人の経営者の管理者としての経験や話は他の人（他の日本人参加者の経験や話）とは違うと思った。（それは）自分にない経験や考え方。将来、日本人上司と話す機会があればとても役に立つ。」
「ケースは日本人に関する事例が多い。大学の日本語授業でケース学習を経験したが参加者に日本人がいないので想像が多くなる。日本人がいると直接意見を聞いて深く考えることができる。」

　一方、日本人参加者も本章3.3で記述したとおり、以下の学びや経験を得た。

《「 」：参加アンケート／後日インタビューより》
「日本人だけでは出てこない発想や考え方を知った。」
「日本で働く外国人が想像以上に日本人の考え方を理解
していること、日本に合せたり折り合いをつける努力を
していることを改めて知った。」

　このように、WSでは、お互いに外国人同士、日本人同
士だけでは思いつかない発想や考え方に出会うことができ
た。外国人ビジネスパーソンと日本人ビジネスパーソンが
共に働く職場や仕事の接触場面に焦点を置いた場合は、両
者が共にケース学習に参加することでお互いの学びや経験
はより拡がる、あるいはより深まる可能性があるというこ
とをWSの結果は示唆している。

3.5　考察から見えた学びや経験の背景の相違
　外国人参加者と日本人参加者の学びや経験を考察してい
る過程（本章3.3）で、筆者は、両者の学びや経験が生じた
背景が異なるのではないかと考えた。外国人参加者の学び
や経験は、日本で働く彼らが日頃から「日本人の考え方を
よく理解したい」と思う気持ちを背景に生じた学びや経験
と理解できる。一方、日本人参加者の学びや経験は、日本
で働く外国人が日本人の考え方や行動を知っているほどに
は、日本人は日本で働いている外国人の考え方や行動を知
らない、という状況を背景として生まれた学びや経験と捉
えることができる。この背景の相違には、日本社会や日本
企業という場におけるゲスト（外国人）とホスト（日本人）
の立場が要因としてあると筆者は考える。ゲストとホスト
の立場とは、少数側（参入者）と多数側（受入れ側社会）の
立場であり、端的に言えば、どちらがどちらに合わせる
か、歩み寄るか、という異文化間接触での立ち位置であ
る。島田（2017: 146）は、異文化間教育の視点から「日本

国内の職場や日本人の異文化への理解や配慮が不足していることは、これまでの調査研究で繰返し指摘されている」と述べている。言うなれば、WSにおける日本人参加者の学びや経験は日本社会や日本企業における多数側の無意識とも言える一般的立ち位置を背景とした学びや経験と捉えることができるのではないだろうか。もし、そうであるならば、尚更のこと、グローバル化が進展する日本社会においては、外国人ビジネスパーソンのみを対象とするのではなく、日本人ビジネスパーソンと外国人ビジネスパーソンとが共に参加し、対話による相互理解とより良い関係性の構築に繋がる双方向的学びを目指す日本語ビジネスコミュニケーション学習のような場が必要ではないだろうか。外国人側のみならず、日本人の側も変わらなければならない、と筆者は考える。

3.6　実践のまとめ

　WSにおいて、外国人参加者は日本人の考え方に対する理解がより深まる学びと経験を得た。また、日本人参加者も日本の社会や企業で働く外国人の考え方に対する理解の深まりや気づきを得ることができた。この結果より、外国人材と日本人材が対話による相互理解とより良い関係性の構築に繋がる双方向的学びを目指すうえで、ケース学習を活動の枠組みとして外国人ビジネスパーソンと日本人ビジネスパーソン両者が共に参加する日本語ビジネスコミュニケーション学習が実践の一つの形として可能であることが確認できた。

　また、考察の過程で筆者が捉えた外国人参加者と日本人参加者の学びや経験の背景の相違より、日本社会のグローバル化が進展しつつある今こそ、外国人材と日本人材が共に参加し双方向的に学ぶ場を作り、拡げてゆく必要があることを改めて強く認識した。

4 これからの日本語教育と日本語教師の専門性

　これからの日本語教育は、外国人材のみでなく、日本人材をも対象として、両者の相互理解とより良い関係性の構築に繋がる双方向的な学びを促進してゆくという役割を担うべきである。

　しかし、そのためには、日本語教師は実践のフィールドに応じて、日本語教育以外の他分野の専門家や関係者との連携・協働を行うことが今まで以上に必要となる。例えば、本章で取り上げた外国人ビジネスパーソンと日本人ビジネスパーソンを共に対象とする日本語ビジネスコミュニケーション学習の場を日本語教師の力だけで本格的に拡げることは、現実には容易ではない。日々の仕事に追われるビジネスパーソンは個々の仕事や職場に具体的に繋がるニーズを感じなければ、活動に積極的な関心を持たない。日本語教師も必ずしもビジネスや企業活動に関する十分な知識や経験を有するとは限らず、また、そうした知識や経験を多少有していたとしても、ビジネスパーソンの個々の仕事や職場の実態、ニーズを外部から把握することは困難である。従って、外国人ビジネスパーソンと日本人ビジネスパーソン両者を対象に双方向的学びを目指す場を作るためには、外国人材の能力を活かし職場や組織のダイバーシティーを実現したいと真剣に考える企業や組織の関係者と日本語教師が連携・協働することが必要である。

　では、こうした連携・協働において、日本語教師と企業や組織の関係者はそれぞれにどのような役割を担うのであろうか。例えば、日本語教師は日本語教育や異文化間コミュニケーションにおける豊富な知識や経験を有し、外国人材の理解者になり得る。一方、企業や組織の関係者は企業や組織が抱える問題やニーズ、仕事や職場の実態を日本語教師が理解できるよう支援し、助言を行う。そのために

は、日本語教師自身も日本語教師＝「日本語を教える」という枠を越え、企業や組織の事業活動や職場の実態・ニーズをできる限り理解しようとする姿勢が必要となろう。肝心なことは、活動の第一義は相互理解と関係性の構築に繋がる双方向的学びにより参加者個々の人材としての成長そして職場や組織の活性化と発展を目指す、という意識を日本語教師と企業や組織の関係者が共有することである。そして、日本語教師と企業や組織の関係者（人材育成・教育研修部門等）が互いの知識と経験、職場の情報やニーズを共有し、互いに相互作用を重ね、外国人材と日本人材が対話を通じて双方向的学びを生みだす場の形成と活動のデザインを協働で行う。これが、日本語教師が実践をつくるうえで取り組むべき新たな役割ではないだろうか。

冒頭の問題意識で述べたとおり、筆者は、「外国人材と日本人材が対話による相互理解とより良い関係性の構築に向け互いに努力し、それぞれが役割を発揮してより良い社会を共に創るための後押しを行う」ことを自身が日本語教育に取り組むうえでの理念と考えている。その理念に基づき、外国人材と日本人材が共に参加し対話による双方向的学びを目指すことを基本的枠組みに、フィールドに応じて他分野の専門家や関係者と連携・協働し、対話と双方向的学びを促すためのより適切な方法を模索しながら、実践を重ねてゆきたいと考える。現在、筆者自身が企業人出身であることから、フィールドをビジネス現場として実践を模索している。しかし、筆者の理念、理念に基づく実践の基本的枠組み、フィールドに応じた他部門の専門家や関係者との連携・協働、フィールドに適した方法、という取り組みのスキームは、ビジネス分野以外の就労現場、教育現場、地域社会での取り組みにおいても共通して変わらない。こうした取り組みをどのフィールドにあっても実践し続けていくことができる、これが筆者自身が目指す日本語

教師の専門性である。

参考文献　アジア人財資金構想プロジェクトサポートセンター（編）（2011）『教育機関のための外国人留学生ビジネス日本語教育ガイド』経済産業省

池田玲子・舘岡洋子（2007）『ピア・ラーニング入門』ひつじ書房

金孝卿（2016）「ビジネスコミュニケーション教育のためのコース・デザインの検討―2014年度及び2015年度の「ビジネス日本語」コースの実践報告」『大阪大学国際教育交流センター研究論集』20, pp.41–54.

金孝卿（2018）「元留学生社会人交流会「サロン・デ・ゼクスパット」におけるケース学習の実践―企業と大学の協働による学びの場の構築に向けて」『大阪大学国際教育交流センター研究論集』22, pp.57–65.

厚生労働省『外国人雇用状況の届出状況まとめ（令和元年10月末現在）』外国人雇用状況（mhlw.go.jp）（2020年8月16日参照）

小林北洋（2018）「日本人と外国人の日本語ビジネスコミュニケーションのための学習環境デザインの考察と提案」ポスター発表『2018年度日本語教育学会春期大会予稿集』p.279.

近藤彩（2014）「日本語非母語話者と母語話者が学びあうビジネスコミュニケーション教育―ダイバーシティの中で活躍できる人材の育成に向けて」『専門日本語教育研究』16, pp.15–22.

近藤彩（編著）、金孝卿・池田玲子（著）（2015）『ビジネスコミュニケーションのためのケース学習【解説編】』ココ出版

近藤彩・池田玲子ほか（2019）「企業関係者と日本語教育関係者の協働による外国人エンジニアのための環境整備」パネルセッション『2019年度日本語教育学会春期大会予稿集』pp.53–62.

近藤彩・金孝卿（2010）「「ケース活動」における学びの実態―ビジネス上のコンフリクトの教材化に向けて」『日本語言語文化研究会論集』6, pp.15–31.

近藤彩・金孝卿・池田玲子ほか（2013）『ビジネスコミュニケーションのためのケース学習【教材編】』ココ出版

近藤彩・ヤルディ，ムグダ・金孝卿（2009）「在日日系企業における日本人側のコミュニケーションに対する葛藤」『言語文化と日本語教育』37, pp.59–62.　お茶の水女子大学日本語言語文化研究会

島田徳子（2017）「元留学生外国人社員の日本企業への適応に関する研究」東京大学学術機関リポジトリ

日本総研レポート（2019）『JRIレビュー』10(71).
https://www.jri.co.jp/page.jsp?id=35408（2020年8月16日参照）

第14章
日本語教師の越境的学習
タイにおける日系企業の事例から

舘岡洋子・田中菜見子

1 | 問題提起——越境する日本語教師

　従来、日本語教師といえば、多くは日本語学校や大学等で、日本語学習を主たる目的として教室にやってくる「日本語学習者」たちに日本語を教えるという仕事をしてきた。しかし、近年、国内外の多種多様な業界で日本語が使える外国人材が必要とされ、日本語学習を主たる目的としない社会人、例えば企業内社員に日本語を教えるといった場面が増えてきている。そこでは日本語教師は教科書等を用いて決まったメニューをこなすといった従来の仕事を越えて、学習者の所属部署での仕事の様子を観察し、何のためにどんな日本語が必要なのかを知った上で、教材開発や教育に取り組まなければならない。

　従来の日本語教育の枠組みを越えること、つまり越境は、今までの知識やスキルでこなせるとはかぎらず、新たに学ばなければならないことも多い。この越境に伴う学習プロセス全体を「越境的学習」と呼び、タイにおける日系企業内の日本語教師の越境的学習の実態を明らかにする。越境について検討することで、日本語教師の専門性への検討を深めることができると考えるからである。

2 | 先行研究——越境とは

2.1 越境とは

越境とは文字通り境界を越えることである。エンゲスト
ロムらは従来の学びの見方の中心であった個人の熟達化の
プロセスを「垂直的学習」ととらえ、それに対して越境に
より異質のものに触れることで価値観やものの見方が変わ
るプロセスを「水平的学習」と呼び、越境による学びの拡
張を主張している（Engeström et al. 1995）。これをふまえ、
香川（2015: 35）は越境を「人やモノが複数のコミュニ
ティをまたいだり、異質な文脈同士がその境界を越えて結び
ついたりする過程を、さらには、そこで起こる人々やモノ
の変容過程」を指すとしている。ここでの越境は「「実践
コミュニティ」（レイヴ＆ウェンガー 1993/1991）と他のコミ
ュニティとの間の境界を越えること」（青山2015: 22）を意
味する。

2.2 越境的学習とは

経営分野では越境過程での学びを「越境学習」と呼んで
いる。中原（2012）は越境学習を「個人が所属する組織の
境界を往還しつつ、自分の仕事・業務に関する内容につい
て学習・内省すること」（p.86）と定義している。具体的
には社外勉強会や社会人大学院など主に職場外の学習を指
す。この「越境学習」は社員個人の組織外への越境行為と
社員の学びや変容に焦点があるため、むしろ先述の個人の
「垂直的学習」にあたり、越境のダイナミックな動きを十
分とらえているとはいえないであろう。

石山（2018）は企業における人材育成に関心をもちつつ
も、経営学における上記の「越境学習」より広くとらえ
「越境的学習」という語を用いている。石山の「越境的学
習」は、以下の5点により定義される。①「広義の越境的

学習の対象者は「異なる状況をまたぐ人すべて」である」、②「狭義の越境的学習の対象者は、「組織との関わりを有する働く人、働く意思のある人」である」、③「越境的学習の境界とは、「自らが準拠している状況」と「その他の状況」との境を意味する」、④「越境的学習の対象範囲は、越境者が境界を往還し、境界をつなぐ、一連のプロセス全体が該当する」、⑤「越境的学習は、境界を往還しているという個人の認識が存在することで成立する」(pp.38-39)。本研究もこの定義にもとづき、日本語教師の越境的学習を検討する。

　日本語教育では、トムソン・福井（2018）が日本の大学生が教育実習先であるオーストラリアの大学で従来とは異なった教育実践に従事したプロセスを越境的学習ととらえた。実習生は越境により多様性を受容し多くの学びを経験したが、その経験から元のコミュニティに変容を起こすのは容易なことではないという。

　本章で対象とするのはタイの日系企業であるTOYOTA TSUSHO NEXTY ELECTRONICS (THAILAND) CO., LTD.で働く日本語教師である。一般的に企業内で社員に日本語を教える場合、社外から日本語教師が派遣されることが多い。しかし、本ケースで対象とするのは、日本語を教えることを専らの業務として採用された社員である。つまり、教師である以前に、まず社員である。タイ人社員への日本語教育サポートのために、社内の日本語教育部門から他部門へ越境し、情報収集などを行う。この部門間の越境は物理的越境であると同時に日本語教育という専門分野から営業分野、技術分野など異なった専門分野への越境でもある。これらの越境のプロセスでの学びを越境的学習ととらえ、その実態を調査し、越境することで浮かび上がる日本語教師の専門性を検討する。

3 実践例——在タイ日系企業における日本語教師の越境

3.1 実践のフィールド

　筆者のひとり、田中は在タイ日系企業の日本語教育に携わっており、企業内で担当する日本語クラスは、主に将来の幹部候補や日系企業顧客を担当している社員を中心に構成されている。所属部署も、営業部、会計部、技術部等、様々である。ここからは日本語教育を受けているタイ人社員のことを「学習者」、日本語教師のことを「講師」と呼ぶ。講師は日本語を教えることが主業務ではあるが、学校の教師とは異なり企業の一社員であるということから、社内ではあえて「教師」ではなく「講師」と呼ぶことになっている。現在、田中らが担当する部署全体の日本語担当講師数は2名である。

　当該企業の企業内日本語教育の目的は主に2点である。1点目は、競合他社の中から顧客に確実に選ばれる存在になるためである。2点目は、学習者が社内の日本人社員と連携をとり、より迅速で高品質なサービスを顧客に提供するためである。例えば、当該企業は日常業務では基本的に英語を使用しているものの、日系企業顧客の比重が高いため、日本語で書かれた資料やメールのやりとりも多い。その都度学習者は上司に聞いたり、内容を調べたりするのに時間を要し、業務が滞ってしまうことも少なくない。よって、日本人マネージャーらは各部署が抱える課題を解決するキーワードが「日本語力の向上」であり、その手段が「日本語教育」であると認識している。

　具体的に期待される日本語力は、まず日系企業を担当する学習者には、業務メールのやりとり、資料読解、会議への参加、上司への報告関連、社内報告書作成等が挙げられる。次に、将来の幹部候補の学習者には前述の内容に加え、日系企業顧客へのアポ取り、提案、交渉、契約締結、

アフターフォロー、電話応対、議事録作成、接待での会食対応等、場面に合わせた柔軟な言語運用力等より高い日本語力が求められる。

3.2　言語教育理念と教育方針

　様々な部署に属し多様な役割を担う学習者たちが混在するフィールドの中で、担当講師である田中は、学習者が他言語を通じて様々な文化の人々と協働することを学び、世界で活躍できる人材になることを願い日々の日本語教育を行っている。このような言語教育観のもと、田中は学習者が日本とタイの両者の強みを理解し、活かしながら会社に貢献できる人材を育成することを教育方針としている。

　以下、教育方針についてもう少し具体的に述べる。日本語を学ぶ社員は部署によって異なるものの、全般的にいえることは、マニュアル化された同じ作業を繰り返すような業務ではないため、文法、語彙といった一般的な日本語力があるだけでは、期待される業務遂行が実現できない。そこで、まずは「日本のビジネス社会における見えないルール」も知っておく必要がある。例えば、「報連相」の頻度やタイミング、締め切り管理など、特に日本のビジネス社会ではチームワークを重視することや時間の感覚に関して、タイ社会と異なるように思える。学習者は重要な日系顧客や社内の日本人上司との信頼関係を築くために、その「見えないルール」を理解し、その上で行動できるようにしておく必要がある。

　もちろんいわゆる日本の「ビジネスマナー」や「ビジネス思考プロセス」といったものが共通の可視化された規範としてあるわけではない。しかし、社内では日本人社員が暗黙のうちにルールだと思っている「見えないルール」もたしかにあり、そこにこそ日本人社員とタイ人社員の間にコンフリクトが起きる可能性がある。両者のルールには違

いがあり、そのことに意識的になることは必要なことだと考える。また、働く上での一般的な社会人のスキル、例えば課題解決力やコミュニケーション力なども必要となってくる。こういった複合的な要素が求められる環境の中で、あくまで「日本語」は業務を遂行するための「ツール」であるととらえなければならない。

3.3 実践内容

　ここでは講師たちによる越境の3つの事例を紹介する（図1参照）。

実践例1　各部署との協業による部署別日本語教材の開発
　流れは以下の通りである。
①現場で必要とされる日本語能力の可視化
　1点目は、4技能別日本語スキルマップ一覧表の作成である。日本人マネージャーに、学習者に期待する日本語力をヒアリングし、それらを4技能別に細分化した。各技能別に「顧客からのメールを概ね理解できる（読む）」「上司に簡単な進捗報告ができる（話す）」など、評価軸を設定し、学習進度が一覧できる個人カルテとして使用する。
　2点目は、部署別業務プロセスの可視化である、業務プロセスシートを学習者に渡して、どんな相手と、電話、メール、会話等、どんな方法で業務を遂行しているか、その中で特に日本語力が必要な業務は何かを可視化する。その後、学習者に日本語力が必要とされる具体的な場面についてヒアリングを実施した。
②業務プロセス別に学習者に情報提供の依頼・収集
　業務プロセス別に実際の会話例、メール例、文書例を学習者から収集する。
③部署毎に必要な専門知識の構築
　講師に専門知識がないと、文法が正しいかどうか等、学

習者に言語的目線のフィードバックしかできない。より現場目線で一歩踏み込んだフィードバックを実施するためには専門知識が不可欠である。よって、講師は他部署の会議への出席や、研修の受講、専門資格の勉強も行っている。

④教材開発

　収集した情報や専門知識をもとに、業務プロセスに合わせた教材を開発している。開発後、日本人マネージャーに教材を共有して、教授追加項目有無の確認や企業独自の言い方等を確認し、その後実際にトライアルして適宜改善していく。教材の導入部分は必要に応じてビジネスマナーやビジネス思考プロセスの要素も取り入れている。

⑤4技能別日本語スキルマップ一覧表の見直し・修正

　完成した教材内容に合わせて、設定済みの評価軸を微調整する。

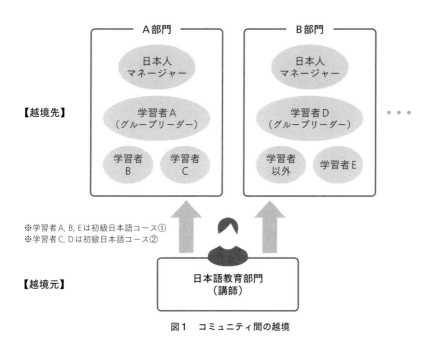

図1　コミュニティ間の越境

実践例2　人事部との協業による、ビジネスマナー研修の
　　　　　カリキュラム設計・教材開発

　日本語教育部と人事部は別々に存在しているが、前述し
た筆者の教育上の方針を実現するために、人事部と協業で
ビジネスマナー研修を以下の流れで提案、実施している。
①日本人社員と学習者が協業で教材開発
　教材の作成過程で、学習者に今まで日本人のどのような
マナーに戸惑ったか、過去の経験談をヒアリングしてい
る。また、講師側の目線で、ビジネスマナーを使用する場
面に応じた日本語フレーズも含めている。
②日本人マネージャーたちと教材内容の擦り合わせを実施
　日本人マネージャーたちが異文化間で普段困っているこ
と、指導してほしいこと、および学習者が上司の意図が理
解できず困っていること等、教材開発の過程で内容の擦り
合わせを実施している。
　さらに、上司が期待しているPDCAの回し方や論理的な
話し方等、ビジネス思考プロセスも教材に織り込んでいる。

実践例3　キャリアビジョンの構築支援
　ここでは入社14年目の学習者のケースを例に挙げる。
この学習者はチームリーダーとしてエンジニア業務を担当
しており、主に日系顧客のプロジェクトを扱っている。将
来も幹部候補として期待されている社員のひとりで、現在
JLPT N2レベルの内容を学習している。
　その学習者に将来のキャリアビジョンについて聞いたと
ころ、明確な回答は得られなかった。社会人にとって、日
常業務と日本語学習を並行することは容易ではないが、そ
れから田中は「彼を支えるモチベーションは何か」と、疑
問を抱くようになった。そこで以下の行動をとった。
①日本人マネージャーが学習者へ期待するキャリアビジョンの確認
　日本人マネージャーにヒアリングしたところ、「これか

らはエンジニア業務だけでなく、営業スキルを身につけて顧客の新規開拓もやってほしい」という回答を受けた。なぜなら、エンジニア業務だけであれば、将来的に若手社員に任せることができるからだ。

②学習者本人に日本人マネージャーの想いを伝える

　マネージャーの想いを伝えた上で、数日後にもう一度学習者に意思確認をしたところ、学習者は「若手社員が成長していく中で、自分の役割を変えていかなきゃいけないのは薄々感じていた。今後は営業のスキルアップも目指したい」と答えた。以前、日本人マネージャーからもキャリアビジョンについて伝えてはいたものの、講師が第三者として客観的なアドバイスしたことで、キャリアについて考える機会が増え、強いキャリア意識の構築につながった。

③講師による授業再設計

　講師は営業スキルを身につけるためにどのようなビジネス日本語能力が必要か検討し、日本人マネージャーと学習者の双方が納得した内容で授業を再設計、実施している。学習者自身のモチベーションも大幅に向上した。

4 ｜ 結果と考察——越境者や各コミュニティに起きた学び

　第3節に述べたように、講師は社内において多様な越境を行っている。このプロセスでの越境的学習にはどのようなものがあったのであろうか。越境者である講師自身、越境元である日本語教育部門、越境先である他部署それぞれに起きた学びおよびどんな成果物が生まれたかを検討する。

4.1　教材開発や研修プロセスにおける学び
——実践例1、実践例2から

　実践例1および2についての越境的学習の学びの例は以下の通りである。越境者（講師）に起きた学びとしては、

業務プロセスを可視化し、特に日本語が必要なプロセスを洗い出したことで、仕事の内容によって異なった日本語のスキルが必要であることがわかり、優先順位をつけて教材開発に取り組めるようになった。

　これらの点は越境者個人のみならず、越境者が所属する越境元（日本語教育部門）にも大きな変化を及ぼした。変化は大きく2点ある。

　1点目は、関連する専門知識を構築したことで、言語面のフィードバックだけでなく、業務に即した「一歩踏み込んだフィードバック」ができるようになったことである。

　2点目は、協働による教材開発を行うまでは、「講師」「学習者」という一律の関係性であったが、今回の協働で講師も学習者から学ぶ機会が増えたことで、同じ企業の「同僚」という新たな関係構築につながったことである。それにより、講師が学習者の業務における悩みなどを聞く機会も増え、場合によっては日本人マネージャーに共有する等、組織の潤滑油としての役割も担うようになった。

　一方、越境先（他部署）にもいくつかの変化がもたらされた。まず、部署別教材で実務に即した言語学習を行ったことで、学習者は自ら自部署の部署別教材用の語彙リストを作成したり、業務上の課題解決に関する日本語のプレゼンテーションを積極的に準備したりする等、実務に即した学習によるモチベーションの向上が見られた。それらに伴い、日本人マネージャーからは、「初級学習中の学習者と日本語でメールのやりとりをしたいので、既習語彙・文型リストをください」と積極的なリクエストが生まれるようになった。

　また、講師と学習者は先述の通り「同僚」という新たな関係構築をしたことで、日本語のメールの添削や、英語から日本語への翻訳の仕方等、学習者は自ら日本語授業以外の業務に関して、日本語に関わる質問をするようになっ

た。つまり越境先から越境者への働きかけも活発になったのである。

　実践例1、および2の越境により生まれた成果物は以下の通りである。

　　①部署別想定問答集（会話教材）
　　②一部部署のイラスト付き語彙一覧表
　　③4技能別日本語スキルマップ一覧表（N1〜N5レベル
　　　別、機能別）
　　④部署別業務プロセス一覧表
　　⑤ビジネスマナー研修教材

4.2　キャリアビジョン構築支援における学び──実践例3から

　越境者（講師）に起きた学びとしては、受講生のモチベーション維持のためのキャリア教育の重要性に気づいたことが挙げられる。企業側が学習者に日本語学習という「業務」を依頼しているが、学習者にとってモチベーションの支えとなるものは、昇進につながる、自分自身の幅が広がるといった、キャリア形成の意識だと講師は考えるようになった。

　越境元（日本語教育部門）の変化としては、キャリア教育の重要性に気づいたことで、自己分析ツールの開発案が出たり、学習者にキャリアについて問いかける個人面談を行ったりなど、日本語の講師として今まで意識しなかった言語以外の分野にも目を向けるようになった。

　また、講師間でキャリア教育について議論を深めた結果、言語以外にも、社会人に求められる積極性、想像力、協働力、発信力等も育成する必要があるのでは、という意見が出た。それにより、講師はその部署の学習者自身に部署別教材開発のプロジェクトを企画・運営してもらうような場を提供することとなった。

越境先（他部署）の変化としては、学習者の直属の上司である日本人マネージャーは、同じ部署に所属する他の学習者のキャリアビジョンについて、講師と定期的に共有するようになった。

実践例3の越境により生まれた成果物は以下の通りである。

①各受講生のキャリアビジョンに即した授業カリキュラム
②自己分析ツール

4.3　コミュニティ間の協働の重要性と今後の課題

講師が越境することで越境者の講師のみならず、越境元の日本語教育部門、越境先の他部署に多様な学びや気づきが生まれていることを述べた。加えて、さらに重要なのはそれぞれのコミュニティ間の協働である。

実践例1〜3は全て、日本人マネージャー、学習者、講師の三者間の協働があってこそ実現できている例である。どれか一つでも欠けてしまうと成り立たない。それは三者が同じ会社の社員であること、人材育成が会社の成長につながるという考えをみんなが共有していることによって成り立っているといえよう。

一方で別の課題も見えてきている。同じフロアの約8割はタイ人社員で日常ではタイ語が飛び交い、日本人社員とは英語で会話をしている状況である。よって、学習者が必要だと感じている日本語力のイメージと日本人マネージャーが描いている学習者の将来像に大きなギャップが存在していることがわかった。そこで、今後講師が二者間に立って、互いの認識の擦り合わせも実施していく必要がある。そこでは、学習者側に一方的に日本語の運用能力を求めるばかりでなく、日本人社員側も学習者にとってわかりやすい日本語を使えるようになるという歩み寄りも必要である。実際に、日本人マネージャーの中には、どのように話

すと学習者にとって理解しやすいかを意識的に工夫する人も出てきている。

　講師による越境的学習によって協働が推進され、社内で様々な変化が起きている一方で、ギャップも可視化され今後の課題が明確になってきた。異なる背景や文化をもった社員たちが互いに協働し新たなものを生み出すためには、先に挙げたような日本語レベルへの認識の擦り合わせのみならず、様々な場面で互いの行動様式や意識の擦り合わせを双方が理解し、歩み寄ることが大切である。そのようなことに気づく学びの場を創設していくのも講師が今後取り組むべき仕事だと認識している。

5 ｜ まとめ

　以上から、在タイ日系企業で日本語を教える日本語教師（本章では講師）は、他部門、他分野へ越境しながら当該フィールドのもつ特徴を把握し、タイ人社員にとって必要な日本語力とは何か、また、何が人材の育成につながるのかを考え、その現場にふさわしい日本語教育実践を編成していることがわかる。必ずしもこの業界に関する知識、スキルや経験が以前からあったのではなく、むしろフィールドの中で異なるコミュニティと接触し、越境的学習を繰り返しながら、新たな実践を生み出しているのである。この日本語教師の越境という行為は、日本語教育を媒介として社内の各部門コミュニティの間をつないだり、タイ人コミュニティと日本人コミュニティをつないだりする行為でもある。これは第2節に述べた「水平的学習」といえるであろう。また、ひとりの日本語教師としてみれば、越境的学習によって実践者としての力量を形成しており、これは日本語教師の「垂直的学習」といえるであろう。

　今後ますます国内外の多様な業界、分野で日本語教育が

必要とされていくだろう。21世紀は社会変化に伴い教師の役割が「教える専門家」から「学びの専門家」に変化し、「生涯学び続けることなしには職務を遂行できなくなった」（佐藤2015: 43）という。どんなフィールドに立っても、そのフィールドを適切に評価し、自身の日本語教師としての理念を明確にもち、そのフィールドにふさわしい日本語教育実践を生み出すことができることが日本語教師の専門性であるとすると、それを果たすためには日本語教師たちは学び続けなければならない。他分野、他領域へと越境し、異質の他者や文化に触れ、越境の最前線で戸惑い葛藤しつつ自身の実践を問い直し、新たな実践の編成へと拡張していく越境的学習は、今後ますます重要になっていくであろう。

謝辞
本稿はJSPS科研費JP 20K00708の助成を受けたものである。

参考文献

青山征彦（2015）「越境と活動理論のことはじめ」香川秀太・青山征彦（編）『越境する対話と学び—異質な人・組織・コミュニティをつなぐ』pp.19–33.　新曜社

石山恒貴（2018）『越境的学習のメカニズム—実践共同体を往還しキャリア構築するナレッジ・ブローカーの実像』福村出版

香川秀太（2015）「「越境的な対話と学び」とは何か—プロセス、実践方法、理論」香川秀太・青山征彦（編）『越境する対話と学び—異質な人・組織・コミュニティをつなぐ』pp.35–64.　新曜社

香川秀太・青山征彦（2015）『越境する対話と学び—異質な人・組織・コミュニティをつなぐ』新曜社

佐藤学（2015）『専門家として教師を育てる—教師教育改革のグランドデザイン』岩波書店

トムソン木下千尋・福井なぎさ（2018）「越境的学習としての海外日本語教師実践研修」『2018年度日本語教育学会秋季大会予稿集』pp.130–135.

中原淳（2012）『経営学習論—人材育成を科学する』東京大学出版会

レイヴ, J. & ウェンガー, E.（1993）『状況に埋め込まれた学習—正統的周辺参加』（佐伯胖訳）産業図書（Lave, J. & Wenger, E. (1991) *Situated learning: Legitimate peripheral participation*. New York: Cambridge

University Press.）

Engeström, Y., Engeström, R., & Kärkkäinen, M. (1995) Polycontextuality and boundary crossing in expert cognition: Learning and problem solving in complex work activities. *Learning and Instruction*, 5, pp.319–336.

第15章
「ちっぷ100人サミット」
「町のありたい姿」から考える外国人材受け入れ

式部絢子・込宮麻紀子・舘岡洋子

1 はじめに

1.1 本実践のメンバー構成

筆者らは2019年11月16日に北海道秩父別町[1]で地域住民たちと一緒に外国人材受け入れを考えるワークショップ「ちっぷ100人サミット——ご近所さんは外国人?」[2]を企画、実施した。本章はその実践をふまえ、地域に関わる日本語教師の専門性について考察するものである。

本実践は3名の日本語教育関係者で構成されている。まず実施者の式部は、大学の非常勤講師として留学生教育に関わるとともに、秩父別町の多文化交流コーディネーターとして町の国際化事業の企画・運営に携わっている。込宮は日本語教育研究科の大学院生で、以前より式部の活動に関心を持っていた。協働的学習やワークショップデザインの研究に関心を寄せているため、地域住民と共に創るワークショップの企画・運営を担う立場として参加した。舘岡は大学院日本語教育研究科の教員であるが、以前よりこの活動に関心を寄せておりアドバイザーという立場で参加した。サミットでは、異なる考えや経験を持つ地域住民同士がいかに話し合うかがカギであると考えた。そこで、協働による学びの場づくり、協働による学習環境デザインの知見を活かすべく、込宮・舘岡も本実践のメンバーとなった。

1.2 「サミット実践」着想の経緯

　式部は、15年ほど前に地域における日本語教育に関わった。そのとき、外国人は「A.地域に来る→B.日本語がわからない→C.日本語を学ぶ→D.生活者として地域に入る」の中に置かれており、式部自身は、その支援者という役割を担っていると理解していた。しかし、同じ地域に住まう人として外国人をそのように捉えることに疑問もあり、日本語教育関係者が「日本語を教える」ことの他にもできることはないかと模索してきた。そして地域日本語教育が、日本人・外国人に拘らず、地域住民のためにあってもいいのではないかと考えるようになった。それが、地域住民が外国人の受け入れをどう考えるかを話し合う場づくりをするという本実践の着想の経緯である。

2 実践の背景

2.1　外国人材を巡る現状と地域日本語教育

　2019年12月末の在留外国人数は、293万人を超え、前年末と比べると約20万人増加しており、過去最高となっている[3]。2019年4月の入管法改正により、「特定技能」という在留資格が加わったことで、さらに多くの業種で外国人と共に仕事をする機会が増えるだろう。特に、人口減少が喫緊の課題となっている地方においても、労働力不足の補塡として、外国人材に頼らざるを得ない状況が迫っている。

　地域における外国人材の増加に対応すべく、日本語教育の専門家には今後ますます日本語支援の役割が求められるだろう。日本国内に職を持ったり、家庭を持ったりしている外国人に対しては「生活者のための日本語教育＝地域日本語教室」という図式が頭に浮かぶ。例えば、文化庁は「生活者としての外国人」のための日本語教育事業[4]とし

て、「日常生活を営む上で必要となる日本語能力等を習得」するための支援事業を行っている。確かに日本語でのコミュニケーション能力の有無は生活の質を大きく左右する。だからこそ日本語学習は必要という構図はわかりやすい。

　しかし、日本語教師の役割や支援方法ばかりに注目するのは早計である。私たちは、日本語支援や教室の有用性を地域に持ち込む前に、地域住民と「外国から来た人材とどのように地域を作っていくか」という根本的な問題にもっと関わっていくべきなのではないだろうか。なぜなら、その議論があって初めて日本語支援や教室の意味が見えてくるのである。極論すれば、そんなものはいらないという地域もあるかもしれないのである。

2.2　地域における日本語教育の役割を考える枠組み

　先に述べたように、日本社会は外国人材に依存する未来が待ったなしでやってくる。ところが、現況、外国人居住者が少ない地域では、外国人材が流入する未来が予測できない地域住民は多い。それは過疎化が進む地域社会も例外ではない。実際に外国人材と働いたり、近隣に住んでいなかったりすると外国人材受け入れを自分事／町の事として考えられないのは容易に想像できる。

　では、実際に外国人材が地域社会に流入したとき、そこでどのようなことが起こるだろうか。例えば、北海道のニセコ町は外国人材の視点を生かした町作りが地域活性化となっている点で好評価されている。一方で、それまで住民が作り上げてきた町の風土や文化とは異なる行動に、戸惑い、心配の声を上げる住民もいる。問題が生じてから、町の住民が主体となって困難をどのように解決していくかを考え始めるのでは、対症療法的な対応策に終始してしまい、どのような町でありたいか、といった本質的な要素を入れた議論は展開されにくいだろう。対症療法ではなく、

ことばを介して人と人のつながりを作り、コミュニティを作るという考え方のもと、地域にアプローチするという視点で地域日本語教育における役割や専門性を考えたい。

　また、町の十全的メンバーではない筆者たちのような「ヨソ者」が町に関わる意味についても触れたい。私たちが先に述べた町民にとっての「ヨソ者」であるのに関連して、香川ほか（2016）は、「その文化にとって異質な他者や集団は組織変化の起爆剤になりうる」（p.356）とし、外部の研究者がアクションリサーチャーとしてその役割を担えると主張する。外部の研究者は組織に対し「文化的特徴の自覚化を助け、慣習的実践の揺さぶり」（p.356）を行う存在となるのである。

　そこで、筆者らは、三者三様の立場にあるが、町とは一線を画す「外部の研究者」になり得ると考えた。筆者らは、将来、町を動かす若手リーダーと関係性を作り、彼ら主体で地域住民自身の職種と町の文化的特徴・慣習の自覚化を促す。そして、地域住民が外国人材との多文化共生の未来を描くことを目的として実践を行うことにした。

2.3　「地域に入り込む」ヨソ者の葛藤

　前項で、外部の研究者という「ヨソ者」が地域社会に入ることについての考え方を述べたが、生まれ育った地域でもなく、緊急的課題の解決隊でもない限り、地域に入り込み活動を行うことには、「住民でもないのに、なぜ？」というお節介感が現れる。ここでは、本実践を企画する前の段階において、どのようにその葛藤を乗り越えたかについて述べる。式部は2016年から秩父別町で国際交流事業に携わっている。これまでの交流事業は一過性のイベント要素が強く、現在の社会情勢に対応する外国人材との町作りを考えるには、距離があった。そこで、交流イベントを、町の課題を町外に住む留学生と取り組むプロジェクト型の

交流事業にすることで、「町作りを考えるための交流」であることを意識した。一方で、町には「外国人観光客を増やす」ために、国際交流事業が位置づくという考え方もあった。行政担当者と3年かけて、「外国人との町作り交流」と「観光客増加のための交流」を整理し、この二つが緩やかな関係性を持ち、町の国際交流事業に位置づくというところまで来た。さらに交流事業には住民だけではなく、町外の方や研究者、マスメディアなど、留学生だけではなく、「町の人ではない」というヨソ者枠を拡げ、巻き込むことで、「町」が主役ではあるものの、多様なヨソ者が関わる仕組みができていたように思う。

　上記のように、事実だけ並べると順調に事が運んで機が熟したと思われるかもしれない。確かに、事業に対する地域住民の評価はよく、応援してくれる方も多かった。その内実は「異文化交流体験」といった非日常性と、「町外の人が、町のために頑張る」ことに対する純粋な応援なのだろうと感じていた。「ヨソ者」に対し、このような態度で接してくれる秩父別の風土に驚きつつも、ありがたくその状況を受け入れていた。しかし、「外国人との町作り」という課題を共有していたわけではない部分には、もどかしさもあった。さらに行政担当者の描く「観光客増加のための交流」と、式部の考える「外国人との町作りのための交流」は、共通点が少なく、お互いの考えが平行線を辿ることも多かった。

　このように、地域住民や行政担当者とビジョンを共有することの難しさを感じていたが、地域住民からの評価や、受け入れてくれるという風土が支えとなり、事業の決定権を持つ行政担当者も辛抱強く平行線を辿ってくれたことが、現在の「町作りのための交流」と「観光客増加のための交流」という両輪での事業展開につながっている。そして、この3年間が「ヨソ者」として地域に入り込む葛藤を減ら

し、活動できる素地となっている。もちろん、3年あれば葛藤なく活動できるということではなく、時間をかけ、事業を重ねながら「国際交流と町作りの関係」を議論してきたことが地域に入ることへの心の揺れを減らし、葛藤を乗り越えた理由になるだろう。それが、次節で述べる「外国人との共生」という大きなテーマを扱う実践につながった。

3 | 実践例「ちっぷ100人サミット――ご近所さんは外国人？」

筆者らは人口減少が進む北海道秩父別町の住民が、今後、介護や農業分野等で流入すると予測される外国人材と共生していくことに対し当事者意識を持つことを目的に、住民向けのワークショップ「ちっぷ100人サミット――ご近所さんは外国人？」（以下、サミット）を開催した。

3.1 外国人定住者率0.1%!? なぜ、そこで実践？

2020年現在、秩父別町には3名の外国人が暮らしている。仕事のために来日した2名と、配偶者1名であり、留学生は暮らしていない。労働力不足から、介護分野で外国人材活用の動きはあるが、まだ具体化していない状況である。このような背景から秩父別町では外国人材受け入れというテーマは、遠い話題と捉えられている。しかし、現代に生きる私たちは、「外国人材とどのように地域を作っていくか」という状況の中にすでに埋め込まれている。したがって、「地域日本語教室」におけるよりよい支援のあり方を考える前に、どのように自分たちの住む地域を作っていくかという視点を持つことが重要である。また、2.2で述べたように、実際に外国人材が来てからでは、対応策に追われ、地域をどう作るかという視点が見えにくくなってしまう。定住者率が低いからこそ、このテーマでじっくり話すことができるのである。

3.2　サミットの概要

タイトル：「ちっぷ100人サミット──ご近所さんは外国
　　　　　人？」
内容：ちっぷべつで外国人と一緒に働く＆暮らすことをイ
　　　メージする
開催地：北海道秩父別町　交流会館
開催日：2019年11月16日（土）16:00 〜 17:30／18:00
　　　　〜懇親会
参加者：73名（業種：農業23名／商工業14名／町議2名／役場
　　　　19名／無職その他10名／町外4名／無記名1名）

3.3　サミットの裏舞台

①若者を巻き込む仕掛け作り

　本実践は2019年4月から8か月間かけて準備を進めて
きた。秩父別町は外国人材が押し寄せてきているわけでな
く、ニセコや東川町のように外国人材の活用による町作り
が大きな柱になっているわけでもない。つまり、単純にサ
ミットを開いても参加者は集まらない。それゆえ、企画段
階から町の若者20名程度に本企画の内容について聞いて
もらい、5、6名のコアメンバーを中心に相談を重ね、丁
寧に準備を進めた。

　町の若者たちとは、以前から事業協力をしてもらってお
り、式部が町の行事の手伝いをする中である程度の信頼関
係ができていた。特に、地元出身のY氏にまとめ役をして
もらったことが、若者をはじめ、地域住民がサミットに関
わることへの安心感を生んだと推測する。また、最初から
サミットの目的に理解、納得を示していたわけではなく、
「応援・協力する」風土が後押ししてくれた部分も大きい。

②ワークブックを作る

　前述したように、外国人との交流経験がほとんどない地

域住民と、突然このテーマで話すことは難しく、ディスカッションの方向性や深まりに期待はできない。そのため、前提知識を共有するためにワークブックを作成した。サミットの参加申し込み時期に合わせ、全戸／町の中学校／公共施設／飲食店などに配布し、全町民が目にする環境を整えた。

　このワークブックでは、筆者の問題意識、北海道における外国人の数、なぜ外国人が増えているのかという背景に加え、町内の若者数名に、外国人との共生イメージをインタビューした結果を掲載した（ワークブック『ご近所さんは外国人？──外国人との共生を考える本』）[5]。

③サミットの狙い

　サミットでは、最終的に外国人材受け入れの賛否について結論を出した。グループで「ちっぷに外国人が働き住むことになったら……」をテーマに話し合いをした後、そのグループを仮想行政と見立て、自分たちで話したことをもとに「受け入れ政策」の仮の結論を出した。しかし、このサミットの狙いは結論を得ることではなく、そこに至るまでの話し合いそのものにあった。

　現実的な問題に対処するための話し合いではなく、町の未来を想像しながら、「外国から来た人材とどのように地域を作っていくか」というテーマに対する一人ひとりの考えを住民同士で話し合ってもらうこと、そして、町に暮らす当事者としてこの問題を考えてもらうことを狙った。

　サミット当日の流れと、様子を表1、2にまとめた。

表1　サミット当日の流れとその様子

1. 開始（15分）	2. ワークブックの復習（15分）
・趣旨説明と目的と目標の共有 ・自己紹介とグループ名付け	事前配布したワークブックの内容を確認
3. 住民ディスカッション1（15分）	4. 住民ディスカッション2（15分）
ウォーミングアップ お題：「ちっぷのいいところ」	①ちっぷに外国人が働き住むことになったら…「いいこと」「心配なこと」を付せんに書く ②カテゴリーに分ける…「いいこと」「心配なこと」を同じテーマで集める
5. グループを仮想行政にチェンジ！	6. 仮想行政ディスカッション（13分）
グループ札に、行政機関を表すような札をかぶせ、仮想の行政職員になる	これまでのディスカッションから、「外国人受け入れ政策」について結論を出す
7. 全体共有…まとめ1（12分）	8. 個人作業…まとめ2（8分）
結論をボード（写真）に書き、全体で共有 **私たちのタウンは** 受け入れま▢ 理由： 受け入れま…「す」または「せん」などのことばとその理由を記入	今日の話し合いを踏まえ、セリフを考えてもらう 今日のまとめ　セリフを考えよう！ こんにちは、飲みにリこう!! 「ちっぷに働きに来た外国の方に会いました。なんと声を掛けますか？」

表2　ボードに書き入れられた「受け入れ政策（仮）」の結論

「受け入れます」 「受け入れません」	理由
受け入れます	・お互いが努力すれば解決できる問題だから ・秩父別が好きで秩父別で暮らしたいと思う人を受け入れたい ・がんばって働きに来ていることを応援したい！ ・とにかくやってみる！（やってみないとわからない） ・一緒に働いて国際的な視野が広がる ・仕事と地域の活力のため　・労働力の低下をおさえるため
〈少しずつ〉受け入れます	・受け入れ体制を準備する期間が欲しいから
〈人口が少ないので〉受け入れます〈が〉	・働く場所や住むところがないため、受け入れる制限が必要
受け入れません	・はっきりしないから（政策とか） ・地域社会で受け入れる環境が整っていないから ・タウンの受け入れ体制が出来ていない
空白	結論が……出せない！

※〈　〉内は参加者による加筆

4 | 実践結果

　サミット終了後、成果物やアンケート、サミット時の様子の観察などをもとに振り返りを行った。その結果、以下のことが明らかになった。

4.1　参加住民たちは、町に暮らす当事者として　この問題を考えることができた

　ワークブックで事例や社会情勢を学び、理想論を確認するのではなく、ディスカッションにより外国人が自分たちの町で暮らすことについて「いいこと」「心配なこと」をイメージした。その結果、自分たちに引き付けて考えることができた。住民それぞれの立場（業種、年齢、経験、移住歴等）で思うことを自由に話し合える方法を取ったことにより、自分のことばとして話せた住民が多かった。住民にとって遠い話に思えたことが現実感を持って実感し、町に暮らす当事者としてこの問題を考えることができた。

4.2　町の若者たちがこれからの町のあり方を考え続ける契機となった

　3.3で述べたように、このサミットは若者たちの力によるところが大きい。彼らは進行の仕方について具体的なアドバイスをくれただけではなく、広報、運営、準備などの役割も担ってくれた。さらに、サミットの土台となるような、秩父別町における業種ごとの外国人受け入れに関するイメージや、可能性などの情報も共有してくれた。

　また、サミット後の2次会、3次会でも白熱した議論が展開されたと聞く。その成果か、サミットが終了して5か月経った現在でも、具体的に外国人材受け入れに対する事業としての取り組みのイメージを予測し、語ってくれることもある。

　このように、今回のサミットが、これからの町を引っ張

っていく立場にある10〜30代の若者たちにインパクト
を与え、考え続けさせる契機となったことは何より大きな
成果である。

5 | 考察

5.1 実践の整理 専門性の三位一体モデルの観点から

　ことばを介して人のつながりを作り、コミュニティを作
るという考え方をもとに地域で実践してきたのが本章で述
べた事例である。ここであらためてこの実践を第6章で提
案されている「専門性の三位一体モデル」の観点から整理
すると以下のようになる。

■理念：日本語教師が対象とする相手は日本語学習者だ
けではなく日本人も含む住民たちである。日本語教育
実践とはことばによって他者や自己、社会への理解を
深め関係を構築し、ともに社会を創っていくことだと
考える（例えば、細川2012, 式部2019a, 式部2019b）。関係
を構築し、共に社会を創っていく上で、それぞれが当
事者意識を持つこと、自分の役割を意識していくこと
が重要である。本実践はその第一歩となる実践であっ
た。

■方法：地域に住む人（日本人・外国人関係なく）が、自
分たちのことばでテーマについて話し合うという方法
を考えた。具体的には住民たちで受け入れをイメージ
し、賛否を検討する話し合いの場（サミット）を創る
ことである。

■フィールド：少子高齢化による人口減少問題に直面す
る北海道秩父別町をフィールドとする。今後、労働人
口不足を補うため、外国人材を受け入れる可能性はあ
るが、現状では外国人定住者は0.1％と、外国人散在

地域である。

5.2　日本語教師の専門性

5.2.1　理念とフィールドとが乖離しない道

　本実践は、5.1で述べた理念とフィールドにいる当事者である若者たちとの連携により実現した。本実践の実現の要は、若者ミーティングでフィールドの持つ特性を地元民である彼らから引き出せたことである。それにより、筆者らの理念の実現も可能になったのである。日ごろ馴染んでいる「学校フィールド」で教師というある種の権威ある立場で実践することとは異なる方法で、年代も業種も多様な人々の参加を促さなければならない。つまり、ここでは教師という立場は役に立たないのである。理念をフィールドによって変えたり、乖離させたりしないためには、実践者の理念を若者たち（フィールド）にぶつけながら、その地域の特性を引き出し、方法を見つけるという過程が重要だったと考える。

5.2.2　地域住民の当事者意識を引き出す日本語教師の役割と　　そこから生まれる専門性

　本実践における筆者らの役割はファシリテーターである。本実践から、地域実践におけるファシリテーターは、二重の「促進（＝引き出すこと）」の役割を担う重要性が示唆された。1つは本実践であるサミットにおける参加者の意欲的な取り組みを引き出す役割、そしてもう1つは3節で述べたサミットを創る過程で若者たちと協働する際、町民の考えを引き出す役割である。さらに、2節で述べたように、筆者ら外部の者が町に関わる方法を取ったことにより、町民が外国人材と町の関わりを考える上での「起爆剤」として作用することもわかった。

　しかし、単純に「ファシリテーター」や「起爆剤」の役

割をもってフィールドに入ることが重要なのではない。ここでは、実践者の理念を若者たちに対してぶつけながら実践者の「日本語教育実践者の理念をもとに秩父別町に関わる思い（＝当事者意識）」もぶつけることが重要なのである。つまり、私たちは町の課題（ニーズ）を外の目線で解決する役割ではない。さらに言うと、専門的知見を地域に還元するだけの役割でもない。そのような意味で、実践者も「当事者意識」を持った上で、ファシリテートする（引き出す）こと、起爆剤となることが重要なのである。

　繰り返しになるが、筆者らのめざす日本語教育実践とはことばによって他者や自己、社会への理解を深め関係を構築し、ともに社会を創っていくことである。つまり、日本語学習者に日本語を教えることと、地域の課題を地域住民と一緒に考えることは、筆者らにとっては別物ではないのである。日本語教育に関わる者として、私たちが最初にすべきことは地域における日本語の教え方や日本語教室設置の必要性を説くことではない。まず、地域住民が「外国から来た人材とどのように地域を作っていくか」という町のビジョンを描く段階から、関わっていくべきである。それがあって初めて日本語教室の意味が地域に還元されるのではないだろうか。そして自らの言語教育観に基づき役割を更新し続けていくことは日本語教師の専門性と言えるのではないか。

注

[1] 北海道北西部に位置する。札幌から車で2時間ほどの距離にある。「ちっぷべつ」と読み、この地域では愛情を込めた略称として「ちっぷ」と呼ぶ。

[2] 本実践はトヨタ財団2018年度「国内助成プログラム」（しらべる助成）の助成を受けて行われた。

[3] 法務省　2019年12月末現在【在留外国人統計（旧登録外国人統計）統計表】

http://www.moj.go.jp/housei/toukei/toukei_ichiran_touroku.html
（2020年9月8日閲覧）

［4］文化庁「生活者としての外国人」のための日本語教育事業
https://www.bunka.go.jp/seisaku/kokugo_nihongo/kyoiku/seikatsusha_
kyoiku_jigyo/index.html（2020年4月20日閲覧）

［5］ワークブック詳細
https://www.toyotafound.or.jp/community/2019/publications/
data/2019-1025-0958.pdf（2020年4月20日閲覧）

参考文献　香川秀太・澁谷幸・三谷理恵・中岡亜希子（2016）「「越境的対話」を通した新人看護師教育システムの協働的な知識創造—活動理論に基づくアクションリサーチと対話過程の分析」『認知科学』23(4), pp.355-376.

式部絢子（2019a）「地域における留学生交流事業の成果を町づくりにつなげる試み—C町の取り組みから」北海道大学高等教育推進機構国際教育研究部研修事業　多文化交流科目シンポジウム

式部絢子（2019b）「社会と"つながる"日本語上級レベルのクラスデザインを検討する」『北海道大学国際教育研究部 日本語・国際教育研究紀要』22, pp.63-76.

細川英雄（2012）『「ことばの市民」になる—言語文化教育学の思想と実践』ココ出版

おわりに
NKS 研究会の軌跡と本書の出版に至る過程

古屋憲章・古賀万紀子・
小畑美奈恵・孫雪嬌

　本書『日本語教師の専門性を考える』は、日本語教師の専門性を考える研究会（以下、NKS 研究会）における一連の活動の成果である。そこで、この「おわりに」では、本書の母体となった NKS 研究会の活動と本書の出版に至る過程を紹介する。

　本書は、2017 年 4 月 18 日に本書の編者である舘岡洋子が発した「日本語教師って、何をする人なんだろうね」という一言から生まれたと言ってよい。2017 年度は、舘岡が研究代表者を務める JSPS 科研費・採択研究課題「学びの関係性構築をめざした「対話型教師研修」の研究」の最終年度に当たっていた。上述した舘岡の発言は、この研究課題の成果報告となるシンポジウムに関する打ち合わせの席上でのつぶやきである。本書の「はじめに」でも言及されているように、すでに当時、日本語教師は「日本語を教える」ことに留まらない役割を担うようになっていた。そのため、私たちにとって「日本語教師は何をする人か」という問いは、自身の日本語教師としてのアイデンティティに関わる、いわば心に刺さる問いであった。そこで、この問いを軸に当時の舘岡研究室のメンバーの有志による研究会を立ち上げることになった（舘岡、および本稿の執筆者である古屋憲章、古賀万紀子、小畑美奈恵、孫雪嬌が立ち上げ時のメンバーである）。それが NKS 研究会である。NKS 研究会を立ち上げるにあたり、「日本語教師は何をする人か」という

問いをより具体化し、「日本語教師の専門性とは何か」を
探求することとした。また、NKS研究会を推進するため
の仕掛けとして、自分たちが考える日本語教師の専門性を
世に問うための本を出版することを当面の目標とした。そ
の後、2018年12月に成立した入管難民法の改正にともな
う一連の日本語教育施策の実施や2020年3月頃から続く
新型コロナウイルスの感染拡大にともなう来日留学生の減
少やオンライン授業への移行により、日本語教育を取り巻
く環境は大きく変化し、現在も日々変化している。そのよ
うな状況のもと、「日本語教師は何をする人か／日本語教
師の専門性とは何か」は私たちにとって更に切実な問いと
なっていった。

　NKS研究会のこれまでの活動は大きく四つの時期に分
けられる。以下、各時期に行った主な活動を紹介する。

【第1期：資料収集期】（2017年5月〜8月）
　第1期には、主に日本語教師の専門性に関わる資料の収
集が行われた。具体的には、『日本語教育』『国立国語研究
所　日本語教育論集』『世界の日本語教育』の中から「日
本語教師」「日本語教育」をタイトルに含む論文を収集
し、整理した。また、日本語教師をテーマとする本を一人
一冊選び、レビューしたうえで、それぞれの本で主張され
ている日本語教師の専門性に関し、議論した。そして、こ
れらの活動の成果を2017年8月に北海道秩父別町交流会
館で行われたJSPS科研費シンポジウム「日本語教師の専
門性を考える」において、発表した。

【第2期：資料分析期】（2017年9月〜12月）
　第2期には、主に第1期に収集された日本語教師の専門
性に関わる資料の分析が行われた。具体的には、第13回
協働実践研究会＆科研報告会（JSPS科研費26284073「学びの

関係性構築をめざした「対話型教師研修」の研究」の成果報告）における発表をめざし、資料の収集・整理を行うとともに、収集した資料の分析を行った。

　2017年12月に早稲田大学で行われた第13回協働実践研究会＆科研報告会において、NKS研究会のメンバーで日本語教師の専門性に関するパネル・ディスカッションとポスター発表を行った。まず、パネル・ディスカッション「日本語教師の専門性を考える」では、様々な立場で日本語教育に携わる４名のパネリストが舘岡からの問いかけにもとづき、「日本語教師は何をする人か／日本語教師の専門性とは何か」をめぐり、議論を展開した。その際、舘岡より「専門性の三位一体モデル」（本書第6章を参照）が初めて提案された。次にポスター発表では、日本語教師の役割とあり方に関する言説の変遷に関し、NKS研究会のメンバーで発表した。この発表は５枚のポスターを並べて同時に発表するという大掛かりなものとなった。発表の内容は次のとおりである。

1) 【ポスター発表】古屋憲章・古賀万紀子・孫雪嬌・小畑美奈恵・栗田佳奈・平山智之・平田佑和・津崎千尋・舘岡洋子（2017年12月2日）「日本語教師の役割とあり方をめぐる言説の変遷—日本語教師の専門性を考える」第13回協働実践研究会＆科研報告会

2) 【ポスター発表】小畑美奈恵・栗田佳奈（2017年12月2日）「「教える」人としての日本語教師—日本語教師の専門性を考える (1)」第13回協働実践研究会＆科研報告会

3) 【ポスター発表】孫雪嬌・津崎千尋（2017年12月2日）「「学習者の自律性を促す」人としての日本語教師—日本語教師の専門性を考える (2)」第13回協働実践研究会＆科研報告会

4)【ポスター発表】古賀万紀子・平田佑和・平山智之
（2017年12月2日）「「人と人をつなぐ教育実践をデザ
インする」人としての日本語教師—日本語教師の専
門性を考える（3）」第13回協働実践研究会＆科研報
告会

5)【ポスター発表】古屋憲章（2017年12月2日）「「教育
実践を行なうための環境・システムを整える」人と
しての日本語教師—日本語教師の専門性を考える
（4）」第13回協働実践研究会＆科研報告会

【第3期：成果公開期】（2018年1月〜2019年3月）
　第3期には、主に第2期に行われた調査・分析にもとづ
き、成果の公開が行われた。
　まず、「専門性の三位一体モデル」を用いたワークショ
ップが次のとおり、開催された。

1)【ワークショップ】舘岡洋子・津崎千尋・古賀万紀
子（2018年3月17日）「日本語教師は何をする人か—
タイのフィールドでの経験を共有する」タイ国日本
語教育研究会第30回年次セミナー

2)【ワークショップ】舘岡洋子（2018年8月25日）「日本
語教師の仕事を考える」（ワークショップ）タイ国日本
語教育研究会第249回月例会

　次に、次の五つの発表、および調査報告、研究ノートの
公開が行われた。

1)【ポスター発表】藤原恵美・加藤真実子・小林北洋・
髙木萌・松本弘美（2018年6月17日）「日本語教員養
成・研修に関する言説の歴史的変遷と考察」言語文
化教育研究学会第5回研究集会「省察的実践家3.0」

2)【調査報告】古屋憲章・古賀万紀子・孫雪嬌・小畑美奈恵（2018）「日本語教師の役割とあり方をめぐる言説の変遷─日本語教師の専門性を考えるための基礎資料として」『アカデミック・ジャパニーズ・ジャーナル』10, pp.63-71.

3)【ポスター発表】古屋憲章・古賀万紀子・孫雪嬌・小畑美奈恵・津崎千尋・舘岡洋子（2018年8月4日）「日本語教師の専門性を問い直す─「専門性の三位一体モデル」をもとに」ヴェネツィア2018年日本語教育国際研究大会

4)【研究ノート】舘岡洋子（2019）「「日本語教師の専門性」を考える─「専門性の三位一体モデル」の提案と活用」『早稲田日本語教育学』26, pp.167-177.

5)【ポスター発表】津崎千尋・竹内雪乃・松本明香・木村かおり・舘岡洋子（2019年3月16日）「教師の内省を促す要因とは何か─「専門性の三位一体モデル」に基づくワークショップより」早稲田大学日本語教育学会2019年春季大会

　2018年10月には、新たなメンバーを迎えるとともに、本の出版を見据え、NKS研究会内に次の四つのチームが編成された。

・教師論チーム：
　日本語教師の資質・能力に関わる言説を分析する。
・教師養成・研修チーム：
　日本語教師の養成・研修に関わる言説を分析する。
・三位一体チーム：
　「専門性の三位一体モデル」の精緻化、および「専門性の三位一体モデル」にもとづくワークショップの改善を図る。

・文献アーカイブチーム：
　収集した文献の整理、分類、保管を行う。

【第4期：書籍構想・執筆期】（2019年4月〜2020年9月）
　第4期には、これまでのNKS研究会で行われた諸活動をどのように本としてまとめるかを検討したうえで、本に掲載する原稿の執筆、修正をしながら、本の構成を整えていった。
　まず、2019年4月に本の全体構成を検討した結果、第1部：問題提起編、第2部：歴史編、第3部：提案編、第4部：実践編の4部構成とすることが決定した。次に、決定した全体構成にもとづき、（第3期に編成された）各チームで本の原稿を執筆したうえで、NKS研究会内で原稿を検討し、検討にもとづき原稿を修正するというという作業を繰り返した。併せて、各部の構成に関しても、NKS研究会内での検討をとおし、必要な章を加えたり、不要な章を削除したりした。
　第3期に続き第4期にも、書籍の構想・執筆と並行して、「専門性の三位一体モデル」を用いたワークショップが次のとおり、開催された。

1) 【ワークショップ】舘岡洋子（2019年9月6日）「日本語教師の仕事を考える—フィールドの経験の共有とその専門性について」日本語教育研究セミナー@国際交流基金ケルン日本文化会館
2) 【ワークショップ】舘岡洋子・藤原恵美・加藤真実子（2020年9月12, 19, 26日）「「日本語教師」の専門性とキャリアについて考える」早稲田大学日本語教育実践ワークショップ

　また、次のような調査・分析に関する成果の公開が行われた。

1)【調査報告】古屋憲章・古賀万紀子・孫雪嬌・小畑美奈恵・木村かおり・伊藤茉莉奈（2019）「日本語教師の専門性を捉え直す—日本語教師観と日本語教育観の関係から」『アカデミック・ジャパニーズ・ジャーナル』11, pp.55–63.

2)【口頭発表】古賀万紀子・古屋憲章・伊藤茉莉奈（2019年9月21日）「日本語教師は何をする人か—日本語教師が働きかける対象という観点から」韓国日本語学会第40回国際学術大会

3)【論文】藤原恵美・王晶・加藤真実子・倉数綾子・小林北洋・高木萌・松本弘美（2020）「『日本語教育』から見る日本語教師養成・研修に関する言説の変遷—政策・施策に照らして」『早稲田日本語教育実践研究』8, pp.13–28.

　2020年4月以降は、原稿を検討する必要があったため、ほぼ1か月に一度のペースで会合が行われた。それらの会合は、新型コロナウイルス感染拡大の影響を受け、すべてオンラインで行われた。

　以上のような約4年にわたる活動を経て、私たちは自分たちが考える日本語教師の専門性を世に問うための本を出版するに至った。繰り返しになるが、本書において、日本語教師の専門性とは、一般的・固定的な資質・能力ではなく、個々人が「私は日本語教師として何をすべきか、どうあるべきか」を対話的に構成し続けていくプロセスである。本書では、こうした日本語教師の専門性の捉え方、すなわち個別的・動態的専門性観にもとづく日本語教師の専門性に関し、詳細に論じた。同時に、個別的・動態的専門性観に立脚した場合、個々の日本語教師にどのような意識化や変容が起こるかを事例として示した。

このような日本語教師の専門性は、本書の編者である舘岡一人により提唱されたわけではない。上述したNKS研究会の軌跡からもわかるように、私たちが主張する日本語教師の専門性は、NKS研究会のメンバーによる継続的な議論、共同執筆、共同編集、原稿の検討という過程をとおして、対話的に構成された。また、その過程は、私たち自身が「私は日本語教師として何をすべきか、どうあるべきか」を対話的に構成し続けていく過程でもあった。

NKS研究会は現在も活動を継続している。2021年4月から始まった第5期では、「専門性の三位一体モデル」を用いたワークショップの開発、実施、改善を行っている。このワークショップやワークショップに関する議論を行っていて、つくづく感じるのは、「理念、方法、フィールドという三位は一体でなければならない」ということである。私たち日本語教師は、フィールドのみに依存した場合、方法のみに依存した場合、理念のみに依存した場合、いずれの場合も専門家として日本語教師という仕事に充実感をもって取り組むことが難しくなる。だからこそ、理念、方法、フィールドという三位を乖離させてはならない。そして、三位が一体であるためには、フィールド→方法→理念→方法→フィールド……という三位の関係に関する絶え間ない省察の循環が必要になる。そこで、NKS研究会では、今後、こうした省察の循環が行われるような場をいろいろな場所、いろいろな形態で仕掛けていく予定である。そうした場で読者のみなさまと"再会"し、お互いの"三位一体"に関し、対話する機会が得られることを今から楽しみにしている。

最後に、本書の編集・出版にご尽力いただいたココ出版の田中哲哉さんに心より感謝を申し上げる。また、本書の母体であるNKS研究会のこれまでの活動には、本書に執筆者として表記されている方以外に、林亜友美さん、石田

恵理子さん、頓所満枝さん、付陶然さん、栗田佳奈さん、平田佑和さん、平山智之さん、門井美奈子さん、高久孝幸さん、竹内雪乃さんにご協力いただいた。ここに感謝の意を表す。

［編者］

舘岡洋子　たておか・ようこ　　　　はじめに、6章、8章、14章、15章担当
早稲田大学大学院日本語教育研究科教授

［執筆者］（五十音順）

伊藤茉莉奈　いとう・まりな　　　　　　　1章、3章担当
早稲田大学日本語教育研究センターインストラクター（非常勤）

王晶　おう・しょう　　　　　　　　　　　4章担当
早稲田大学大学院日本語教育研究科博士後期課程

小畑美奈恵　おばた・みなえ　　　1章、2章、3章、7章、8章、おわりに担当
早稲田大学日本語教育研究センター助手

加藤真実子　かとう・まみこ　　　　　　　4章担当
早稲田大学日本語教育研究センターインストラクター（非常勤）

岸根彩子　きしね・あやこ　　　　　　　　5章担当
翰林日本語学院専任講師

木村かおり　きむら・かおり　　　1章、2章、3章、7章、10章担当
マラヤ大学人文社会学部上級講師

倉数綾子　くらかず・あやこ　　　　　　4章、9章担当
東京ひろがり日本語学校専任講師

古賀万紀子　こが・まきこ　　　1章、3章、12章、おわりに担当
大正大学総合学修支援機構DACコアチューター

小林北洋　こばやし・ほくよう　　　　　4章、13章担当
早稲田大学日本語教育研究センターインストラクター（非常勤）

込宮麻紀子　こみや・まきこ　　　　　　　　　　　　　　15章担当
多摩美術大学、文化学園大学ほか非常勤講師

式部絢子　しきぶ・あやこ　　　　　　　　　　　　　　　15章担当
北海道大学非常勤講師
北海道秩父別町多文化交流コーディネーター

孫雪嬌　そん・せつきょう　　　　　　　　　　　　3章、おわりに担当
行知学園株式会社講師

髙木萌　たかき・めぐむ　　　　　　　　　　　　　　　　4章担当
元早稲田大学日本語教育研究センターインストラクター（非常勤）

田中菜見子　たなか・なみこ　　　　　　　　　　　　　　14章担当
TOYOTA TSUSHO NEXTY ELECTRONICS (THAILAND) CO., LTD.
デバイスセールス部ソリューション開発グループ教育室グループリーダー

津崎千尋　つざき・ちひろ　　　　　　　　　　　　　　　7章担当
国際交流基金バンコク日本文化センター日本語専門家

寺浦久仁香　てらうら・くにか　　　　　　　　　　　　　5章担当
イーストウエスト日本語学校非常勤講師

仁野玲菜　にの・れいな　　　　　　　　　　　　　　　　5章担当
早稲田大学日本語教育研究センターインストラクター（非常勤）

藤原恵美　ふじわら・めぐみ　　　　　　　　　　　　　　4章担当
早稲田大学日本語教育研究センターインストラクター（非常勤）

古屋憲章　ふるや・のりあき　　　　　　　　　　1章、3章、おわりに担当
山梨学院大学グローバルラーニングセンター特任講師

松本明香　まつもと・はるか　　　　　　　　　　　　7章、11章担当
早稲田大学大学院日本語教育研究科博士後期課程

松本弘美　まつもと・ひろみ　　　　　　　　　　　　　　4章担当
東京ひろがり日本語学校教務主任

日本語教師の専門性を考える

2021年6月30日　初版第1刷発行

編者 ───────── 舘岡洋子

発行者 ─────── 吉峰晃一朗・田中哲哉

発行所 ─────── 株式会社ココ出版
　　　　　　　　〒162-0828　東京都新宿区袋町25-30-107
　　　　　　　　電話　03-3269-5438　ファクス　03-3269-5438

装丁・組版設計 ── 長田年伸

印刷・製本 ───── モリモト印刷株式会社

ISBN978-4-86676-033-9
© Yoko Tateoka, 2021
Printed in Japan